HEBREW Level 2

עִבְרִית שָׁלָב ב׳

Ora Band, Editor

Dr. Sheldon Dorph
Rabbi Joel Gordon
Series Editors

Dr. Arnold J. Band
Series Consultant

עִבְרִית

HEBREW

A language course

LEVEL

2

שָׁלָב

ב

BEHRMAN HOUSE, INC.

Designer   *Ariel Wardi*

Project Coordinator   *Priscilla Fishman*

Illustrations copyright © 1983 by   *Nurit Karlin*

We thank the following for permitting us to translate and adapt material from their
publications:
Aryeh Cohen, Ramat Gan, Halsh haYarok;
Ephraim Kishon, Tel Aviv, HaKesher im haBayit;
Schocken Publishers, Tel Aviv, Ma'aseh haEz;
Sifriat HaPoalim, Tel Aviv, Ani Levadi Babayit, HaYeled HaRa.

Picture Credits   *Feuchtwanger Collection, The Israel Museum, Jerusalem 40, 46, 79, 105,
109, 125, 128, 129, 220; Hebrew Union College, New York City 102; The Israel Museum,
Jerusalem 5, 10, 31, 94, 102, 108, 119, 209, 219; the Jewish Museum, New York City 146, 255;
The Sir Isaac and Lady Edith Wolfson Museum, Hechal Shlomo, Jerusalem (David Harris,
photographer) 9, 23, 68, 71, 88, 97, 104, 136, 142, 163, 177, 202, 242, 251, 259, 260, 264.*

89 88

© 1983, Los Angeles Hebrew High School, 1317 North
Crescent Heights Blvd., Los Angeles, California 90046
Published by Behrman House, Inc., 11 Edison Place,
Springfield, New Jersey 07081
www.behrmanhouse.com
Library of Congress Cataloging in Publication Data

(Revised for vol. 2)
Main entry under title:

Hebrew : a language course = ['Ivrit]

   Vol. 2 edited by Ora Band.
   Includes index.
   Contents: v. [1] Level 1—v. [2] Level 2.
   1. Hebrew language—Grammar—1950— . I. Bergman,
Bella. II. Band, Ora. III. 'Ivrit.
PJ4567.3.H4 1981   492.4'82421   81-12245
ISBN-13: 978-0-87441-360-1 (pbk.)

SPECIAL ACKNOWLEDGMENTS

I wish to express my affection and admiration for

Arnold J. Band
Ora Band
Bella Bergman
Rosalie Gershenzon
Joel Gordon.

Without their dedication, hard work, and love of the Hebrew language, this text would not be a reality. — *Dr. Sheldon Dorph*

My personal thanks to *Bella Bergman* for her valuable suggestions and assistance. — *Ora Band*

We also acknowledge the contributions of *Batsheva Abraham, David L. Band, Jonathan Band, Rabbi Ben Zion Bergman, David Jacobson, Yael Nagar,* and *Ellen Borten Scharlin.*

To Sarah Colloff Baran

our wife and mother
We were blessed and privileged to have her.
In her cherished memory,
we lovingly dedicate this book.

תורת ה׳ בלבה ובמסילת ישר אשוריה

The teachings of God were in her heart;
she walked firmly in the path of righteousness.

Foreword

עִבְרִית, שָׁלָב ב׳ is the second of three textbooks in a Hebrew language course designed specifically for English-speaking students who have relatively few hours per week to devote to the study of the Hebrew language. It is the joint product of a team of experienced teachers working in both classroom settings and in seminars where teaching experiences were compared and meticulously analyzed under the direction of a language-instruction consultant. The goal of this program is the achievement of a variety of language skills: reading comprehension, conversational facility, and writing ability.

This language course has been developed after a realistic assessment of the framework in which we teach. We assume that the student attends a limited number of hours of language instruction, and does not live in a Hebrew-speaking environment outside the classroom. We realize that the student thinks in English rather than in Hebrew. To maximize the effectiveness of instruction in the hours available, we stress both a structured, cognitive approach to language acquisition, as well as contrastive analysis between the student's native language, English, and the second language, Hebrew. While it is desirable to include conversation in the classroom, that is not our primary language goal. We seek, rather, to lay the foundations for acquisition of a multi-skilled familiarity with the Hebrew language. If any one aspect is given preference, it is **literacy**, obviously the skill to be cultivated in our environment.

The intake of grammatical and lexical items in this course has been carefully graded and limited, in keeping with the hours available. In עִבְרִית, שָׁלָב א׳, the first volume of this series, the student covered some of the basics of Hebrew grammar, including the structure of the verb and the sentence, and acquired a vocabulary of over 300 words. Building on this foundation, עִבְרִית שָׁלָב ב׳ expands the student's knowledge of the verb by introducing the meaning class בִּנְיָן פִּעֵל, and several of the more frequently used sound classes, גְּזָרוֹת. This volume also includes other grammatical items graded for their importance in understanding and generating sentences, and some 350 new words are introduced and drilled. Since the student's grammatical and lexical knowledge is ever expanding, the stories in this volume are of much greater sophistication than those in עִבְרִית, שָׁלָב א׳. They vary from contemporary themes, e.g. Israel and Russian Jewry, to an adaptation of the biblical Joseph story, and an Agnon tale. Midrashim are appended for additional readings.

Because of the content level of the reading material, עִבְרִית, שָׁלָב ב׳ is well-suited to college and adult classes. Our experience has indicated that the volume can be covered in a college semester. By the end of שָׁלָב ג׳

the student will have acquired a Hebrew vocabulary of about 1,000 words, and will have mastered the most important functional items of Hebrew grammar. At that point, the student is equipped to progress in any of several directions; toward study of the Bible, reading simple literature, or more advanced conversation.

Each unit in this textbook is structured with this goal in mind. It begins with a vocalized reading passage that contains the lexical and grammatical items to be learned in the unit. The reading selection is followed by a lucid presentation of a grammatical principle, which explains the basic concept and compares the Hebrew and English linguistic structures. A variety of exercises reinforce the student's comprehension of the story and provide active practice in the grammatical items. The reading passage is reproduced without vocalization at the end of the lesson, so that the student will become accustomed to reading both vocalized and unvocalized Hebrew early in the language program. Additional reading material is provided, to enrich the student's encounter with the Hebrew language.

The success of this method has been demonstrated in classroom situations where the language program has undergone testing. The units have been revised and rewritten in the light of practical experience, and the response of students and teachers has been most gratifying. The students find the reading selections interesting and the grammar comprehensible. The teachers enjoy a sense of direction and purpose, since they can track the logical progression of language acquisition from step to step. Precisely because the intake of both grammatical and lexical items is carefully graded and controlled, progress up the ladder of language achievement can be measured. Since both partners in the learning process know where they are and where they are going, their awareness of progress is keen and reassuring.

ARNOLD J. BAND

University of California, Los Angeles

תֹּכֶן

יְחִידָה 1

1	שִׂיחָה בָּאוֹטוֹבּוּס
6	Exercises Reviewing Grammar Taught in עִבְרִית, שָׁלָב א'
13	יֵשׁ וְאֵין
19	Cardinal Numbers, Feminine, 1–20
20	Placement of Numbers
21	Age
24	Telling Time
27	שְׁנֵי אַחִים

יְחִידָה 2

31	יוֹסֵף – אִישׁ הַחֲלוֹמוֹת (א)
37	Future Tense, עָתִיד, קַל שְׁלֵמִים
43	Use of Future Tense as a Command צִוּוּי
43	Negative Command
45	The Infinitive, שֵׁם הַפֹּעַל
48	לִשְׁמֹעַ בְּקוֹל
55	Midrash
56	אַבְרָהָם אָבִינוּ וְהַפְּסָלִים

יוֹסֵף – אִישׁ הַחֲלוֹמוֹת (ב)	59	יְחִידָה
Declension of Direct Object Pronouns	65	
Colors	68	3
Pattern of the אֶפְעַל Verb in the Future	72	
The Infinitive when the 3rd Root-Letter	78	
of the Verb is ע or ח		
לִפְנֵי הַנְּסִיעָה	80	
הָעֲצָמוֹת שֶׁל מֹשֶׁה	86	
עֵץ הָעֵדוּת	89	יְחִידָה
Sound Classes of Verbs, גְּזָרוֹת	95	
The ל"ה Sound Class, גִּזְרַת ל"ה	98	4
מִשְׁפָּחָה קְטַנָּה וּמִשְׁפָּחָה גְּדוֹלָה	105	
אָדָם וְחַוָּה	111	
שְׁנַיִם אוֹחֲזִים בְּטַלִּית (מִכְתָּב מֵרוּסְיָה)	113	יְחִידָה
Meaning Classes of Verbs, בִּנְיָנִים	118	
קֶבֶר רָחֵל	120	5
The פָּעַל Meaning Class, בִּנְיָן פָּעַל	122	
הֹוֶה, עָבַר, בִּנְיָן פָּעַל	123	
אֶתְמוֹל – לֹא; מָחָר – כֵּן.	130	
הַסִּפּוּר עַל הָאִישׁ הַיָּרֹק	139	
הַקֶּשֶׁר עִם הַבַּיִת	143	יְחִידָה
עָתִיד, בִּנְיָן פָּעַל	150	
Nouns Derived from Verbs, שֵׁם הַפְּעוּלָה	153	6
הַיֶּלֶד הָרַע	160	
אֲנִי לְבַדִּי בַּבַּיִת	162	

הַצָּלַת נְפָשׁוֹת	167	יְחִידָה
The ע״ו-ע״י Sound Class, גִּזְרַת ע״ו-ע״י	172	
הֹוֶה, עָבָר, גִּזְרַת ע״ו-ע״י	172	7
לָמָּה נִבְרָא אָדָם יְחִידִי	182	
שִׂיחוֹת טֶלֶפוֹן – מִלְחֶמֶת יוֹם הַכִּפּוּרִים	185	יְחִידָה
The Construct State of the Noun, סְמִיכוּת	194	8
הַזָּהָב וְהַנַּחֶלֶת	206	
מְכוֹנַת הַכְּתִיבָה (מִכְתָּב מֵרוּסְיָה)	213	יְחִידָה
Cardinal Numbers, Masculine, 1–19	220	
Cardinal Numbers, 20–1,000	221	9
הַחְלָטוֹת קָשׁוֹת	226	
חִידוֹת	227	
הִלֵּל הַתַּלְמִיד	235	
מַעֲשֵׂה הָעֵז	239	יְחִידָה
גִּזְרַת פ״י	250	
עָתִיד, גִּזְרַת פ״י	250	10
שֵׁם הַפֹּעַל, גִּזְרַת פ״י	250	
צִוּוּי, גִּזְרַת פ״י, ע״ו-ע״י, פ״נ	252	
הָעַכָּבִישׁ	254	
Review of Grammatical Principles	265	חֲזָרָה
Basic Hebrew Vocabulary	273	מִלּוֹן
Vocabulary of עִבְרִית, שָׁלָב ב׳	281	
Index	287	

1 יְחִידָה

שִׂיחָה[1] בָּאוֹטוֹבּוּס

[1] conversation

יוֹם קַיִץ חַם בְּיִשְׂרָאֵל. קְבוּצָה[1] קְטַנָּה שֶׁל בַּחוּרִים[2] וּבַחוּרוֹת מֵאֲמֶרִיקָה נוֹסַעַת בְּיִשְׂרָאֵל. הֵם גָּרִים בְּקִבּוּץ. הַיּוֹם הֵם נוֹסְעִים לְתֵל־אָבִיב לִקְנוֹת דְּבָרִים רַבִּים. אֲבָל אֵיךְ נוֹסְעִים לָעִיר הַגְּדוֹלָה? בָּחוּר אֶחָד בְּשֵׁם גִּיל רוֹאֶה אוֹטוֹבּוּס. הָאוֹטוֹבּוּס עוֹמֵד בָּרְחוֹב וְהַדֶּלֶת פְּתוּחָה[1].

[1] group [2] teenagers

[1] open

גִּיל: אַתָּה נוֹסֵעַ לְתֵל־אָבִיב?

הַנֶּהָג[1]: מָה אַתָּה חוֹשֵׁב? — שֶׁאֲנִי הוֹלֵךְ בָּרֶגֶל[2]?!

[1] the driver [2] walk

גִּיל: רַק שָׁאַלְתִּי שְׁאֵלָה. לְאָן[1] אַתָּה נוֹסֵעַ בָּאוֹטוֹבּוּס הַיָּפֶה הַזֶּה?

[1] where

הַנֶּהָג: הָאוֹטוֹבּוּס הַיָּפֶה הַזֶּה הָיָה בְּאַרְבַּע מִלְחָמוֹת[1]! נוּ... אַתֶּם נוֹסְעִים אוֹ לֹא?

[1] wars

גִּיל: אַל[1] תִּסְגֹּר אֶת הַדֶּלֶת! לֹא אָמַרְתָּ לְאָן אַתָּה נוֹסֵעַ.

[1] don't

הַנֶּהָג: לְתֵל־אָבִיב, לְתֵל־אָבִיב. בּוֹאוּ, בּוֹאוּ, אֵין לִי זְמַן[1] לְדַבֵּר!

[1] time

הַבַּחוּרִים וְהַבַּחוּרוֹת עוֹלִים לָאוֹטוֹבּוּס.

גִּיל: כַּמָּה זֶה עוֹלֶה[1] לְתֵל־אָבִיב?

[1] cost

הַנֶּהָג: שְׁלוֹשִׁים שְׁקָלִים.[1]

[1] Israeli money

שָׁרוֹנָה: עָדָה, אֵין לִי שְׁקָלִים. אוּלַי יֵשׁ לָךְ?

עָדָה: יֵשׁ לִי. הִנֵּה הַכֶּסֶף.

שָׁרוֹנָה: תּוֹדָה.

הַנֶּהָג: מַדּוּעַ אַתֶּם נוֹסְעִים לְתֵל־אָבִיב הַיּוֹם? נוֹסְעִים לַיָּם?

גִּיל: לֹא, לֹא — אֲנַחְנוּ רוֹצִים לִקְנוֹת הַרְבֵּה דְּבָרִים.

שָׁרוֹנָה: אֲנִי וְעָדָה רוֹצוֹת לִקְנוֹת שְׂמָלוֹת[1] — שְׂמָלוֹת תֵּימָנִיּוֹת[1].

[1]dresses
[1]Yemenite

הַנֶּהָג: אַתֶּן קוֹנוֹת בַּחֲנוּת שֶׁל בֶּן־חוֹרִין?

עָדָה: אֲנִי לֹא יוֹדַעַת ... מִיהוּ[1] בֶּן־חוֹרִין?

[1]who is

הַנֶּהָג: בֶּן־חוֹרִין הוּא הֶחָבֵר שֶׁל הַדּוֹד שֶׁלִּי. תֹּאמְרוּ לוֹ שֶׁאַתֶּן הַחֲבֵרוֹת שֶׁלִּי, וְהוּא יִמְכֹּר לָכֶן בְּזוֹל[1].

[1]cheaply

רוֹן: אוּלַי יֵשׁ לְךָ עוֹד חָבֵר? אֲנִי צָרִיךְ לִקְנוֹת סַנְדָּלִים[1].

[1]sandals

הַנֶּהָג: עוֹד חָבֵר? יֵשׁ לִי הַרְבֵּה חֲבֵרִים בַּחֲנֻיּוֹת! לָאָח שֶׁל הַדּוֹדָה שֶׁלִּי יֵשׁ חֲנוּת־סַנְדָּלִים בִּרְחוֹב אַלֶנְבִּי.

הַשֵּׁם שֶׁלּוֹ שִׁיפְמָן. תֹּאמַר לוֹ שֶׁאַתָּה הֶחָבֵר שֶׁלִּי וְגַם הוּא יִמְכֹּר לְךָ בְּזוֹל.

רוֹן: תּוֹדָה רַבָּה!

הַנֶּהָג: הִנֵּה — אֲנַחְנוּ בְּתֵל־אָבִיב. בַּחוּרוֹת, אַתֶּן תֵּרְדוּ[1] מִן הָאוֹטוֹבּוּס בִּרְחוֹב דִּיזֶנְגוֹף וְהַבַּחוּרִים יֵרְדוּ בִּרְחוֹב אַלֶנְבִּי. בְּשָׁעָה חָמֵשׁ תִּפָּגְשׁוּ[1] עַל־יַד קוֹלְנוֹעַ[2] "דָּן". לַבֵּן שֶׁל הֶחָבֵר שֶׁלִּי יֵשׁ חֲנוּת שֶׁל "פָלָפֶל" שָׁם.

[1]you will get off
[1]you will meet [2]movie theatre

הַבַּחוּרוֹת יָרְדוּ מִן הָאוֹטוֹבּוּס; גַּם הַבַּחוּרִים יָרְדוּ מִן הָאוֹטוֹבּוּס.

הַנֶּהָג נָסַע וְנָסַע, וּפִתְאֹם הוּא חָשַׁב: "אוֹי, לֹא אָמַרְתִּי לָהֶם מַה הַשֵּׁם שֶׁלִּי"!

מִלּוֹן

conversation	שִׂיחָה
group	קְבוּצָה
teenager	בָּחוּר, בַּחוּרָה
open	פְּתוּחָה — פתח√
driver	נֶהָג
where	לְאָן
war	מִלְחָמָה
don't	אַל
time	זְמַן
dress	שִׂמְלָה
sandals	סַנְדָּלִים
cheap	זוֹל
cheaply	בְּזוֹל
you (pl.) will get off	תֵּרְדוּ — ירד√
they (pl.) will get off	יֵרְדוּ — ירד√
movie house	קוֹלְנוֹעַ

בִּטּוּי

(I, you, he) walks, goes by foot	הוֹלֵךְ בָּרֶגֶל

תַּרְגִּילִים

A. Circle the correct answer, based on the story.

1 הַבַּחוּרִים וְהַבַּחוּרוֹת רָצוּ לִנְסֹעַ לְתֵל־אָבִיב כִּי הֵם רָצוּ
א. לִרְאוֹת אֶת הָעִיר.
ב. לִקְנוֹת דְּבָרִים יָפִים.
ג. לִרְאוֹת אֶת הַיָּם.

2 לַנֶּהָג יֵשׁ הַרְבֵּה חֲבֵרִים
א. בָּאוֹטוֹבּוּס.
ב. בַּחֲנֻיּוֹת.
ג. בָּרְחוֹב.

3 הַנֶּהָג אָמַר שֶׁהַחֲבֵרִים שֶׁלּוֹ יִתְּנוּ לַבַּחוּרִים וְלַבַּחוּרוֹת
א. סְפָרִים יָפִים.
ב. שְׂמָלוֹת חֲדָשׁוֹת.
ג. מְחִירִים טוֹבִים.

4 כַּאֲשֶׁר הַבַּחוּרִים וְהַבַּחוּרוֹת יִגְמְרוּ לִקְנוֹת, הֵם יִפָּגְשׁוּ
א. בִּרְחוֹב דִּיזֶנְגוֹף.
ב. עַל־יַד הַקּוֹלְנוֹעַ.
ג. בִּרְחוֹב אָלֶנְבִּי.

5 אַחֲרֵי שֶׁהַבַּחוּרִים וְהַבַּחוּרוֹת יָרְדוּ מִן הָאוֹטוֹבּוּס, הַנֶּהָג חָשַׁב
א. שֶׁהוּא לֹא יוֹדֵעַ אֶת הַשֵּׁמוֹת שֶׁלָּהֶם.
ב. שֶׁהֵם לֹא יוֹדְעִים אֶת הַשֵּׁמוֹת שֶׁל הַחֲבֵרִים שֶׁלּוֹ.
ג. שֶׁהֵם לֹא יוֹדְעִים אֶת הַשֵּׁם שֶׁלּוֹ.

B. Next to each word on the right, write the number of the word that has the opposite meaning.

1	עוֹלֶה	_4_	בַּחוּרָה
2	עַל	___	סָגוּר
3	מִלְחָמָה	___	לִפְנֵי
4	בָּחוּר	___	שָׂמְחָה
5	נוֹסֵעַ	___	יוֹרֵד
6	יָם	___	תַּחַת
7	אַחֲרֵי	___	צָחַק
8	פָּתוּחַ	___	שָׁלוֹם
9	כָּעֲסָה	___	אֶרֶץ
10	בָּכָה	___	הוֹלֵךְ בָּרֶגֶל

Yemenite embroidery.

תַּרְגִּילִים לַחֲזָרָה

The following exercises review several of the grammatical items taught in Hebrew Level One, שָׁלָב א׳. If you need any clarification of the material reviewed in these exercises, you can refer to the חֲזָרָה section in שָׁלָב א׳ (pp. 217–230).

A. Fill in the correct form of the verb in the past, עָבָר, and write its root letters, שֹׁרֶשׁ.

0 הַתַּלְמִידִים לוֹמְדִים בְּכִתָּה. הֵם __לָמְדוּ__ בְּכִתָּה. __למד__

1 הַיְלָדִים כּוֹתְבִים מִכְתָּבִים. הֵם ______ מִכְתָּבִים. ______

2 אֲנִי זוֹרֵק אֶת הַכֶּסֶף. אֲנִי ______ אֶת הַכֶּסֶף. ______

3 אַתֶּם סוֹגְרִים אֶת הַדֶּלֶת. אַתֶּם ______ אֶת הַדֶּלֶת. ______

4 אֲנַחְנוּ גּוֹמְרִים אֶת הָעֲבוֹדָה. אֲנַחְנוּ ______ אֶת הָעֲבוֹדָה. ______

5 הַבַּחוּרוֹת לוֹמְדוֹת לָשִׁיר שִׁירִים. הַבַּחוּרוֹת ______ לָשִׁיר שִׁירִים. ______

6 מַדּוּעַ הַמּוֹרֶה כּוֹעֵס? מַדּוּעַ הוּא ______? ______

7 הוּא כּוֹעֵס כְּשֶׁהַתַּלְמִיד צוֹעֵק. הוּא כָּעַס כְּשֶׁהַתַּלְמִיד ______ ______

8 הַיַּלְדָּה פּוֹתַחַת אֶת הַחַלּוֹן. הִיא ______ אֶת הַחַלּוֹן. ______

9 אַתָּה שׁוֹמֵעַ אֶת הַכֶּלֶב? אַתָּה ______ אֶת הַכֶּלֶב? ______

10 בַּטִּיּוּל, הַבַּחוּרִים הוֹלְכִים בָּרֶגֶל. בַּטִּיּוּל הֵם ______ בָּרֶגֶל. ______

B. Complete each sentence by choosing the correct season, עוֹנָה.

seasons עוֹנוֹת

סְתָו	חֹרֶף	אָבִיב	קַיִץ
fall	winter	spring	summer

0 בַּ קַיִץ ______ חַם מְאֹד.

1 אֲנַחְנוּ חוֹגְגִים celebrate אֶת חַג הַסֻּכּוֹת בַּ ______.

2 אֲנַחְנוּ חוֹגְגִים אֶת חַג הַפֶּסַח בָּ ______.

3 אֲנַחְנוּ חוֹגְגִים אֶת ט"ו בִּשְׁבָט בַּ ______.

4 אֲנַחְנוּ חוֹגְגִים אֶת חַג הַפּוּרִים בַּ ______.

5 אֲנַחְנוּ חוֹגְגִים אֶת רֹאשׁ הַשָּׁנָה בַּ ______.

6 אֲנַחְנוּ חוֹגְגִים אֶת יוֹם הָעַצְמָאוּת בָּ ______.

7 אֲנַחְנוּ חוֹגְגִים אֶת חַג הַחֲנֻכָּה בַּ ______.

8 אֶת יוֹם הַהוֹדָיָה Thanksgiving חוֹגְגִים בַּ ______.

9 בִּירוּשָׁלַיִם יֵשׁ גֶּשֶׁם בַּ ______.

10 בַּ ______ יֵשׁ לָנוּ חֹפֶשׁ vacation גָּדוֹל.

If you need more practice in conjugating verbs in the present and past tenses, complete the following two exercises.

C. Fill in the correct form of the present tense, הֹוֶה.

0 דָּנִי אהב√ אוֹהֵב לִכְתֹּב מִכְתָּבִים.

1 שָׂרָה אכל√ ________ אֲרוּחַת־בֹּקֶר בְּכָל יוֹם.

2 שָׂרָה וְדִינָה הלך√ ________ לַיָּם בְּכָל קַיִץ.

3 הַיְלָדִים חזר√ ________ מִבֵּית הַסֵּפֶר הָעִבְרִי בְּשֵׁשׁ.

4 מִיכָאֵל עמד√ ________ עַל־יַד הַלּוּחַ.

5 הַתַּלְמִידִים בַּכִּתָּה למד√ ________ עִבְרִית.

D. Fill in the correct form of the past tense, עָבָר.

0 כָּל הַיְלָדִים הלך√ הָלְכוּ לַסִּפְרִיָּה.

1 רִנָּה למד√ ________ הַרְבֵּה שִׁירִים בַּכִּתָּה.

2 אֲנַחְנוּ שמע√ ________ אֶת הַשִּׁעוּרִים.

3 מַדּוּעַ אַתֶּם לֹא כתב√ ________ מִכְתָּבִים אֶתְמוֹל?

4 הוּא חזר√ ________ הַבַּיְתָה לִפְנֵי שָׁעָה.

5 הַיְלָדוֹת עמד√ ________ עַל־יַד הָאִישׁ.

6 אֲנִי אכל√ ________ גְּלִידָה אֶתְמוֹל.

7 שָׂרָה, מַדּוּעַ אַתְּ יֹשׁב√ ______________ עַל הַכִּסֵּא שֶׁלִּי?

8 יְלָדוֹת, הַאִם אַתֶּן כּתב√ ______________ לַחֲבֵרוֹת שֶׁלָּכֶן?

9 הֵם פּתח√ ______________ אֶת הַדֶּלֶת.

10 דָּוִד, הַאִם אַתָּה עבד√ ______________ עִם הָאַבָּא שֶׁלְּךָ?

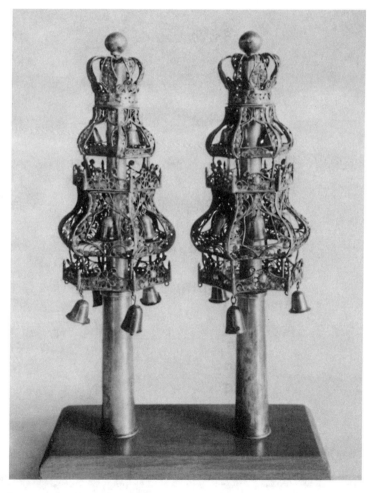

The Jewish artistic impulse has traditionally been expressed in ceremonial objects such as these silver *rimmonim* (decorations for the wooden rods on which the Torah scroll is rolled). Holland, 18th century.

E. Fill in the correct form of the verb. Look for clues as to whether the sentence is in *present* or *past* tense.

0 הַיּוֹם אַתֶּם למד√ ___לוֹמְדִים___ שִׁיר חָדָשׁ.

הוּא לֹא אכל√ ________ אֶתְמוֹל.

1 אֶתְמוֹל אֲנִי עמד√ ________ עַל־יַד הָאֵשׁ.

2 שָׂרָה, הַאִם אַתְּ למד√ ________ עַכְשָׁו?

3 הַיּוֹם הַיְלָדִים עזב√ ________ בְּשָׁלוֹשׁ.

4 לִפְנֵי שָׁבוּעַ, הֵם הלך√ ________ לַחֲנוּת.

5 הוּא חזר√ ________ מִיִּשְׂרָאֵל לִפְנֵי שָׁבוּעַ.

6 בַּשָּׁנָה שֶׁעָבְרָה last year, דִּינָה לֹא למד√ ________ בְּבֵית הַסֵּפֶר.

7 מִיכָאֵל חשב√ ________ עַל הַכֶּלֶב שֶׁלּוֹ.

8 אֲנַחְנוּ אכל√ ________ הַרְבֵּה אֶתְמוֹל.

9 הַאִם אַתֶּם סגר√ ________ אֶת הַחַלּוֹנוֹת?

10 רִינָה, מַדּוּעַ אַתְּ לֹא פתח√ ________ אֶת הַסֵּפֶר?

Torah pointer. Yemen.

F. Write the correct pronoun.

0 שָׁמַעְתִּי אֲנִי

1 לָקַחְנוּ ______

2 הָלַכְתְּ ______

3 יָשְׁבָה ______

4 סָגַר ______

5 פּוֹתֵחַ ______

6 אָכְלוּ ______

7 כְּתַבְתֶּן ______

8 אָהַבְתְּ ______

9 שׁוֹמְרוֹת ______

G. Change the direct object of the verb from an indefinite to a definite noun, and add אֶת.

0 הוּא קוֹרֵא סֵפֶר. 0 הוּא קוֹרֵא אֶת הַסֵּפֶר.

1 הַתַּלְמִיד כּוֹתֵב מִכְתָּב. 1 ______

2 הַמּוֹרֶה שׁוֹאֵל שְׁאֵלָה. 2 ______

3 הוּא נָתַן מַתָּנָה. 3 ______

4 הַיְלָדִים לוֹמְדִים שִׁעוּר. 4 ______

5 אֲנִי אוֹהֶבֶת גֶּשֶׁם. 5 ______

H. Insert אֶת where necessary.

0 הַמּוֹרֶה כָּתַב אֶת הַמִּלָּה עַל הַלּוּחַ.

1 הַתַּלְמִידִים סָגְרוּ סְפָרִים.

2 הַיֶּלֶד שָׁמַע הַקּוֹל.

3 בַּחֶדֶר אֲנִי רוֹאֶה שֻׁלְחָן, כִּסֵּא, וְלוּחַ.

4 אֲנִי עָמַדְתִּי עַל הַמִּטָּה שֶׁלִּי.

5 הוּא רָאָה אַבְרָהָם בַּכִּתָּה.

I. Unscramble the following sentences and write them in the proper Hebrew word order.

0 אוֹהֵב טֶלֶוִיזְיָה הוּא. 0 הוּא אוֹהֵב טֶלֶוִיזְיָה.

1 אוֹהֶבֶת הַבַּחוּרָה מָתֵמָטִיקָה. 1 ______

2 עִבְרִית לוֹמְדִים הַיּוֹם הַתַּלְמִידִים. 2 ______

3 הַיְלָדוֹת טוֹבִים כָּתְבוּ סִפּוּרִים. 3 ______

4 הַתַּלְמִיד אֶת לוֹקֵחַ הַסֵּפֶר. 4 ______

5 הָאָלֶף־בֵּית הַיְלָדִים יָדְעוּ אֶת. 5 ______

יֵשׁ וְאֵין

יֵשׁ קֶמַח[1], יֵשׁ תּוֹרָה. [1]flour
יֵשׁ תּוֹרָה, יֵשׁ סְפָרִים.
יֵשׁ סְפָרִים, יֵשׁ תּוֹלָעִים[1]. [1]worms
יֵשׁ תּוֹלָעִים, אֵין קֶמַח.
אֵין קֶמַח, אֵין תּוֹרָה.
אֵין תּוֹרָה, אֵין סְפָרִים.
אֵין סְפָרִים, אֵין תּוֹלָעִים.
אֵין תּוֹלָעִים, יֵשׁ קֶמַח.

אֵין מִלְחָמָה, יֵשׁ תִּקְוָה[1]. [1]hope
יֵשׁ תִּקְוָה, יֵשׁ שִׂמְחָה.
יֵשׁ שִׂמְחָה, יֵשׁ אַהֲבָה.
יֵשׁ אַהֲבָה, יֵשׁ שָׁלוֹם.
יֵשׁ שָׁלוֹם, אֵין מִלְחָמָה.

שָׁלוֹם, שָׁלוֹם, וְאֵין שָׁלוֹם.

Jeremiah 6:14/יִרְמְיָהוּ ו, יד

אִם אֵין אֲנִי לִי, מִי לִי?

Sayings of the Fathers 1:14/פִּרְקֵי אָבוֹת א, יד

תַּרְגִּילִים לַחֲזָרָה

Here are additional exercises reviewing grammar taught in Hebrew
Level One, עִבְרִית, שָׁלָב א'.

A.   Fill in the blank in each sentence with יֵשׁ or אֵין, to produce a true
personal statement.

0   יֵשׁ _____ לִי שִׁעוּר בְּעִבְרִית הַיּוֹם.

1   _____ לִי חָמֵשׁ דּוֹדוֹת.

2   _____ לִי הַרְבֵּה סְפָרִים בַּבַּיִת.

3   _____ בָּעִיר שֶׁלָּנוּ הַרְבֵּה סְמוֹג.

4   בַּכִּתָּה שֶׁלָּנוּ _____ עֶשְׂרִים תַּלְמִידִים.

5   בַּבַּיִת שֶׁלִּי _____ כְּלָבִים.

6   _____ לִי אָחוֹת גְּדוֹלָה.

7   לִי _____ דּוֹדִים וְדוֹדוֹת בְּרוּסְיָה.

8   _____ לִי מִשְׁפָּחָה גְּדוֹלָה.

9   _____ לָנוּ מִשְׁפָּחָה בְּיִשְׂרָאֵל.

10   _____ עֲשָׂרָה אֲנָשִׁים בַּמִּשְׁפָּחָה שֶׁלִּי.

B. Fill in the correct form of the preposition ל plus pronominal endings in each sentence.

to me	הַיֶּלֶד נָתַן ___לִי___ מַתָּנָה.	0
to us	מִי שָׁלַח ________ אֶת הַסֵּפֶר?	1
to her	הַמּוֹרָה נָתְנָה ________ גִּיר.	2
to you (m.s.)	הַאִם הַחֲבֵרִים כָּתְבוּ ________ מִכְתָּב?	3
to us	אֵין ________ כֶּסֶף.	4
to them (m.)	מַדּוּעַ לֹא אֲמַרְתֶּם ________ "שָׁלוֹם"?	5
to you (f.s.)	יֵשׁ ________ סֵפֶר עִבְרִי בַּבַּיִת?	6
to him	הָאָב נָתַן ________ כֶּסֶף.	7
to you (m.pl.)	אֲנַחְנוּ שָׁלַחְנוּ ________ מַתָּנָה יָפָה.	8
to them (f.)	אֵין ________ סְפָרִים חֲדָשִׁים.	9
to you (f.pl.)	מַדּוּעַ אֵין ________ עֶפְרוֹנוֹת הַיּוֹם?	10

אֵין חָדָשׁ תַּחַת הַשָּׁמֶשׁ.

There is nothing new under the sun.
(Ecclesiastes 1:9 / קֹהֶלֶת א, ט)

C. Rewrite each sentence, substituting ל and a pronominal ending for the noun.

0 יֵשׁ לוֹ סֵפֶר.   0 יֵשׁ לְדָוִד סֵפֶר.

_____ 1   1 לְשָׂרָה אֵין מַחְבֶּרֶת.

_____ 2   2 יֵשׁ לַיְלָדִים גְּלִידָה.

_____ 3   3 יֵשׁ לַמּוֹרָה תַּלְמִידִים טוֹבִים.

_____ 4   4 לַיְלָדוֹת אֵין אָח.

_____ 5   5 יֵשׁ לְרָחֵל וְלִי מוֹרִים טוֹבִים.

D. Write the following sentences in Hebrew.

0 I have a big brother.   יֵשׁ לִי אָח גָּדוֹל.

1 David has a dog. _____

2 She doesn't have a car. _____

3 The teacher has many students. _____

4 There is food (אֹכֶל) in the house. _____

5 There is no peace in the world. _____

E. Select one of the following prepositions to complete each sentence. There may be more than one right answer. You may use a preposition more than once.

אֶל / מִן / תַּחַת / עַל / לִפְנֵי / אַחֲרֵי / עִם / בֵּין

0 הָאוֹת "א" בָּאָה _לִפְנֵי_ הָאוֹת "ב".

1 הַכֶּלֶב הָיָה _____ הַיְלָדִים.

2 מֹשֶׁה בָּא וְעָמַד _____ הַכִּתָּה.

3 _____ הָהָר יֵשׁ בָּתִּים יָפִים.

4 הַמִּסְפָּר עֶשֶׂר בָּא _____ הַמִּסְפָּר תֵּשַׁע.

5 שָׂרָה יָצְאָה _____ הַבַּיִת.

6 אֲנִי רוֹצֶה לֶאֱכֹל _____ הַמִּשְׁפָּחָה.

7 הַמִּכְתָּב לֹא הָיָה _____ הַכִּסֵּא.

   הַמִּכְתָּב הָיָה _____ הַכִּסֵּא.

8 הַמִּסְפָּר שָׁלוֹשׁ בָּא _____ חָמֵשׁ.

9 הוּא מְדַבֵּר עִבְרִית _____ הֶחָבֵר שֶׁלּוֹ.

10 לָקַחְתִּי אֶת הַכַּדּוּר _____ הַיֶּלֶד

   וְנָתַתִּי אוֹתוֹ _____ הַיַּלְדָּה.

F. Insert the correct form of the prepositional prefix בַּ or בְּ, לַ or לְ.

in a	0 רוֹן יוֹשֵׁב __בְּ__ גַּן.
in the	1 הַיֶּלֶד יוֹשֵׁב ____ כִּתָּה.
in a	2 הַמּוֹרֶה גָּר ____ עִיר גְּדוֹלָה.
to the	3 הַבַּחוּרִים נָסְעוּ ____יָם.
to	4 אֲנִי אָמַרְתִּי "שָׁלוֹם" ____יוֹרָם.
to	5 כָּל הַחֲבֵרִים נָסְעוּ ____יִשְׂרָאֵל.

G. Fill in the correct form of the prepositional prefixes with and without the definite article.

בְּ כְּ לְ מִ — בַּ כַּ לַ

0 הַבַּחוּרִים הָלְכוּ __לְ__קוֹלְנוֹעַ __בַּ__קַּיִץ.

1 לֹא מָצָאתִי אֶת זֶה ____מִּלּוֹן הַקָּטָן.

2 הַמּוֹרָה נוֹתֶנֶת בְּחִינָה ____כִּתָּה שֶׁלָּהּ.

3 שׁוֹשַׁנָּה עוֹלָה ____יִשְׂרָאֵל.

4 בְּשִׂמְחַת־תּוֹרָה הַמּוֹרֶה רָקַד ____חָסִיד.

5 אֲנִי שָׁמַעְתִּי אֶת הַחֲדָשׁוֹת ____טֶלֶוִיזְיָה.

6 הֵם נָסְעוּ ____תֵּל־אָבִיב ____חֵיפָה.

Cardinal Numbers, Feminine

A **number** is a kind of **adjective** — since it tells us something **specific** about the noun it modifies.

good student	**one** student
bright students	**six** students

In English, we don't usually distinguish between masculine and feminine gender. Therefore numbers, like all adjectives, have only *one* form modifying either a masculine or feminine noun.

one waitress	one boy
three waiters	three girls

In Hebrew, there are two sets of numbers — one masculine and one feminine. In this lesson you will learn only the **feminine** form, that is used when **modifying a feminine noun**.

		0	אֶפֶס*
11	אַחַת עֶשְׂרֵה	1	אַחַת
12	שְׁתֵּים עֶשְׂרֵה	2	שְׁתַּיִם (שְׁתֵּי)
13	שְׁלוֹשׁ עֶשְׂרֵה	3	שָׁלוֹשׁ
14	אַרְבַּע עֶשְׂרֵה	4	אַרְבַּע
15	חֲמֵשׁ עֶשְׂרֵה	5	חָמֵשׁ
16	שֵׁשׁ עֶשְׂרֵה	6	שֵׁשׁ
17	שְׁבַע עֶשְׂרֵה	7	שֶׁבַע
18	שְׁמוֹנֶה עֶשְׂרֵה	8	שְׁמוֹנֶה
19	תְּשַׁע עֶשְׂרֵה	9	תֵּשַׁע
20	עֶשְׂרִים	10	עֶשֶׂר

---

* אֶפֶס is both masculine *and* feminine.

The **feminine** form of the cardinal numbers is always used when no specific noun is being modified by a number, for example:

counting

one, two, three, four   אַחַת, שְׁתַּיִם, שָׁלוֹשׁ, אַרְבַּע

telephone numbers

876–9250   שְׁמוֹנֶה, שֶׁבַע, שֵׁשׁ, תֵּשַׁע, שְׁתַּיִם, חָמֵשׁ, אֶפֶס

Placement of Numbers

When a number modifies a **singular** noun, the number **follows the noun**, just like all adjectives.

תַּלְמִידָה טוֹבָה.
תַּלְמִידָה אַחַת.

However, when a number modifies a **plural** noun, the number **precedes the noun**.

שָׁלוֹשׁ תַּלְמִידוֹת.
חָמֵשׁ מַתָּנוֹת.

Note that the number 2 has a **shortened form, שְׁתֵּי**. **This form is used when the number is followed by a noun.**

שְׁתַּיִם – שְׁתֵּי שְׁאֵלוֹת

Age

When we want to express a person's age in Hebrew, we use a special phrase.

The boy is four years old.	הַיֶּלֶד בֶּן אַרְבַּע.
The girl is four years old.	הַיַּלְדָּה בַּת אַרְבַּע.

The Hebrew words בֶּן or בַּת stand for the English phrase **years old.** We use the feminine form of the number because it modifies the Hebrew word שָׁנָה, year.

הַיֶּלֶד בֶּן (שָׁנָה) אַחַת.

In Hebrew you cannot say אֲנִי עֶשֶׂר. This means, I am a ten!

You must say	(m.)	אֲנִי בֶּן שֵׁשׁ עֶשְׂרֵה.
	(f.)	אֲנִי בַּת שֵׁשׁ עֶשְׂרֵה.

To ask someone "How old are you?" we say:

(for a boy)	בֶּן כַּמָּה אַתָּה?
(for a girl)	בַּת כַּמָּה אַתְּ?

תַּרְגִּילִים

A. Write the answers to the following math problems, using Hebrew words.

פְּלוּס +

0 שְׁתַּיִם
\+ שָׁלוֹשׁ
חָמֵשׁ

1 עֶשֶׂר
\+ שָׁלוֹשׁ

2 שְׁתַּיִם
\+ תֵּשַׁע

3 חֲמֵשׁ עֶשְׂרֵה
\+ אַרְבַּע

מִנוּס, פָּחוֹת –

4 אַחַת עֶשְׂרֵה
– שֶׁבַע

5 עֶשְׂרִים
– שְׁתַּיִם

6 שְׁבַע עֶשְׂרֵה
– חָמֵשׁ

כָּפוּל ×

7 $6 \times 2 =$ ______________

8 $5 \times 3 =$ ______________

לְחַלֵּק בְּ... ÷

9 $8 \div 2 =$ ______________

10 $10 \div 5 =$ ______________

B. Write the number in Hebrew.

0 יֵשׁ (10) __עֶשֶׂר__ תַּלְמִידוֹת בַּכִּתָּה.

1 יֵשׁ לָנוּ מְכוֹנִית (1) _____.

2 לִפְנֵי (5) _____ שָׁנִים נָסַעְתִּי לְיִשְׂרָאֵל.

3 אַבָּא נָתַן לִי (8) _____ מַתָּנוֹת לְחַג הַחֲנֻכָּה.

4 אֲנִי אוֹכֶלֶת (3) _____ אֲרוּחוֹת בְּכָל יוֹם.

5 הַמּוֹרֶה שָׁאַל (20) _____ שְׁאֵלוֹת בַּבְּחִינָה.

6 הוּא בֶּן (13) _____.

7 בַּבַּיִת שֶׁלָּנוּ יֵשׁ (2) _____ מְזוּזוֹת.

8 בְּבֵית הַסֵּפֶר יֵשׁ לִי (7) _____ מוֹרוֹת.

9 (5) _____ מִשְׁפָּחוֹת הָלְכוּ לְבֵית הַכְּנֶסֶת בְּיַחַד.

10 (11) _____ חֲבֵרוֹת הָלְכוּ לַיָּם אֶתְמוֹל.

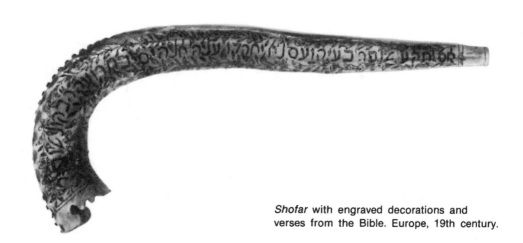

Shofar with engraved decorations and
verses from the Bible. Europe, 19th century.

Telling Time

We always use the **feminine form** of the number when talking of **time**. The number modifies the Hebrew word שָׁעָה, hour, which is a feminine noun.

hour	שָׁעָה
minute	דַּקָה
half	חֲצִי
quarter	רֶבַע
before	לִפְנֵי
after, in a ...	בְּעוֹד
What time is it?	מַה הַשָּׁעָה?
It is six o'clock.	הַשָּׁעָה שֵׁשׁ

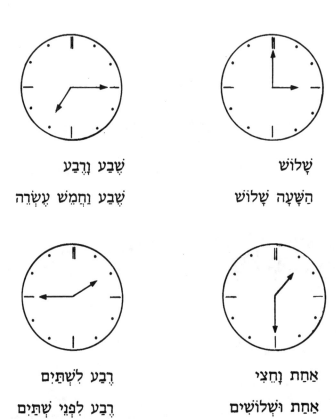

שֶׁבַע וָרֶבַע
שֶׁבַע וַחֲמֵשׁ עֶשְׂרֵה

שָׁלוֹשׁ
הַשָּׁעָה שָׁלוֹשׁ

רֶבַע לִשְׁתַּיִם
רֶבַע לִפְנֵי שְׁתַּיִם

אַחַת וָחֵצִי
אַחַת וּשְׁלוֹשִׁים

תַּרְגִּילִים

A. Translate into Hebrew.

0 Michael is 3 years old. _____ מִיכָאֵל בֶּן שָׁלוֹשׁ.

1 David is 16 years old. _____

2 Sarah is 12 years old. _____

3 The girl is 9 years old. _____

4 Dan, how old are you? _____

5 I am 18 years old. _____

B. Brain-teasers. (You will find the answers on p. 28.)

1 What Hebrew number doubles its numerical value if you take out a

letter? _____ _____

2 What Hebrew number is "wicked" when you write it backwards

with different vowels? _____

3 What Hebrew number is "happy" when you write it backwards with

different vowels? _____

4 מִי הוֹלֵךְ בְּאַרְבַּע רַגְלַיִם בַּבֹּקֶר, הוֹלֵךְ בִּשְׁתֵּי רַגְלַיִם בַּצָּהֳרַיִם, וְהוֹלֵךְ

בְּשָׁלוֹשׁ רַגְלַיִם בָּעֶרֶב? _____

C. Write the correct time in Hebrew under each clock.

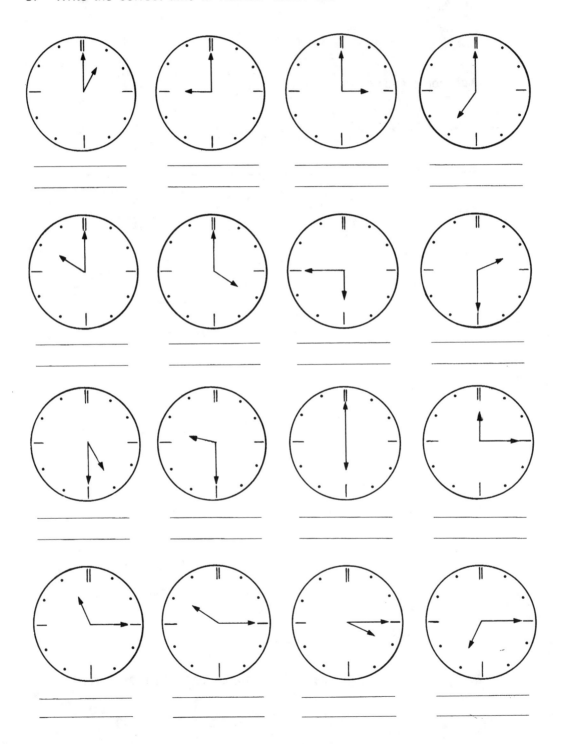

שְׁנֵי אַחִים

¹Mt. Moriah

שְׁנֵי אַחִים, יְהוּדָה וְיוֹאֵל, יָשְׁבוּ בְּהַר הַמּוֹרִיָּה[1] בִּירוּשָׁלַיִם.

יְהוּדָה גָּר עִם הָאִשָּׁה שֶׁלּוֹ וּשְׁלוֹשָׁה בָּנִים. יוֹאֵל גָּר

¹alone ²without

לְבַד[1], בְּלִי[2] אִשָּׁה וּבְלִי בָּנִים. שְׁנֵי הָאַחִים עָבְדוּ

¹divided ²wheat

בַּשָּׂדֶה בְּיַחַד וְחִלְּקוּ[1] אֶת הַחִטָּה[2]

¹between them

5   בֵּינֵיהֶם[1].

לַיְלָה אֶחָד חָשַׁב יוֹאֵל: "יֵשׁ לִיהוּדָה אִשָּׁה וּשְׁלוֹשָׁה בָּנִים. אֵין לִי מִשְׁפָּחָה. יְהוּדָה צָרִיךְ הַרְבֵּה חִטָּה לַמִּשְׁפָּחָה שֶׁלּוֹ. אֲנִי לֹא צָרִיךְ הַרְבֵּה. אֲנִי נוֹתֵן חֵלֶק[1]

¹portion

מֵהַחִטָּה שֶׁלִּי לִיהוּדָה." בַּלַּיְלָה קָם יוֹאֵל וְלָקַח חֵלֶק

10   מֵהַחִטָּה שֶׁלּוֹ וְהָלַךְ בְּשֶׁקֶט אֶל הַבַּיִת שֶׁל יְהוּדָה.

גַּם יְהוּדָה חָשַׁב בַּלַּיְלָה: "יֵשׁ לִי אִשָּׁה וּשְׁלוֹשָׁה בָּנִים. הַבָּנִים וְהָאִשָּׁה שֶׁלִּי עוֹזְרִים[1] לִי, אֲבָל אֵין לְיוֹאֵל

¹help

מִשְׁפָּחָה. מִי עוֹזֵר לוֹ?" קָם יְהוּדָה וְלָקַח חֵלֶק מֵהַחִטָּה שֶׁלּוֹ וְהָלַךְ בְּשֶׁקֶט אֶל הַבַּיִת שֶׁל יוֹאֵל.

15   שְׁנֵי הָאַחִים נִפְגְּשׁוּ[1] בַּדֶּרֶךְ.

¹met

אֱלֹהִים רָאָה אֶת הָאַהֲבָה בֵּין הָאַחִים וְאָמַר: "הַמָּקוֹם הַזֶּה הוּא מָקוֹם קָדוֹשׁ[1], מָקוֹם טוֹב לְבֵית־הַמִּקְדָּשׁ[2]."

¹holy ²the Temple

בַּמָּקוֹם הַזֶּה, בְּהַר הַמּוֹרִיָּה, בָּנָה שְׁלֹמֹה הַמֶּלֶךְ

20   אֶת בֵּית־הַמִּקְדָּשׁ.

מִלּוֹן

alone	לְבַד	
without	בְּלִי	
they divided	חִלְּקוּ — חלק√	
between them	בֵּינֵיהֶם	
portion	חֵלֶק	
help	עוֹזֵר לְ... — עזר√	
the Temple	בֵּית־הַמִּקְדָּשׁ	
wheat	חִטָּה	

שְׁאֵלוֹת

Answer each question in a full sentence.

תַּעֲנוּ עַל כָּל שְׁאֵלָה בְּמִשְׁפָּט שָׁלֵם.

1 אֵיפֹה יָשְׁבוּ הָאַחִים?
2 מָה הָעֲבוֹדָה שֶׁל הָאַחִים?
3 לְמִי יֵשׁ מִשְׁפָּחָה?
4 מִי בָּנָה אֶת בֵּית־הַמִּקְדָּשׁ?
5 אֵיפֹה הוּא בָּנָה אֶת בֵּית־הַמִּקְדָּשׁ?

Answers to Brain-teasers found on p. 25.

1 שָׁלוֹשׁ — שֵׁשׁ
2 עֶשֶׂר — רָשָׁע
3 חָמֵשׁ — שָׂמֵחַ
4 אָדָם. A person crawls on all fours when a baby, walks on two feet most of life, and when old, uses a cane.

שיחה באוטובוס

יום קיץ חם בישראל. קבוצה קטנה של בחורים ובחורות מאמריקה
נוסעת בישראל. הם גרים בקבוץ. היום הם נוסעים לתל-אביב
לקנות דברים רבים. אבל איך נוסעים לעיר הגדולה? בחור אחד
בשם גיל רואה אוטובוס. האוטובוס עומד ברחוב והדלת פתוחה.

גיל:	אתה נוסע לתל-אביב?	5
הנהג:	מה אתה חושב? — שאני הולך ברגל?!	
גיל:	רק שאלתי שאלה. נו ... לאן אתה נוסע באוטובוס היפה	
	הזה?	
הנהג:	האוטובוס ה"יפה" הזה היה בארבע מלחמות! נו, אתם	
	נוסעים או לא?	10
גיל:	אל תסגור את הדלת! לא אמרת לאן אתה נוסע!	
הנהג:	לתל-אביב, לתל-אביב. בואו, בואו, אין לי זמן לדבר!	

הבחורים והבחורות עולים לאוטובוס.

גיל:	כמה זה עולה לתל-אביב?	
הנהג:	שלושים שקלים.	15
שרונה:	עדה, אין לי שקלים. אולי יש לך?	
עדה:	יש לי. הנה הכסף.	
שרונה:	תודה.	
הנהג:	מדוע אתם נוסעים לתל-אביב היום? נוסעים לים?	
גיל:	לא, לא — אנחנו רוצים לקנות הרבה דברים.	20
שרונה:	אני ועדה רוצות לקנות שמלות — שמלות תימניות.	
הנהג:	אתן קונות בחנות של בן-חורין?	
עדה:	אני לא יודעת ... מיהו בֶּן-חוֹרִין?	
הנהג:	בן-חורין הוא החבר של הדוד שלי. תאמרו לו שאתן	
	החברות שלי, והוא ימכור לכן בזול.	25
דון:	אולי יש לך עוד חבר? אני צריך לקנות סנדלים.	
הנהג:	עוד חבר? יש לי הרבה חברים בחנויות! לאח של הדודה	
	שלי יש חנות סנדלים ברחוב אלנבי. השם שלו שיפמן.	
	תאמר לו שאתה החבר שלי וגם הוא ימכור לך בזול.	
דון:	תודה רבה!	30
הנהג:	הנה — אנחנו בתל-אביב. בחורות, אתן תֵּרְדוּ מן	

האוטובוס ברחוב דיזינגוף, והבחורים יֵרְדוּ ברחוב אלנבי. בשעה חמש תִּפָּגְשׁוּ על־יד קולנוע ״דן״. לבן של החבר שלי יש חנות ל״פָּלָפֶל״ שם.

הבחורות יָרְדוּ מן האוטובוס, גם הבחורים ירדו מן האוטובוס. הנהג נסע ונסע, ופתאום הוא חשב: ״אוי, לא אמרתי להם מה השם שלי״!

Ketuba (marriage contract). Yemen, 1794.

יְחִידָה 2

יוֹסֵף – אִישׁ הַחֲלוֹמוֹת[1]

[1] dreams

[1] were born

שְׁנֵי בָּנִים נוֹלְדוּ[1] לְאַבְרָהָם אָבִינוּ: יִצְחָק וְיִשְׁמָעֵאל.
לְיִצְחָק נוֹלְדוּ שְׁנֵי בָנִים: יַעֲקֹב וְעֵשָׂו. וְיַעֲקֹב יָשַׁב
בְּאֶרֶץ כְּנַעַן[1].

[1] Canaan

[1] twelve

נוֹלְדוּ לְיַעֲקֹב שְׁנֵים-עָשָׂר[1] בָּנִים וּבַת אַחַת. וְיַעֲקֹב
אָהַב אֶת יוֹסֵף בְּנוֹ מִכָּל הַבָּנִים שֶׁלּוֹ, וְעָשָׂה לוֹ

5

[1] coat of many colors [2] hated

בֶּגֶד יָפֶה, כְּתֹנֶת פַּסִּים[1]. כָּל הָאַחִים שָׂנְאוּ[2]

[1] more [2] all of them

אֶת יוֹסֵף כִּי יַעֲקֹב אָהַב אוֹתוֹ יוֹתֵר[1] מִכֻּלָּם[2].

[1] dreamed

כַּאֲשֶׁר הָיָה יוֹסֵף בֶּן שְׁבַע-עֶשְׂרֵה שָׁנִים, הוּא חָלַם[1]
חֲלוֹם וְסִפֵּר אֶת הַחֲלוֹם לָאַחִים שֶׁלּוֹ.

[1] please

"תִּשְׁמְעוּ נָא[1] אֶת הַחֲלוֹם הַזֶּה אֲשֶׁר חָלַמְתִּי.

10

[1] are binding sheaves [2] field

אֲנַחְנוּ מְאַלְּמִים אֲלֻמִּים[1] בַּשָּׂדֶה[2],

[1] are bowing

וְהָאֲלֻמִּים שֶׁלָּכֶם מִשְׁתַּחֲוִים[1] לָאֲלֻמָּה שֶׁלִּי."

הָאַחִים שֶׁל יוֹסֵף כָּעֲסוּ וְאָמְרוּ לוֹ: "אַתָּה חוֹלֵם שֶׁאַתָּה
מוֹלֵךְ[1] עָלֵינוּ?" וְהֵם שָׂנְאוּ אוֹתוֹ עוֹד יוֹתֵר עַל הַחֲלוֹם הַזֶּה.

[1] rule

וְיוֹסֵף חָלַם עוֹד חֲלוֹם וְסִפֵּר אוֹתוֹ לָאַחִים וְלָאָב שֶׁלּוֹ.

15

[1] eleven

"חָלַמְתִּי חֲלוֹם וְהִנֵּה הַשֶּׁמֶשׁ וְהַיָּרֵחַ וְאַחַד-עָשָׂר[1]
כּוֹכָבִים מִשְׁתַּחֲוִים לִי."

הָאַחִים כָּעֲסוּ עוֹד, וְגַם יַעֲקֹב, הָאָב שֶׁל יוֹסֵף, כָּעַס.

‎¹sheep
פַּעַם הָיוּ הָאַחִים בִּשְׁכֶם עִם הַצֹּאן¹ שֶׁל יַעֲקֹב.

20 וְיַעֲקֹב שָׁלַח אֶת יוֹסֵף לִשְׁכֶם לִרְאוֹת מַה שְׁלוֹם
הָאַחִים וּמַה שְׁלוֹם הַצֹּאן.

כַּאֲשֶׁר רָאוּ הָאַחִים אֶת יוֹסֵף, הֵם אָמְרוּ:

‎¹we shall kill
"הִנֵּה אִישׁ הַחֲלוֹמוֹת בָּא! נַהֲרֹג¹ אוֹתוֹ!"

אֲבָל רְאוּבֵן, הָאָח הַגָּדוֹל, אָמַר:" "לֹא נַהֲרֹג אוֹתוֹ!

‎¹we shall put ²pit
25 נָשִׂים¹ אוֹתוֹ בַּבּוֹר²."

וְכָךְ עָשׂוּ. וְהָאַחִים לָקְחוּ אֶת כְּתֹנֶת הַפַּסִּים שֶׁל יוֹסֵף.

‎¹passed ²merchants
עָבְרוּ¹ סוֹחֲרִים². וִיהוּדָה, אֶחָד מֵהָאַחִים, אָמַר:

‎¹we shall sell
"לָמָּה נַהֲרֹג אֶת יוֹסֵף? נִמְכֹּר¹ אוֹתוֹ לַסּוֹחֲרִים."

הַסּוֹחֲרִים קָנוּ אֶת יוֹסֵף בְּעֶשְׂרִים שֶׁקֶל כֶּסֶף

30 וְלָקְחוּ אוֹתוֹ לְמִצְרַיִם.

מִלּוֹן

dream(s) (m.)	חֲלוֹם, חֲלוֹמוֹת
they were born	נוֹלְדוּ — ילד√
shirt, robe	כְּתֹנֶת
they hated	שָׂנְאוּ — שׂנא√
more	יוֹתֵר
he dreamed	חָלַם — חלם√
field	שָׂדֶה
sheep	צֹאן
he killed	הָרַג — הרג√
they passed	עָבְרוּ — עבר√
merchant(s)	סוֹחֵר, סוֹחֲרִים
eleven (m.)	אַחַד-עָשָׂר
twelve (m.)	שְׁנֵים-עָשָׂר
we shall put	נָשִׂים — שׂים√

תַּרְגִּילִים

A. Write the number of the line in the Hebrew story that gives you the
    following information. Be prepared to defend your choice orally.

0   _2-3_ Jacob lived in the land of Canaan.
1   _____ Jacob had twelve sons and one daughter.
2   _____ Jacob loved Joseph the most.
3   _____ Because of this love, the brothers hated Joseph.
4   _____ Joseph dreamed and told his brothers his dreams.
5   _____ In one dream the sun, the moon, and 11 stars bowed
          down to Joseph.
6   _____ His brothers hated him even more because of these
          dreams.
7   _____ The brothers at first wanted to kill Joseph.
8   _____ Instead they put him in a pit.
9   _____ Then they sold Joseph to merchants.
10 _____ The merchants took him to Egypt.

B. Select the word that best completes each sentence.

שְׁנֵים-עָשָׂר / שְׁנֵי / יוֹסֵף / יִצְחָק

הָאַחִים / חֲלוֹמוֹת / אַחַד-עָשָׂר

כָּעֲסוּ / שָׂמוּ / סוֹחֲרִים / עֵשָׂו

0 ___שְׁנֵי___ בָּנִים נוֹלְדוּ לְאַבְרָהָם אָבִינוּ.

1 יִשְׁמָעֵאל וְ________ הָיוּ הַבָּנִים שֶׁל אַבְרָהָם.

2 לְיִצְחָק נוֹלְדוּ שְׁנֵי בָּנִים, יַעֲקֹב וְ________.

3 ________ בָּנִים נוֹלְדוּ לְיַעֲקֹב.

4 יַעֲקֹב אָהַב אֶת ________ מִכָּל הַבָּנִים שֶׁלּוֹ.

5 ________ שָׂנְאוּ אֶת יוֹסֵף.

6 יוֹסֵף חָלַם שְׁנֵי ________.

7 בַּחֲלוֹם אֶחָד הָיוּ יָרֵחַ וְ________ כּוֹכָבִים.

8 הָאַחִים וְהָאָב ________ עַל הַחֲלוֹמוֹת שֶׁל יוֹסֵף.

9 הָאַחִים ________ אֶת יוֹסֵף בַּבּוֹר.

10 ________ קָנוּ אֶת יוֹסֵף בְּעֶשְׂרִים שֶׁקֶל כֶּסֶף.

C. Fill in each Hebrew word in the spaces provided. In the outlined column you will discover a hidden sentence.

more ר ת ו | י |

one of Abraham's children ___ ___ | ___ | ___ ___ ___

I jumped ___ ___ ___ ___ | ___ |

thief | ___ | ___ ___

a means of transportation in the desert ___ ___ | ___ |

he rode ___ ___ | ___ |

I requested ___ ___ ___ ___ | ___ |

they hated ___ | ___ | ___ ___

he killed ___ | ___ | ___

summer | ___ | ___ ___

stars ___ ___ ___ ___ ___ | ___ |

second ___ | ___ | ___

twenty ___ ___ ___ ___ | ___ |

sheep | ___ | ___ ___

Write the words forming the hidden sentence.

___ ___ ___ ___ ___ ___ ___ ___ ___ ___ ___ ___ ___ ___

Translate the sentence.

____

D.   Circle the correct answer to the following questions.

1   כַּמָּה בָּנִים נוֹלְדוּ לְיַעֲקֹב?

א.   יַעֲקֹב הָיָה הָאָב שֶׁל יוֹסֵף.

ב.   שְׁנֵים־עָשָׂר בָּנִים נוֹלְדוּ לְיַעֲקֹב.

ג.   יַעֲקֹב הָיָה הַבֵּן שֶׁל יִצְחָק.

2   מָתַי חָלַם יוֹסֵף חֲלוֹם?

א.   יוֹסֵף חָלַם חֲלוֹם בַּשָּׂדֶה.

ב.   בַּחֲלוֹם שֶׁל יוֹסֵף הָיוּ אַחַד־עָשָׂר כּוֹכָבִים.

ג.   יוֹסֵף חָלַם חֲלוֹם כַּאֲשֶׁר הוּא הָיָה בֶּן שְׁבַע־עֶשְׂרֵה שָׁנִים.

3   אֵיךְ אֲנַחְנוּ יוֹדְעִים שֶׁהָאַחִים שֶׁל יוֹסֵף שָׂנְאוּ אוֹתוֹ?

א.   לְיוֹסֵף הָיוּ אַחַד־עָשָׂר אַחִים.

ב.   הָאַחִים מָכְרוּ אֶת יוֹסֵף לְסוֹחֲרִים.

ג.   יוֹסֵף הָיָה הַבֵּן שֶׁל יַעֲקֹב.

4   כַּמָּה כּוֹכָבִים רָאָה יוֹסֵף בַּחֲלוֹם שֶׁלּוֹ?

א.   יֵשׁ כּוֹכָבִים בַּשָּׁמַיִם בַּלַּיְלָה.

ב.   הָיוּ אַחַד־עָשָׂר כּוֹכָבִים בַּחֲלוֹם.

ג.   יוֹסֵף חָלַם חֲלוֹם וּבַחֲלוֹם הָיוּ כּוֹכָבִים.

5   אֵיךְ אֲנַחְנוּ יוֹדְעִים שֶׁיַּעֲקֹב אָהַב אֶת יוֹסֵף מִכָּל הַבָּנִים?

א.   יַעֲקֹב נָתַן לְיוֹסֵף בֶּגֶד יָפֶה.

ב.   נוֹלְדוּ לְיַעֲקֹב שְׁנֵים־עָשָׂר בָּנִים וּבַת אַחַת.

ג.   יַעֲקֹב וְהַבָּנִים יָשְׁבוּ בְּאֶרֶץ כְּנַעַן.

6   לְאָן שָׁלַח יַעֲקֹב אֶת יוֹסֵף?

א.   לְאֶרֶץ כְּנַעַן.

ב.   לְמִצְרַיִם.

ג.   לִשְׁכֶם.

Future Tense עָתִיד

אֲנִי אֶגְמֹר	אֲנַחְנוּ נִגְמֹר
אַתָּה תִּגְמֹר	אַתֶּם תִּגְמְרוּ
אַתְּ תִּגְמְרִי	אַתֶּן תִּגְמְרוּ*
הוּא יִגְמֹר	הֵם יִגְמְרוּ
הִיא תִּגְמֹר	הֵן יִגְמְרוּ*

In the עָתִיד, the base-form (הוּא) consists of:

גמר√	root
י□□□	prefix
יִ□ְ□ֹ□	vowel-pattern
יִגְמֹר	he will finish

The עָתִיד in Hebrew is used both to describe a **future action**; and as an **imperative** (command).

* In biblical and classical Hebrew, the 2nd and 3rd person feminine plural, אַתֶּן, הֵן, had a different verb form in the עָתִיד.

אַתֶּן תִּגְמֹרְנָה	הֵן תִּגְמֹרְנָה

In modern Hebrew, the 2nd and 3rd person plural forms in עָתִיד are the same for masculine and feminine.

אַתֶּם / אַתֶּן } תִּגְמְרוּ	הֵם / הֵן } יִגְמְרוּ

Here is a chart of the future tense.

אֲנִי	אֶ□ְ□ֹ□
אַתָּה	תִּ□ְ□ֹ□
אַתְּ	תִּ□ְ□ְ□ִי
הוּא	יִ□ְ□ֹ□
הִיא	תִּ□ְ□ֹ□
אֲנַחְנוּ	נִ□ְ□ֹ□
אַתֶּם־ן	תִּ□ְ□ְ□וּ
הֵם־ן	יִ□ְ□ְ□וּ

You will notice from this chart that

The future tense is formed by adding a subject **prefix** to the root.

In some cases a **suffix** is also added.

The vowel under the prefix is □ִ with the exception of the first person אֲנִי, where the vowel is □ֶ.

In the future, verbs having as their **2nd root letter** ב ג ד כ פ ת **have a dagesh** (a dot) in that letter.

שפט√ נִשְׁפֹּט   שבר√ נִשְׁבֹּר   מכר√ נִמְכֹּר

In the future, verbs having as their **1st root letter** ב ג ד כ פ ת **drop the dagesh** in that letter.

פגש√ אֶפְגֹּשׁ   כתב√ אֶכְתֹּב   בדק√ אֶבְדֹּק

תַּרְגִּילִים

A. Fill the chart in the future tense, עָתִיד.

	גמר√	זרק√	שמר√
אֲנִי	אֶגְמֹר		
אַתָּה	תִּגְמֹר		
אַתְּ	תִּגְמְרִי		
הוּא	יִגְמֹר		
הִיא	תִּגְמֹר		
אֲנַחְנוּ	נִגְמֹר		
אַתֶּם, אַתֶּן	תִּגְמְרוּ		
הֵם, הֵן	יִגְמְרוּ		

B. Add the correct pronoun to the following verbs.

0 ___אֲנִי___ אֶכְתֹּב.

1 ________ נִשְׁמֹר.

2 ________ תִּשְׁבְּרִי

3 ________ יִגְנְבוּ.

4 ________ תִּגְמֹר.

5 ________ אֶמְכֹּר.

6 ________ תִּסְגְּרוּ.

7 ________ יִלְמְדוּ.

8 ________ נִזְכֹּר.

9 ________ יִכְתֹּב.

10 ________ תִּקְפֹּץ.

Silver *seder* plate with three-tiered cabinet for *matza.* Vienna, c. 1870.

C.   Check the column that indicates the tense of the verb.

עָתִיד	עָבָר	הֹוֶה	
		V	0 הַיֶּלֶד יוֹשֵׁב בַּבַּיִת.
			1 אָבִי וַאֲבִיבָה יוֹשְׁבִים בַּכִּתָּה.
			2 מִי גּוֹנֵב אֶת הַכֶּסֶף שֶׁלִּי?
			3 גִּילָה תִּגְמֹר אֶת הָעֲבוֹדָה.
			4 הַגְּמַלִּים עָמְדוּ עַל־יַד הָעֵץ.
			5 אֲנִי אֶגְמֹר לֶאֱכֹל.
			6 יְלָדִים, אַל תִּזְרְקוּ אֶת הַכַּדּוּר.
			7 אֲנִי יָרַדְתִּי מִן הָהָר.
			8 דִּינָה וְשָׂרָה לוֹמְדוֹת עִבְרִית.
			9 הֶחָבֵר שֶׁלִּי יִכְתֹּב לִי מִכְתָּב.

D. Fill in the correct form of the verb in the future, עָתִיד.

0 הִיא פגש√ תִּפְגֹּשׁ ______ אֶת הֶחָבֵר שֶׁלָּהּ מָחָר.

1 הוּא שבר√ ______ אֶת הַחַלּוֹן.

2 אֲנִי זרק√ ______ לוֹ אֶת הַכַּדּוּר.

3 אֲנַחְנוּ זכר√ ______ לְהָבִיא אֶת הָעוּגָה.

4 הֵם שמר√ ______ אֶת הַכֶּלֶב שֶׁלִּי.

5 בְּעוֹד שָׁעָה הִיא גמר√ ______ אֶת הָעֲבוֹדָה.

6 מָחָר אַתֶּם מכר√ ______ אֶת הַבְּגָדִים בַּשּׁוּק.

7 בַּשָּׁבוּעַ הַבָּא הֵם גמר√ ______ אֶת הַסֵּפֶר בְּעִבְרִית.

8 שָׂרָה, למד√ ______ אֶת הַמִּלִּים הָעֶרֶב!

9 יְלָדִים, זרק√ ______ אֶת הַנְּיָר!

10 שִׁמְעוֹן, קפץ√ ______ מִן הַגַּג?

לֹא יִשָּׂא גוֹי אֶל גוֹי חֶרֶב, וְלֹא יִלְמְדוּ עוֹד מִלְחָמָה.

Nation shall not lift up sword against nation; they shall never again learn war. (Isaiah 2:4 / יְשַׁעְיָהוּ ב, ד)

E. Rewrite each sentence using the future tense.

0 אֲנִי כָּתַבְתִּי סִפּוּר יָפֶה.

אֲנִי אֶכְתֹּב סִפּוּר יָפֶה

1 דָּוִד גּוֹמֵר אֶת הַשִּׁעוּר.

2 אֲנַחְנוּ מוֹכְרִים אֶת הַבַּיִת.

3 אַתָּה פָּגַשְׁתָּ אֶת מִרְיָם?

4 רִבְקָה סָגְרָה אֶת הַחַלּוֹן.

5 הֵם שׁוֹבְרִים אֶת הַגִּיר.

6 אַתְּ זוֹרֶקֶת אֹכֶל מֵהַשֻּׁלְחָן.

7 אַתֶּם לְמַדְתֶּם אַנְגְּלִית?

8 הַיְּלָדוֹת שׁוֹמְרוֹת עַל הַכֶּלֶב.

Use of the Future Tense as a Command, צִוּוּי

When you command someone to do something, you talk directly **to** them.

Therefore, only the **2nd person forms** can be used as **commands.**

Close the door!	תִּסְגֹּר אֶת הַדֶּלֶת!	(אַתָּה)
The other command-forms are	תִּסְגְּרִי!	(אַתְּ)
	תִּסְגְּרוּ!	(אַתֶּם)
	תִּסְגְּרוּ!	(אַתֶּן)

Note: In biblical and classical Hebrew, there was a special set of forms to indicate command, צִוּוּי.

סְגֹר	(אַתָּה)
סִגְרִי	(אַתְּ)
סִגְרוּ	(אַתֶּם)
סְגֹרְנָה	(אַתֶּן)

These forms are formed from the future tense, without the prefix.

Today, it is common to use the full future tense for commands.

There are still some verbs that take the **special command form**.

Come!	בּוֹאוּ	בּוֹאִי	בּוֹא	בּוֹא√
Get up!	קוּמוּ	קוּמִי	קוּם	קוּם√
Go!	לְכוּ	לְכִי	לֵךְ	הלךְ√
Sit!	שְׁבוּ	שְׁבִי	שֵׁב	ישׁב√
Give!	תְּנוּ	תְּנִי	תֵּן	נתן√
Take!	קְחוּ	קְחִי	קַח	לקח√

Negative Command

To give a **negative command,** you must **always** use the **2nd person** of the **future** tense, preceded by the word אַל.

Don't get up! (m.s.)	אַל תָּקוּם!
Don't go! (f.s.)	אַל תֵּלְכִי!
Don't close the door! (m.pl., f.pl.)	אַל תִּסְגְּרוּ אֶת הַדֶּלֶת!

תַּרְגִּילִים

A. Fill in the correct form of the imperative, צִוּוּי, in each sentence.
Remember that the **future** is used for commands.

0 יְלָדִים, פתח√ _תִּפְתְּחוּ_ אֶת הַסְּפָרִים!

0 דִּינָה, אַל סגר√ _תִּסְגְּרִי_ אֶת הַחַלּוֹן!

1 דָּנִיאֵל, שמר√ _____ עַל הָאָח!

2 בָּנוֹת, אַל כתב√ _____ עַל הַלּוּחַ!

3 שִׁירָה, פגש√ _____ אֶת הַמִּשְׁפָּחָה בְּאַרְבַּע!

4 בַּחוּרִים, גמר√ _____ אֶת הַשִּׁעוּרִים!

5 שָׁלוֹם, אַל סגר√ _____ אֶת הַמַּחְבֶּרֶת!

B. Make up sentences using the following verb roots in the future.

1 גנב√ _____

2 סגר√ _____

3 זרק√ _____

4 כתב√ _____

5 שמר√ _____

The Infinitive

The word **infinitive** comes from the same root as "infinite" — meaning without end or limits. Thus the **infinitive** form of the verb is one which has

no tense:	**To learn** can refer to past, present, or future — depending on the rest of the sentence.
no person:	**To learn** can refer to I, you, he, etc.
no number:	**To learn** can refer to singular or plural.
no gender:	**To learn** can refer to masculine or feminine.

In English the infinitive is formed by adding "to" before the verb: **to** learn.
The Hebrew infinitive is formed as follows.

I	want	to learn.	לִלְמֹד.	רוֹצֶה	אֲנִי
	main verb	**infinitive**	**infinitive**	**main verb**	

He likes **to write.**	הוּא אוֹהֵב לִכְתֹּב.
They must **(to) read.**	הֵם צְרִיכִים לִקְרֹא.

In Hebrew the main verb must agree with the subject in person, number and gender.

Common verbs which are often followed by the infinitive are

רוֹצֶה	want
אוֹהֵב	like
יָכוֹל	can
צָרִיךְ	must

הוּא רוֹצֶה לֶאֱכֹל.
הִיא אוֹהֶבֶת לְדַבֵּר עִבְרִית.
אֲנַחְנוּ יְכוֹלִים לָלֶכֶת לַחֲנוּת.
הֵן צְרִיכוֹת לִהְיוֹת בַּבַּיִת בְּשֵׁשׁ.

תַּרְגִּילִים

A. Complete the following sentences with the infinitive.

0 הִיא צְרִיכָה מכר√ ___לִמְכֹּר___ אֶת הַסְּפָרִים.

1 הֵם צְרִיכִים כתב√ ________ אֶת הַשִּׁעוּרִים.

2 הוּא רָצָה גמר√ ________ אֶת הָאֹכֶל.

3 אֲנִי אוֹהֶבֶת קרא√ ________ אֶת הַתּוֹרָה.

4 שְׁמוּאֵל יָכֹל זרק√ ________ אֶת הַכַּדּוּר.

5 הַתַּלְמִידִים רוֹצִים פגש√ ________ אֶת הַמּוֹרֶה הֶחָדָשׁ.

Wine cup for Passover, Germany, c. 1761.
The Hebrew verse reads
וְהוֹצֵאתִי אֶתְכֶם מִתַּחַת סִבְלֹת מִצְרַיִם
"I will free you from the burdens of the Egyptians" (Exodus 6:6).

B. Make up 10 sentences using one word or phrase from each column.

א	ב	ג
יוֹסֵף	לְדַבֵּר	אֶת הַסִּפּוּר.
מָחָר הוּא	חָלַם	אֶת הַכֶּלֶב.
הִיא רוֹצָה	לִמְכֹּר	עִם הַמּוֹרָה.
מִי	יִכְתֹּב	עַל הַכֶּלֶב.
	לָמַד	

0 מִי יִכְתֹּב אֶת הַסִּפּוּר?

1 __________

2 __________

3 __________

4 __________

5 __________

6 __________

7 __________

8 __________

9 __________

10 __________

לִשְׁמֹעַ בְּקוֹל[1]

[1] to obey

– אִמָא, הָעֶרֶב אֲנִי רוֹצָה לָלֶכֶת לַמְּסִבָּה[1].
[1] party

– גָּמַרְתְּ אֶת הַשִּׁעוּרִים?

– עוֹד לֹא, אֲנִי אֶגְמֹר אוֹתָם מָחָר בַּבֹּקֶר.

– בַּבֹּקֶר אַתְּ תִּשְׁכְּחִי[1] לִגְמֹר אוֹתָם. תִּגְמְרִי אוֹתָם עַכְשָׁו!
[1] you will forget

– אֲנִי לֹא אֶשְׁכַּח. אֲנִי אֶזְכֹּר[1].
[1] I will remember

– תִּשְׁאֲלִי אֶת אַבָּא אִם מֻתָּר[1] לָךְ לָלֶכֶת.
[1] permitted

– אֲנִי כְּבָר שָׁאַלְתִּי אוֹתוֹ. הוּא אָמַר: "תִּשְׁאֲלִי אֶת אִמָּא!"

– הוּא יוֹדֵעַ שֶׁיֵּשׁ לָךְ בְּחִינָה[1] מָחָר?
[1] test

– בְּחִינָה? אֵיזוֹ[1] בְּחִינָה?
[1] which (f.)

– מָחָר יֵשׁ לָךְ בְּחִינָה בְּמָתֵימָטִיקָה.

– אוֹי, שָׁכַחְתִּי אֶת הַבְּחִינָה. טוֹב, אֲנִי אֶגְמֹר אֶת הַשִּׁעוּרִים עַכְשָׁו וְאַחַר כָּךְ אֵלֵךְ[1] אֶל הַמְּסִבָּה.
[1] I will go

– טוֹב שֶׁאַתְּ שׁוֹמַעַת בְּקוֹל אַבָּא!!

מִלּוֹן

לִשְׁמֹעַ בְּקוֹל	to obey
מְסִבָּה	party
תִּשְׁכְּחִי — שכח√	you (f.) will forget
אֶזְכֹּר — זכר√	I will remember
בְּחִינָה	test
אֵלֵךְ — הלך√	I will go

טוֹב לִשְׁמֹעַ גַּעֲרַת חָכָם מֵאִישׁ שֹׁמֵעַ שִׁיר כְּסִילִים.

It is better to listen to a wise man's reproof than to listen to the praise of fools. (Ecclesiastes 7:5 / קֹהֶלֶת ז, ה)

תַּרְגִּילִים

Turn back to the dialogue לִשְׁמֹעַ בְּקוֹל and find the following:

A. Five verbs in the future tense.

_____ 4   _____ 2   אֶכְתֹּב 0

_____ 5   _____ 3   _____ 1

B. Two verbs in the infinitive.

_____ 2   _____ 1   לִכְתֹּב 0

C. Two commands.

_____ 2   _____ 1   תִּכְתֹּב! 0

D. Write the commands which you have written in Exercise C in the negative.

_____ 2   _____ 1   אַל תִּכְתֹּב! 0

תַּרְגִּילִים לַחֲזָרָה

A. Using the verb √כתב, complete each sentence in the correct tense.

0 אֶתְמוֹל אֲנִי ___כָּתַבְתִּי___ מִכְתָּב לַחֲבֵרִים שֶׁלִּי.

1 הָעֶרֶב הִיא __________ אֶת הַשִּׁיר.

2 הַיּוֹם הֵם __________ שִׁירִים בַּמַּחְבֶּרֶת.

3 לִפְנֵי שָׁנָה הַמּוֹרֶה __________ אֶת הַסִּפּוּר.

4 מָחָר אֲנַחְנוּ __________ אֶת הַשִּׁעוּרִים.

5 שָׂרָה וְאַבְרָהָם, בְּעוֹד שָׁבוּעַ אַתֶּם __________ עִבְרִית.

B. Circle the word that does not belong in the sentence.

0 בַּבֹּקֶר אֲנִי (בּוֹכֶה) אוֹכֶלֶת אֲרוּחַת בֹּקֶר.

1 הוּא אֵין לֹא יוֹדֵעַ עִבְרִית.

2 הִיא קוֹנָה מְכוֹנִית חוֹזֶרֶת חֲדָשָׁה.

3 אֶתְמוֹל הַגֶּשֶׁם יָרַד יַחַד עַל הָעִיר.

4 יוֹסֵף חָשַׁב עַל בְּקוֹל הַחֲלוֹם שֶׁלּוֹ.

5 הַחֲבֵרִים עָמְדוּ עַל־יַד אֶת הַגָּמָל.

C. Complete the following sentences by adding a negative fact to the positive information given.

0 יֵשׁ לְדָוִד אָח אֲבָל אֵין לוֹ אָחוֹת. ______

1 יֵשׁ לְשָׂרָה מְכוֹנִית אֲבָל ______________________

2 יֵשׁ לִי חָתוּל אֲבָל ______________________

3 יֵשׁ לְסוֹחֵר שֶׁמֶן אֲבָל ______________________

4 יֵשׁ לִי וּלְמִרְיָם חֲבֵרוֹת אֲבָל ______________________

5 יֵשׁ לְךָ וּלְרִבְקָה בַּיִת יָפֶה אֲבָל ______________________

6 יֵשׁ לְךָ וּלְדָן טֶלֶפוֹן אֲבָל ______________________

7 יֵשׁ לְחַיִּים וּלְשׁוֹשַׁנָּה כִּתָּה טוֹבָה אֲבָל ______________________

8 יֵשׁ לְלֵאָה וּלְרָחֵל סִדּוּרִים אֲבָל ______________________

Eighteenth century copper engraving, showing various preparations for Passover.

D. Translate the English phrase or sentence into Hebrew. Sometimes part of the translation is given.

0 This is his dog.

0 זֶה הַכֶּלֶב שֶׁלּוֹ. _____

1 I wrote a letter to him.

1 כָּתַבְתִּי _____

2 He took a pencil and wrote with it.

2 הוּא לָקַח עִפָּרוֹן _____

3 She sees a chair and sits in it.

3 הִיא רוֹאָה כִּסֵּא _____

4 We are walking with Rachel.

4 _____ רָחֵל.

5 We are not walking with her.

5 _____

6 This is our house. We eat in it.

6 _____

7 Ruth wants a brother like Danny.

7 רוּת _____

8 We eat with them, because they are our friends.

8 _____ , כִּי הֵם _____

E. Choose the word which best completes the sentence. Not all the words will be used.

אֵיךְ / שָׁחוֹר / שׁוֹטֵר / שָׁבַרְתִּי / כַּמָּה / חַם / בֵּית־חוֹלִים

יָצָא / רָאִיתִי / גָּנַב / מְסַפֵּר / מִיָּד / רָכַב / הָיִיתִי

0 אֲנִי בָּאָה ___אֵיךְ___.

1 ______ חָתוּל עַל הַגַּג.

2 רַבִּי אַבְרָהָם ______ עַל גָּמָל.

3 יוֹסֵף ______ מִן הַחֲנוּת וְחָזַר הַבַּיְתָה.

4 הַמּוֹרֶה ______ סִפּוּרִים לַתַּלְמִידִים שֶׁלּוֹ.

5 ______ אַתָּה יוֹדֵעַ עִבְרִית?

6 בַּקַּיִץ ______ בַּחוּץ.

7 הַסֵּפֶר הַ______ בָּאָרוֹן.

8 קָפַצְתִּי מִן הָאָרוֹן וְ______ אֶת הָרֶגֶל.

9 ______ בְּיִשְׂרָאֵל בַּשָּׁנָה שֶׁעָבְרָה.

10 סַבְתָּא הָיְתָה חוֹלָה וְהָלְכָה לְ______.

F. Write a question for each answer, using אֵיךְ, כַּמָּה, מָתַי or לְאָן.

0 מָתַי לוֹמֶדֶת רָחֵל עִבְרִית? רָחֵל לוֹמֶדֶת עִבְרִית בַּצָּהֳרַיִם.

1 ______? יֵשׁ שִׁבְעָה יָמִים בַּשָּׁבוּעַ.

2 ______? רְאוּבֵן הָלַךְ לְבֵית הַחוֹלִים בַּבֹּקֶר.

3 ______? אֲנִי יוֹדֵעַ עִבְרִית כִּי אֲנִי לוֹמֵד בְּבֵית סֵפֶר עִבְרִי.

4 ______? יֵשׁ חֲמִשָּׁה אֲנָשִׁים בַּמִּשְׁפָּחָה שֶׁלִּי.

5 ______? הוּא מְדַבֵּר בְּשֶׁקֶט כַּאֲשֶׁר הַיֶּלֶד יָשֵׁן.

6 ______? אֲנִי אוֹכֵל אֲרוּחַת צָהֳרַיִם בִּשְׁתֵּים־עֶשְׂרֵה.

7 ______? יֵשׁ שִׁבְעָה גְּמַלִּים בַּדֶּרֶךְ.

8 ______? אֲנִי נוֹסֵעַ לְסַן־פְרַנְסִיסְקוֹ בִּמְכוֹנִית.

9 ______? אוֹמְרִים "שָׁנָה טוֹבָה" בְּרֹאשׁ הַשָּׁנָה.

10 ______? אוֹכְלִים חַלָּה בְּשַׁבָּת.

Midrash

Some of the additional readings in the following units will be **midrashim**.

A **midrash** is a story, 'fable, or parable composed by the Rabbis in order to investigate, explain or interpret various sections of the Bible. The word **midrash** comes from the root $\sqrt{דרש}$ which means to **inquire** or to **investigate**.

The midrash can take many forms and fulfill different functions.

In reading the Torah, many moral and ethical questions arise. For example:

Why were the innocent animals killed along with the wicked men in the flood? The Rabbis tried to answer this question with a midrash.

We know nothing of Abraham as a young man, and so the Rabbis composed midrashim concerning Abraham's life. In order to emphasize Abraham's wisdom and loyalty to God, even as a youngster, there are midrashim of Abraham and the idols. (See page 56.)

In attempting to explain the verse in Exodus, שְׁמוֹת, which says that Moses was "heavy tongued ...", the Rabbis composed the midrash of Moses and the Burning Embers. (See page 206.)

In attempting to find a reason why Joseph was buried in Canaan while Moses was not, the Rabbis composed the midrash of Moses's bones. (See page 86.)

Thus the Rabbis, in an interesting literary way, tried to teach the people ethical and moral lessons and at the same time explain difficult passages in the Bible through the midrash.

אַבְרָהָם אָבִינוּ וְהַפְּסָלִים¹

¹idols

תֶּרַח הָיָה הָאָב שֶׁל אַבְרָהָם אָבִינוּ. הָיְתָה לוֹ חֲנוּת שֶׁל
פְּסָלִים. הוּא עָשָׂה אֶת הַפְּסָלִים בַּבַּיִת וּמָכַר אוֹתָם בַּחֲנוּת.

יוֹם אֶחָד לִפְנֵי שֶׁתֶּרַח הָלַךְ לַשּׁוּק, הוּא אָמַר לְאַבְרָהָם:
"אֲנִי צָרִיךְ לָלֶכֶת לַשּׁוּק לִקְנוֹת דְּבָרִים.
אַתָּה תִּהְיֶה בַּחֲנוּת וְתִמְכֹּר אֶת הַפְּסָלִים."
5
תֶּרַח יָצָא מִן הַבַּיִת וְהָלַךְ לַשּׁוּק, וְאַבְרָהָם הָלַךְ לַחֲנוּת
בְּשִׂמְחָה.

וְהִנֵּה בָּא אִישׁ גָּדוֹל וְחָזָק¹ לַחֲנוּת. הוּא רָצָה לִקְנוֹת פֶּסֶל.
¹strong
אַבְרָהָם אָמַר: "שָׁלוֹם לְךָ אָדוֹן, מָה אַתָּה רוֹצֶה?"
הָאִישׁ עָנָה: "אֲנִי רוֹצֶה לִקְנוֹת פֶּסֶל גָּדוֹל וְחָזָק לִשְׁמֹר עַל בֵּיתִי.
10
אֲנִי רוֹצֶה פֶּסֶל חָזָק מְאֹד, כִּי אֲנִי אִישׁ חָזָק."
אַבְרָהָם לָקַח אֶת הַפֶּסֶל הַגָּדוֹל בַּחֲנוּת וְשָׂם אוֹתוֹ לִפְנֵי הָאִישׁ.
אַבְרָהָם אָמַר: "אַתָּה רוֹאֶה אֶת הַפֶּסֶל הַזֶּה?
הוּא גָּדוֹל וְחָזָק, נָכוֹן?"
"כֵּן", אָמַר הָאִישׁ, "אֲנִי רוֹצֶה אֶת הַפֶּסֶל הַזֶּה."
15
אַבְרָהָם שָׁאַל אֶת הָאִישׁ: "בֶּן כַּמָּה אַתָּה?"
"אֲנִי בֶּן שְׁלוֹשִׁים וְחָמֵשׁ," עָנָה הָאִישׁ.
אַבְרָהָם שָׁאַל: "אַתָּה יוֹדֵעַ בֶּן כַּמָּה הַפֶּסֶל הַזֶּה?
הַפֶּסֶל הַזֶּה הוּא רַק בֶּן יוֹם אֶחָד.
אָבִי עָשָׂה אוֹתוֹ אֶתְמוֹל.
20
הַפֶּסֶל הַזֶּה לֹא יָכֹל לִשְׁמֹר עַל בֵּיתְךָ¹."
¹your house

אַבְרָהָם אָמַר: "יֵשׁ לוֹ עֵינַיִם וְלֹא יִרְאֶה.
יֵשׁ לוֹ יָדַיִם וְלֹא יַעֲבֹד.
יֵשׁ לוֹ אָזְנַיִם וְלֹא יִשְׁמַע.
יֵשׁ לוֹ רַגְלַיִם וְלֹא יֵלֵךְ¹.
25
¹will walk
אֲדוֹנִי, אַתָּה רוֹאֶה, עוֹבֵד, שׁוֹמֵעַ, וְהוֹלֵךְ,
וְאַתָּה רוֹצֶה לְהִתְפַּלֵּל אֶל הַפֶּסֶל שֶׁאָבִי עָשָׂה מֵעֵץ¹
¹wood
וּמֵאֶבֶן¹ אֶתְמוֹל?"
¹stone
הָאִישׁ הֵבִין¹ אֶת דִּבְרֵי² אַבְרָהָם וְלֹא
¹understood ²words of
קָנָה אֶת הַפֶּסֶל.
30

מִלוֹן

idol, sculpture	פֶּסֶל, פְּסָלִים
strong	חָזָק
he will go, walk	יֵלֵךְ — הלך√
wood, tree	עֵץ
stone, rock	אֶבֶן
he understood	הֵבִין — בין√

שְׁאֵלוֹת

Answer each question in a full sentence.

תַּעֲנוּ עַל כָּל שְׁאֵלָה בְּמִשְׁפָּט שָׁלֵם.

1 מָה אָמַר תֶּרַח לְאַבְרָהָם לִפְנֵי שֶׁהוּא הָלַךְ לַשּׁוּק?
2 מַדּוּעַ רָצָה הָאִישׁ הַגָּדוֹל לִקְנוֹת פֶּסֶל גָּדוֹל וְחָזָק?
3 מַדּוּעַ לֹא יָכֹל פֶּסֶל לִשְׁמֹר עַל הַבַּיִת שֶׁל הָאִישׁ?
4 מַה זֶה פֶּסֶל?

יוסף איש החלומות

שני בנים נולדו לאברהם אבינו: יצחק וישמעאל. ליצחק נולדו שני
בנים: יעקב ועשו. ויעקב ישב בארץ כנען. נולדו ליעקב שנים־עשר
בנים ובת אחת. ויעקב אהב את יוסף בנו מכל הבנים שלו. ועשה
לו בגד יפה, כְּתֹנֶת פסים. כל האחים שָׂנאו את יוסף כי יעקב אהב
אותו יותר מכולם.

5

כאשר היה יוסף בן שְׁבַע־עשרה שנים, הוא חלם חלום וסיפר את
החלום לאחים שלו. "תשמעו נא את החלום הזה אשר חלמתי.
אנחנו מְאַלְמִים אֲלֻמִּים בשדה, וְהָאֲלֻמִּים שלכם מִשְׁתַּחֲוִים לָאֲלֻמָּה
שלי."

10

האחים של יוסף כָּעֲסוּ ואמרו לו: "אתה חולם שֶׁאתה מולך
עלינו?" והם שנאו אותו עוד יותר על החלום הזה.

ויוסף חלם עוד חלום וסיפר אותו לאחים ולאב שלו. "חלמתי
חלום והנה השמש והירח ואחד־עשר כוכבים משתחווים לי."

האחים כָּעֲסוּ עוד, וגם יעקב, האב של יוסף, כעס.

15

פַּעַם היו האחים בִּשְׁכֶם עם הצאן של יעקב, יעקב שלח את יוסף
לשכם לראות מה שלום האחים ומה שלום הצאן.
כאשר ראו האחים את יוסף, הם אמרו: "הנה איש החלומות בא!
נַהֲרֹג אותו!"
אבל ראובן, האח הגדול, אמר: "לא נהרוג אותו! נשים אותו
בבּוֹר."

20

וכך עשו. והאחים לקחו את כתֹנֶת הפסים של יוסף.

עברו סוחרים. ויהודה, אחד מהאחים, אמר: "למה נהרוג את יוסף?
נמכור אותו לסוחרים."
הסוחרים קנו את יוסף בעשרים שקל כסף ולקחו אותו למצרים.

3 יְחִידָה

יוֹסֵף – אִישׁ הַחֲלוֹמוֹת (ב)

הַסּוֹחֲרִים הֵבִיאוּ[1] אֶת יוֹסֵף לְמִצְרַיִם וְשָׁם מָכְרוּ אוֹתוֹ לְפוֹטִיפַר, שַׂר־פַּרְעֹה[1]. יוֹסֵף עָבַד קָשֶׁה[1] וְהִצְלִיחַ[2] מְאֹד בְּבֵית־פּוֹטִיפַר. הָאִשָּׁה[1] שֶׁל פּוֹטִיפַר אָהֲבָה אֶת יוֹסֵף כִּי הוּא הָיָה יְפֵה־מַרְאֶה[1]. אֲבָל יוֹסֵף הָיָה נֶאֱמָן[2] לְפוֹטִיפַר וְלֹא אָהַב אֶת הָאִשָּׁה. הִיא כָּעֲסָה מְאֹד וְאָמְרָה לְפוֹטִיפַר: "יוֹסֵף אִישׁ רַע." פּוֹטִיפַר כָּעַס עַל יוֹסֵף וְשָׂם אוֹתוֹ בְּבֵית־הַסֹּהַר[1] שֶׁל פַּרְעֹה.

[1] brought
[1] officer of Pharaoh
[1] hard [2] succeeded
[1] wife
[1] handsome [2] faithful
[1] prison

בְּבֵית־הַסֹּהַר יָשְׁבוּ שְׁנֵי שָׂרִים שֶׁל פַּרְעֹה: שַׂר־הַמַּשְׁקִים[1] וְשַׂר־הָאוֹפִים.[1] לַיְלָה אֶחָד חָלְמוּ שְׁנֵי הַשָּׂרִים חֲלוֹמוֹת, וְלֹא הֵבִינוּ אֶת הַחֲלוֹמוֹת. יוֹסֵף הֵבִין אֶת הַחֲלוֹמוֹת וְאָמַר: "אֱלֹהִים עוֹזֵר לִי לְהָבִין חֲלוֹמוֹת. שַׂר־הַמַּשְׁקִים, בְּעוֹד שְׁלוֹשָׁה יָמִים אַתָּה תַּחֲזֹר[1] לְבֵית־פַּרְעֹה. שַׂר־הָאוֹפִים, בְּעוֹד שְׁלוֹשָׁה יָמִים אַתָּה תָּמוּת[1]." וְכָךְ הָיָה[1].

[1] butler
[1] baker
[1] will return
[1] will die
[1] and so it was

פַּעַם חָלַם פַּרְעֹה: הִנֵּה שֶׁבַע פָּרוֹת[1] יְפוֹת־מַרְאֶה עוֹלוֹת מִן הַיְאוֹר[1]. וְהִנֵּה עוֹד שֶׁבַע פָּרוֹת עוֹלוֹת מִן הַיְאוֹר. וְהֵן רָעוֹת־מַרְאֶה[1]. הַפָּרוֹת הָרָעוֹת אָכְלוּ אֶת הַפָּרוֹת הַיָּפוֹת.

[1] cows
[1] Nile
[1] ugly

20   פַּרְעֹה לֹא הֵבִין אֶת הַחֲלוֹם שֶׁלּוֹ. פַּרְעֹה קָרָא לְכָל הַשָּׂרִים
שֶׁלּוֹ וְסִפֵּר לָהֶם אֶת הַחֲלוֹם. גַּם הַשָּׂרִים לֹא הֵבִינוּ אוֹתוֹ.
וּבְכָל מִצְרַיִם לֹא הֵבִינוּ אֶת הַחֲלוֹם.

¹remembered   שַׂר־הַמַּשְׁקִים זָכַר¹ אֶת יוֹסֵף וְסִפֵּר לְפַרְעֹה שֶׁיּוֹסֵף
מֵבִין חֲלוֹמוֹת.

25   פַּרְעֹה קָרָא לְיוֹסֵף וְאָמַר לוֹ: "חֲלוֹם חָלַמְתִּי
וְאִישׁ לֹא מֵבִין אוֹתוֹ."
יוֹסֵף עָנָה לוֹ: "אֱלֹהִים עוֹזֵר לִי לְהָבִין חֲלוֹמוֹת."
פַּרְעֹה סִפֵּר לְיוֹסֵף אֶת הַחֲלוֹם.

   יוֹסֵף אָמַר: "שֶׁבַע הַפָּרוֹת טוֹבוֹת־הַמַּרְאֶה הֵן שֶׁבַע
30   שָׁנִים טוֹבוֹת, שָׁנִים שֶׁל מַיִם וְהַרְבֵּה חִטָּה. וְשֶׁבַע הַפָּרוֹת
רָעוֹת־הַמַּרְאֶה הֵן שֶׁבַע שָׁנִים רָעוֹת, בְּלִי מַיִם וּבְלִי חִטָּה,

¹hunger   שָׁנִים שֶׁל רָעָב¹ בְּכָל מִצְרַיִם."

¹spirit   רָאָה פַרְעֹה שֶׁיּוֹסֵף אִישׁ חָכָם וְרוּחַ¹ אֱלֹהִים בּוֹ, וְעָשָׂה
אוֹתוֹ שַׂר עַל כָּל מִצְרַיִם.
35   וְיוֹסֵף הִצְלִיחַ מְאֹד.

מִלּוֹן

officer, minister	שַׂר
they brought	הֵבִיאוּ — בוא√
hard	קָשֶׁה
he succeeded	הִצְלִיחַ — צלח√
success	הַצְלָחָה
wife	אִשָּׁה
faithful	נֶאֱמָן
cow	פָּרָה
you (m.) will die	תָּמוּת — מות√
he remembered	זָכַר — זכר√
hunger	רָעָב
spirit, wind	רוּחַ

בִּטּוּי בְּהַצְלָחָה! Good luck!

תַּרְגִּילִים

A. Arrange the following sentences in the correct chronological order, according to the story.

1 פַּרְעֹה עָשָׂה אֶת יוֹסֵף שַׂר עַל כָּל מִצְרַיִם. ______
2 יוֹסֵף הֵבִין אֶת הַחֲלוֹמוֹת שֶׁל הַשָּׂרִים שֶׁל פַּרְעֹה. ______
3 פּוֹטִיפַר שָׂם אֶת יוֹסֵף בְּבֵית־הַסֹּהַר. ______
4 הַסּוֹחֲרִים מָכְרוּ אֶת יוֹסֵף לְפוֹטִיפַר. ___1___
5 כָּל הַשָּׂרִים לֹא הֵבִינוּ אֶת הַחֲלוֹם שֶׁל פַּרְעֹה. ______
6 הָאִשָּׁה שֶׁל פּוֹטִיפַר אָהֲבָה אֶת יוֹסֵף. ______
7 שַׂר־הַמַּשְׁקִים חָזַר לְבֵית־פַּרְעֹה. ______
8 יוֹסֵף עָבַד קָשֶׁה וְהִצְלִיחַ בְּבֵית־פּוֹטִיפַר. ______
9 פַּרְעֹה חָלַם חֲלוֹם. ______
10 שַׂר־הַמַּשְׁקִים וְשַׂר־הָאוֹפִים חָלְמוּ חֲלוֹמוֹת. ______

B. Who am I? מִי אֲנִי?

1 אֲנִי מֵבִין חֲלוֹמוֹת. ____________

2 אֲנִי אָהַבְתִּי אֶת יוֹסֵף. ____________

3 יוֹסֵף הִצְלִיחַ בַּבַּיִת שֶׁלִּי. ____________

4 אֲנִי מֶלֶךְ בְּמִצְרַיִם. ____________

5 פַּרְעֹה חָלַם עָלֵינוּ about us. ____________

C. Answer the following questions based on the story.

1 מִי הָיָה יוֹסֵף?

____

2 מִי מָכַר אֶת יוֹסֵף לְפוֹטִיפַר?

____

3 מִי שָׂם אֶת יוֹסֵף בְּבֵית־הַסֹּהַר?

____

4 מַה חָלַם פַּרְעֹה?

____

5 מַה קָּרָה לְיוֹסֵף בְּסוֹף הַסִּפּוּר?

____

D. Choose one of the following words to form a correct sentence.

רוּחַ / חֲלוֹם / נֶאֱמָן / הֵבִיאוּ

הֵבִין / רָעָב / מוֹכְרִים / חָזַר

זָכְרוּ / הִצְלִיחַ / אוֹהֶבֶת

0 הָאִשָּׁה __אוֹהֶבֶת__ אֶת יוֹסֵף.

1 הֵם ________ כֶּסֶף לִצְדָקָה.

2 אֶתְמוֹל חָלַמְתִּי ________ עַל פַּרְעֹה.

3 כַּאֲשֶׁר אֵין גֶּשֶׁם, יֵשׁ ________.

4 מֹשֶׁה הָיָה ________ לֵאלֹהִים.

5 בַּחֲנוּת הֵם ________ יַיִן יִשְׂרְאֵלִי.

6 בְּיוֹם גֶּשֶׁם יֵשׁ ________ בַּחוּץ.

7 יוֹסֵף ________ בְּמִצְרַיִם.

8 אֶתְמוֹל הוּא ________ הַבַּיְתָה בְּשֵׁשׁ.

9 הַיֶּלֶד הַקָּטָן לֹא ________ עִבְרִית.

10 הַיְלָדוֹת ________ לְהָבִיא מַתָּנָה.

Subject and Object Pronouns

In English we *usually* have different words for subject pronouns and object pronouns.

Subject:	I	you*	he	she	it*	we	you*	they
Object:	me	you*	him	her	it*	us	you*	them

* The pronouns "you" and "it" are used for both subject and object.

In the following two sentences, the circled pronouns are subjects, and the underlined pronouns are direct objects.

(I) see <u>her</u>.	(She) sees <u>me</u>.
(We) see <u>you</u>.	(You) see <u>us</u>.

In Hebrew we *always* have different words for subject pronouns and direct object pronouns.

(I) see <u>her</u>.	(אֲנִי) רוֹאֶה <u>אוֹתָהּ</u>.
(She) sees <u>me</u>.	(הִיא) רוֹאָה <u>אוֹתִי</u>.
(You) see <u>it</u>.	(אַתָּה) רוֹאֶה <u>אוֹתוֹ</u>.

The circled pronouns are the subjects and the underlined pronouns are the direct objects.

Declension of Direct Object Pronouns

The direct object pronoun is formed by adding personal endings to the base letters **אות**. אוֹת+י = me

Plural		Singular	
us	אוֹתָנוּ	me	אוֹתִי
you (m.)	*אֶתְכֶם	you (m.)	אוֹתְךָ
you (f.)	*אֶתְכֶן	you (f.)	אוֹתָךְ
them (m.)	אוֹתָם	him, it	אוֹתוֹ
them (f.)	אוֹתָן	her, it	אוֹתָהּ

Note: These two forms have a different vowel with the א, and there is no וֹ in the word.

The base **אות** is related to the cue word **אֶת**.
Remember: The cue word אֶת tells us that the next word is a definite direct object.

דָן קוֹרֵא **אֶת** הַסֵּפֶר.

Here is a chart of subject and direct object pronouns

Direct Object	Subject	Direct Object	Subject
אוֹתָנוּ	אֲנַחְנוּ	אוֹתִי	אֲנִי
אֶתְכֶם	אַתֶּם	אוֹתְךָ	אַתָּה
אֶתְכֶן	אַתֶּן	אוֹתָךְ	אַתְּ
אוֹתָם	הֵם	אוֹתוֹ	הוּא
אוֹתָן	הֵן	*אוֹתָהּ	הִיא

Note: אוֹתָהּ has a dot in the ה, called a מַפִּיק. You will learn about the מַפִּיק at another time.

תַּרְגִּילִים

A. Translate the English word by using a direct object pronoun.

me   0 דָּן אוֹהֵב ___אוֹתִי___ .

him   1 שׁוֹשַׁנָּה רוֹאָה _____ .

us   2 הַמּוֹרֶה פָּגַשׁ _____ בַּכִּתָּה.

them (m.)   3 סַבְתָּא שָׁלְחָה _____ לַחֲנוּת.

her   4 אַבָּא לָקַח _____ לַיָּם.

them (f.)   5 הוּא לֹא רָאָה _____ בַּחֶדֶר.

you (m.s.)   6 הִיא פָּגְשָׁה _____ בַּבַּיִת שֶׁל מִרְיָם.

you (m.pl.)   7 אֲנַחְנוּ רוֹאִים _____ בְּכָל יוֹם.

me   8 הַמּוֹרָה לֹא מְבִינָה _____ .

you (f.s.)   9 אֲנִי אוֹהֵב _____ .

you (f.pl.)   10 הַדּוֹד שָׁלַח _____ לְיִשְׂרָאֵל.

אֵין עוֹנְשִׁין אֶת הָאָדָם עַד שֶׁמַּזְהִירִין אוֹתוֹ.

A person is not punished until he is first warned.

(Sifre Deuteronomy / סִפְרֵי דְּבָרִים)

B. Rewrite each sentence, changing the direct object pronoun from singular to plural.

0 רִבְקָה פָּגְשָׁה אוֹתִי בְּבֵית הַכְּנֶסֶת. *רִבְקָה פָּגְשָׁה אוֹתָנוּ בְּבֵית הַכְּנֶסֶת.*

_____ 1 אִמָּא שָׁלְחָה אוֹתוֹ לַחֲנוּת.

_____ 2 רָאִיתִי אוֹתָךְ אֶתְמוֹל.

_____ 3 חַיִּים אוֹהֵב אוֹתָהּ.

_____ 4 הֵם שָׂנְאוּ אוֹתָךְ.

_____ 5 הוּא רוֹאֶה אוֹתִי עַכְשָׁו.

C. Rewrite the sentence using a direct object pronoun to replace the underlined direct object.

דָּן אוֹהֵב אוֹתָהּ 0 דָּן אוֹהֵב אֶת רוּת.

_____ 1 פָּגַשְׁתִּי אֶת הַיַּלְדָּה בַּדֶּרֶךְ.

_____ 2 הָרַב רוֹאֶה אֶת הָאֲנָשִׁים.

_____ 3 הָאַחִים שָׂנְאוּ אֶת יוֹסֵף.

_____ 4 הַתַּלְמִיד שָׂם אֶת הַסֵּפֶר עַל הַכִּסֵּא.

_____ 5 יְהוּדָה אוֹהֵב אֶת הַיְלָדוֹת.

_____ 6 דָּוִד רָאָה אֶת הֶחָתוּל עַל הַגַּג.

_____ 7 יַעֲקֹב אָהַב אֶת יוֹסֵף.

_____ 8 הָאָב שָׁלַח אֶת הָאַחִים לַשָּׂדֶה.

Colors

צְבָעִים			צֶבַע	Color
לְבָנוֹת	לְבָנִים	לְבָנָה	לָבָן	white
שְׁחוֹרוֹת	שְׁחוֹרִים	שְׁחוֹרָה	שָׁחוֹר	black
חוּמוֹת	חוּמִים	חוּמָה	חוּם	brown
אֲדֻמּוֹת	אֲדֻמִּים	אֲדֻמָּה	אָדֹם	red
כְּחֻלּוֹת	כְּחֻלִּים	כְּחֻלָּה	כָּחֹל	blue
יְרֻקּוֹת	יְרֻקִּים	יְרֻקָּה	יָרֹק	green
צְהֻבּוֹת	צְהֻבִּים	צְהֻבָּה	צָהֹב	yellow
וְרֻדּוֹת	וְרֻדִּים	וְרֻדָּה	וָרֹד	pink
לוֹבְשׁוֹת	לוֹבְשִׁים	לוֹבֶשֶׁת	לוֹבֵשׁ	wear(s)

Seder plate of glazed earthenware. Jerusalem, 19th century

תַּרְגִּילִים

A. Complete each sentence by writing in the correct color.

יָרֹק / אָדֹם / חוּם / שָׁחוֹר / כָּחֹל / צָהֹב / לָבָן

1 הַצְּבָעִים שֶׁל הַדֶּגֶל flag הַיִּשְׂרְאֵלִי הֵם ________ וְ________.

2 הַצְּבָעִים שֶׁל הַדֶּגֶל הָאֲמֶרִיקָאִי הֵם ________, ________,
וְ________.

3 הַנָּשִׂיא president שֶׁל אַרְצוֹת־הַבְּרִית .U.S.A גָּר בַּבַּיִת הַ________.

4 הַצֶּבַע שֶׁל הַשֶּׁמֶשׁ הוּא ________.

5 הַצֶּבַע שֶׁל הַשָּׁמַיִם הוּא ________.

6 הַצֶּבַע שֶׁל הַיָּרֵחַ הוּא ________.

7 הַצֶּבַע שֶׁל הַשֶּׁלֶג הוּא ________.

8 הַצְּבָעִים שֶׁל הָרַמְזוֹרִים traffic lights הֵם ________, ________,
וְ________.

9 הַצֶּבַע שֶׁל אֵבֶל mourning הוּא ________.

10 הַצֶּבַע שֶׁל שׁוֹקוֹלַד הוּא ________.

B. Choose the correct color.

הָאֲדֻמָּה / הַכְּחֻלָּה / הַלְּבָנָה / הַיְרֻקָּה

רָחֵל לְאִמָּא: אִמָּא, אֵין לִי מַה לִלְבֹּשׁ. אֲנִי רוֹצָה לִלְבֹּשׁ אֶת הַשִּׂמְלָה

__________ white שֶׁלָּךְ.

אִמָּא לְרָחֵל: אֵיפֹה הַשִּׂמְלָה __________ green שֶׁלָּךְ?

רָחֵל לְאִמָּא: אֲנִי לֹא יוֹדַעַת. אוּלַי אֲנִי יְכוֹלָה לִלְבֹּשׁ אֶת הַשִּׂמְלָה

__________ red שֶׁל רִנָּה?

אִמָּא לְרָחֵל: לֹא, אֲנִי לוֹבֶשֶׁת אֶת הַשִּׂמְלָה __________ blue שֶׁלִּי, וְאַתְּ

תִּלְבְּשִׁי אֶת הַשִּׂמְלָה שֶׁלָּךְ, וְרִנָּה תִּלְבַּשׁ אֶת הַשִּׂמְלָה שֶׁלָּהּ.

C. Write as many objects as you can think of that are associated with the following colors.

0 מַה צָהֹב? שֶׁמֶשׁ, פֶּרַח (Flower)

1 מַה לָבָן? __________

2 מַה כָּחֹל? __________

3 מָה אָדֹם? __________

4 מַה יָרֹק? __________

5 מַה חוּם? __________

Future Tense: "OH" and "AH" Pattern Verbs, אֶפְעֹל — אֶפְעַל

In Unit 2 we learned the future tense of the verb.

The base form of the future tense is יִ□□ֹ□. Because the vowel of the 2nd root letter is □□ֹ□ we call this the אֶפְעֹל pattern, or the "OH" verb pattern.

There is a group of verbs that has a different pattern in the future tense. Because the vowel of the 2nd root letter of these verbs is □□ַ□ we call this the אֶפְעַל pattern, or the "AH" verb pattern.

Here are examples of verbs in both patterns.

אֶפְעֹל	אֶפְעַל
הוּא יִכְתֹּב	הוּא יִשְׁמַע
הוּא יִגְמֹר	הוּא יִפְתַּח
הוּא יִסְגֹּר	הוּא יִשְׁאַל
הוּא יִשְׁמֹר	הוּא יִלְמַד

Seder plate of glazed earthenware. Hungary, 19th century

Pattern of the אֶפְעַל Verb in the Future

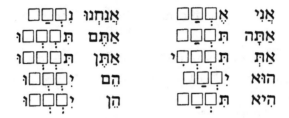

נִ□ְ□ַ□	אֲנַחְנוּ	אֶ□ְ□ַ□	אֲנִי
תִּ□ְ□ְ□וּ	אַתֶּם	תִּ□ְ□ַ□	אַתָּה
תִּ□ְ□ְ□וּ	אַתֶּן	תִּ□ְ□ְ□י	אַתְּ
יִ□ְ□ְ□וּ	הֵם	יִ□ְ□ַ□	הוּא
יִ□ְ□ְ□וּ	הֵן	תִּ□ְ□ַ□	הִיא

Verbs that follow the AH pattern fall into three groups.

a. The 3rd root-letter is ע or ח.   שמע   פתח

b. The 2nd root-letter is א ה ח ע.   צעק   פחד   נהג   שאל

c. Several common verbs.   למד   שכב   לבש   גדל   רכב

Remember: We have already learned that verbs whose 3rd root letter is ע or ח follow a different pattern in the present tense.

פּוֹתַחַת	פּוֹתֵחַ
שׁוֹמַעַת	שׁוֹמֵעַ

One of the best-known phrases in the Bible is נַעֲשֶׂה וְנִשְׁמַע!

In what context do these words appear?
(See Exodus 24:7 / שְׁמוֹת כד, ז).

Here are some verbs that appear in the AH pattern in the future.

Third root-letter ע or ח

will open	יִפְתַּח	פתח√
will forget	יִשְׁכַּח	שכח√
will send	יִשְׁלַח	שלח√
will be happy	יִשְׂמַח	שׂמח√
will flee	יִבְרַח	ברח√
will hear	יִשְׁמַע	שמע√

Second root-letter א ה ח ע

will ask	יִשְׁאַל	שאל√
will drive	יִנְהַג	נהג√
will laugh	יִצְחַק	צחק√
will be afraid	יִפְחַד	פחד√
will be angry	יִכְעַס	כעס√
will scream	יִצְעַק	צעק√

Some commonly used verbs

will learn	יִלְמַד	למד√
will grow	יִגְדַּל	גדל√
will wear	יִלְבַּשׁ	לבש√
will lie down	יִשְׁכַּב	שכב√
will ride	יִרְכַּב	רכב√

תַּרְגִּילִים

A. Complete the chart.

	√שׁלח	√שׁמע	√פתח	√לבש
אֲנִי	אֶשְׁלַח			
אַתָּה	תִּשְׁלַח			
אַתְּ	תִּשְׁלְחִי			
הוּא	יִשְׁלַח			
הִיא	תִּשְׁלַח			
אֲנַחְנוּ	נִשְׁלַח			

B. Fill in the blank in each sentence with the correct form of the future tense. Remember that these are *all* אֶפְעַל verbs.

0 הוּא √למד יִלְמַד אֶת הַשִּׁעוּרִים.

1 הַמּוֹרֶה √כעס ________ אִם אֲנִי לֹא אֶגְמֹר אֶת הָעֲבוֹדָה.

2 אֲנִי לֹא √שׁכח ________ אוֹתְךָ.

3 בְּשַׁבָּת, מִיכָאֵל √פתח ________ אֶת אֲרוֹן־הַקֹּדֶשׁ.

4 אֲנַחְנוּ √שׁמע ________ אֶת הַשִּׁיר הֶחָדָשׁ מָחָר.

5 הֵם לֹא √למד ________ עוֹד מִלְחָמָה.

C. Circle the correct form of the verb to be used in each sentence.

0 הוּא אֶלְמַד תִּלְמַד (יִלְמַד) עִבְרִית.

1 רְאוּבֵן אֶכְתֹּב תִּכְתֹּב יִכְתֹּב מִכְתָּב לְחָבֵר שֶׁלוֹ בְּיִשְׂרָאֵל.

2 הֵם נִגְמֹר תִּגְמְרוּ יִגְמְרוּ אֶת הָעֲבוֹדָה מָחָר.

3 הַבַּחוּרָה לֹא תִּסְגֹּר אֶסְגֹּר יִסְגֹּר אֶת הַדֶּלֶת.

4 אַתֶּם נִזְכֹּר תִּזְכְּרוּ יִזְכְּרוּ אוֹתָהּ.

5 אֲנַחְנוּ יִפְגֹּשׁ אֶפְגֹּשׁ נִפְגֹּשׁ אוֹתָם בְּשֵׁשׁ.

6 אֲנִי אֶשְׁמֹר תִּשְׁמֹר יִשְׁמֹר עַל הַיֶּלֶד.

7 הַאִם אַתְּ תִּכְתְּבִי תִּכְתֹּב תִּכְתְּבוּ לִי?

8 הַבַּחוּרוֹת תִּפְתְּחוּ יִפְתְּחוּ תִּפְתְּחִי אֶת הַחַלּוֹנוֹת.

9 יְהוּדָה, מָתַי אַתָּה יִלְמַד נִלְמַד תִּלְמַד אֶת הַסִּפּוּר?

10 הַאִם אַתֶּן תִּשְׁלְחוּ נִשְׁלַח תִּשְׁלַח אֶת הַמִּכְתָּבִים?

D. What does this verse from Psalms (137:5) mean?

אִם אֶשְׁכָּחֵךְ יְרוּשָׁלַיִם, תִּשְׁכַּח יְמִינִי.

____

____

____

E. Change the future, עָתִיד, verb in each sentence to the present, הֹוֶה.

0 מָחָר הוּא יִלְמַד עִבְרִית.

הַיּוֹם הוּא ___לוֹמֵד___ אַנְגְּלִית.

1 מָחָר אֲנִי אֶרְכַּב עַל הַגָּמָל הַשָּׁחוֹר.

הַיּוֹם אֲנִי ________ עַל הַגָּמָל הַחוּם.

2 בַּקַּיִץ אֲנַחְנוּ נִלְבַּשׁ בֶּגֶד־יָם.

בַּחֹרֶף אֲנַחְנוּ ________ סְוֶדֶר.

3 מָחָר, הִיא תִּשְׁכַּח לְהָבִיא אֶת הַכֶּסֶף.

הַיּוֹם הִיא ________ לְהָבִיא אֶת הַכֶּסֶף.

4 בַּקַּיִץ הַיַּלְדָּה תִּשְׁכַּב עַל־יַד הַיָּם.

בַּחֹרֶף, הִיא לֹא ________ עַל־יַד הַיָּם.

5 מָחָר דָּנִי יִפְתַּח אֶת אֲרוֹן־הַקֹּדֶשׁ.

הַיּוֹם שִׁמְעוֹן ________ אֶת אֲרוֹן־הַקֹּדֶשׁ.

F. Change the past tense, עָבָר, to the future tense, עָתִיד.

0 אֶתְמוֹל הוּא כָּתַב בַּמַּחְבֶּרֶת.

מָחָר הוּא ___יִכְתֹּב___ עַל הַלּוּחַ.

1 אֶתְמוֹל אֲנִי שָׁאַלְתִּי אֶת הַשְּׁאֵלָה.

מָחָר אֲנִי לֹא ________ אֶת הַשְּׁאֵלָה.

2 הֵם זָכְרוּ אֶת הַשֵּׁם שֶׁל הַבָּחוּר.

בַּחֹדֶשׁ הַבָּא הֵם לֹא ________ אֶת הַשֵּׁם שֶׁלּוֹ.

3 דְּבוֹרָה גָּמְרָה אֶת הָאוּנִיבֶרְסִיטָה.

בַּשָּׁנָה הַבָּאָה, רוּתִי ________ אֶת הָאוּנִיבֶרְסִיטָה.

4 אֶתְמוֹל הַבַּחוּרוֹת פָּתְחוּ אֶת הַחַלּוֹנוֹת בַּכִּתָּה.

מָחָר הֵן לֹא ________ אֶת הַחַלּוֹנוֹת בַּכִּתָּה.

5 אֶתְמוֹל הוּא שָׁכַח אֶת הַסְּפָרִים.

מָחָר הוּא לֹא ________ אֶת הַסְּפָרִים.

The Infinitive when the 3rd Root-Letter of the Verb is ע or ח

We have already learned that the infinitive form is לְ□□ֹ□

However, if the third letter of the root is ע or ח we add a *pataḥ* □ַ under that letter in the infinitive.

לְ□□ֹחַ   לְ□□ֹעַ

לִפְתֹּחַ   לִשְׁמֹעַ

תַּרְגִּילִים

A. Write the infinitive form of the verb.

0 הוּא רוֹצֶה שכח√ __לִשְׁכֹּחַ__ אֶת הֶעָבָר.

1 שָׂרָה אוֹהֶבֶת כתב√ ________ סִפּוּרִים.

2 דָּוִד יוֹדֵעַ קרא√ ________ עִבְרִית.

3 הַבַּחוּרָה צְרִיכָה שמע√ ________ לָאֵם.

4 אֲנַחְנוּ צְרִיכִים פתח√ ________ אֶת הַסְּפָרִים.

5 אֲנַחְנוּ יְכוֹלִים למד√ ________ בְּכָל יוֹם.

6 הַבַּחוּרִים צְרִיכִים סגר√ ________ אֶת הַחַלּוֹנוֹת.

7 רְאוּבֵן רָצָה פגש√ ________ אֶת הַחֲבֵרִים שֶׁלּוֹ.

8 הַבַּחוּרִים וְהַבַּחוּרוֹת רָצוּ נסע√ _____ לְתֵל־אָבִיב.

9 אֲנִי רוֹצָה סגר√ _____ אֶת הַדֶּלֶת כִּי קַר בַּחוּץ.

10 הֵם לֹא יְכוֹלִים שכח√ _____ אֶת הַסַּבְתָּא.

B. Complete each sentence.

1 אֲנִי רוֹצָה _____

2 הֵם שׂוֹנְאִים _____

3 הִיא אוֹהֶבֶת _____

4 יוֹסֵף, אַתָּה צָרִיךְ _____

5 אֲנַחְנוּ יְכוֹלִים _____

Matza cover worked in needlepoint. Germany, 19th century

לִפְנֵי הַנְּסִיעָה

— לְאָן אַתְּ נוֹסַעַת הַקַּיִץ?

— אֲנִי נוֹסַעַת לְיִשְׂרָאֵל.

— עִם מִי?

— עִם הַחֲבֵרִים שֶׁלִּי.

— מָתַי?

— בְּעוֹד חֹדֶשׁ.[1]

[1] in a month

— מַה תַּעֲשׂוּ[1] שָׁם[2]?

[1] you will do [2] there

— נִפְגֹּשׁ חֲבֵרִים, וְנִלְמַד שִׁירִים וְרִקּוּדִים[1] יִשְׂרְאֵלִיִּים.

[1] dances (n.)

— וּמַה עוֹד?

— אֲנִי רוֹצָה לִקְנוֹת הַרְבֵּה דְּבָרִים.

— מַה?

— תְּמוּנוֹת, שְׂמָלוֹת תֵּימָנִיּוֹת, סַנְדָּלִים, וּמַתָּנוֹת לַמִּשְׁפָּחָה.

— תִּכְתְּבִי לִי?

— כֵּן, לָמָּה לֹא?

— אַל תִּשְׁכְּחִי!

— אֲנִי לֹא אֶשְׁכַּח!

— תָּבִיאִי[1] לִי מַתָּנָה?

[1] you will bring

— אֲנִי לֹא אֶשְׁכַּח!

מִלּוֹן

שָׁם	there
רִקּוּד	dance (n.)

בִּטּוּיִים

בְּעוֹד שָׁעָה	in an hour
בְּעוֹד שָׁבוּעַ	in a week
בְּעוֹד חֹדֶשׁ	in a month
בְּעוֹד שָׁנָה	in a year
לִפְנֵי שָׁעָה	an hour ago
לִפְנֵי שָׁבוּעַ	a week ago
לִפְנֵי חֹדֶשׁ	a month ago
לִפְנֵי שָׁנָה	a year ago

תַּרְגִּילִים לַחֲזָרָה

A. Complete each sentence by chosing the correct preposition with a pronominal ending. Remember to use אוֹתוֹ for a direct object.

שֶׁלּוֹ / אוֹתוֹ / עִמּוֹ / בּוֹ / לוֹ

0 אֲנִי לָקַחְתִּי גִּיר וְכָתַבְתִּי ___בּוֹ___.

1 הוּא לָקַח ______ לַקּוֹלְנוֹעַ.

2 הִיא שָׁלְחָה ______ מַתָּנָה.

3 הוּא נָתַן לִי אֶת הַסֵּפֶר ______.

4 אֲנַחְנוּ הָלַכְנוּ ______ לְבֵית הַסֵּפֶר.

5 אֲנִי כָּתַבְתִּי ______ אֶת הַמִּכְתָּב.

6 כַּמָּה אֲנָשִׁים ______?

7 שִׁמְעוֹן רָאָה ______ בַּגַּן.

8 הַתַּלְמִידָה ______ בַּכִּתָּה.

9 גָּד לָקַח כַּדּוּר אָדֹם וְשִׂחֵק ______.

10 מַדּוּעַ אַתֶּם נוֹתְנִים ______ יַיִן?

B. Write the root of the following verbs in the puzzle squares.

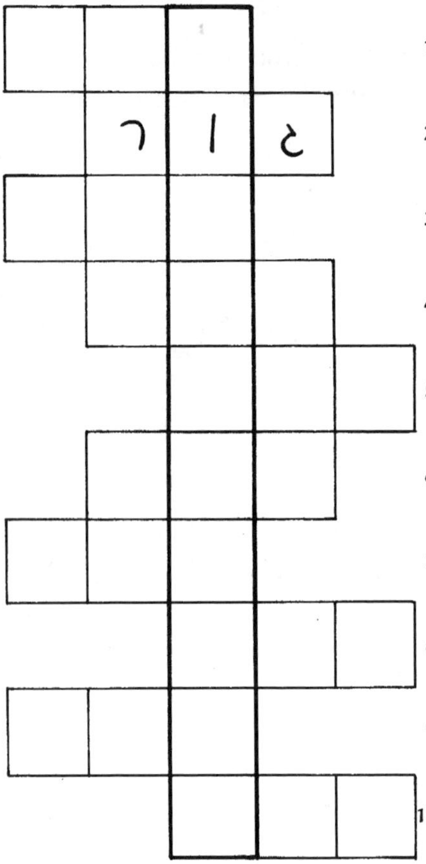

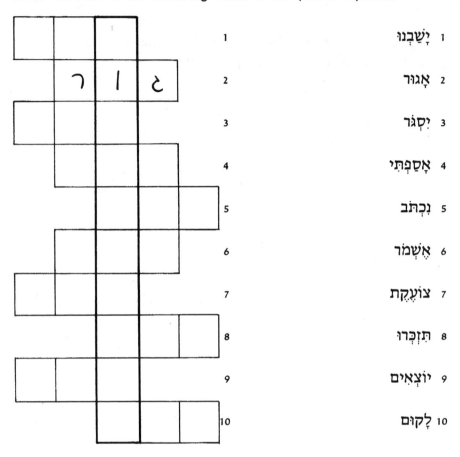

1 יָשַׁבְנוּ
2 אָגוּר
3 יִסְגֹּר
4 אָסַפְתִּי
5 נִכְתַּב
6 אֶשְׁמֹר
7 צוֹעֶקֶת
8 תִּזְכְּרוּ
9 יוֹצְאִים
10 לָקוּם

What two words are in the center column? ________ ________

C. Circle the verb on each line that doesn't belong to the pattern. Be prepared to explain your choice.

0	אֶלְמַד	תִּשְׁמְעִי	גָּמַרְתִּי	יִפְתְּחוּ
1	הוֹלֶכֶת	פּוֹתַחַת	זוֹכֶרֶת	יוֹדֵעַ
2	שָׁמַעְתָּ	שׁוֹלַחַת	לָקַחְתָּ	אָמַרְתָּ
3	יוֹדְעִים	סוֹגֵר	כּוֹתֶבֶת	הָלְכָה
4	יִפְתְּחוּ	תִּגְמְרִי	יִלְמַד	אָהֲבוּ
5	לָלֶכֶת	לִשְׁמֹר	לָמְדוּ	לִשְׁלֹחַ

D. Complete each sentence with the word שֶׁל or some form of שֶׁל with a suffix.

1   רוּת: דָּן, פָּגַשְׁתִּי אֶת הַחֲבֵרָה _____ your בָּרְחוֹב.

 דָּן: הִיא לֹא הַחֲבֵרָה _____ mine, הִיא הַחֲבֵרָה _____ יוֹסִי.

2   דָּן: רוּתִי, פָּגַשְׁתִּי אֶת הֶחָבֵר _____ your בְּבֵית־הַכְּנֶסֶת.

 רוּת: אֵיזֶה חָבֵר?

 דָּן: הֶחָבֵר _____ your.

 רוּת: דָּוִד אוֹ יוֹנָתָן?

 דָּן: דָּוִד.

 רוּת: דָּוִד לֹא הֶחָבֵר _____ mine. הוּא הֶחָבֵר _____ שָׂרָה.

3   הַמּוֹרָה: אֵיפֹה הַמִּשְׁפָּחָה _____ your, m.pl.?

 הַיְלָדִים: הַמִּשְׁפָּחָה _____ our בִּירוּשָׁלַיִם.

 הַמּוֹרָה: אֵיפֹה אַתֶּם גָּרִים?

 הַיְלָדִים: אֲנַחְנוּ גָּרִים עִם הֶחָבֵר _____ our בְּתֵל־אָבִיב.

 הַבַּיִת _____ his גָּדוֹל וְיָפֶה.

4   דָּלְיָה: שִׁמְעוֹן, מַה צֶּבַע הָעֵינַיִם _____ your?

 שִׁמְעוֹן: הָעֵינַיִם _____ my כְּחֻלּוֹת. וְהָעֵינַיִם _____ your?

 דָּלְיָה: הָעֵינַיִם _____ my יְרֻקּוֹת.

 שִׁמְעוֹן: כְּמוֹ חָתוּל!

 דָּלְיָה: תּוֹדָה. וּמַה צֶּבַע הָעֵינַיִם _____ הַבֵּן _____ your?

 שִׁמְעוֹן: הָעֵינַיִם _____ his אֲדֻמּוֹת, כִּי הוּא בּוֹכֶה הַרְבֵּה.

E. Here is a list of answers. Write an appropriate question for each one. Use the following question words.

מָתַי / מַה / אֵיפֹה / מַדּוּעַ / אֵיךְ / כַּמָּה / לְאָן / מִי

0 זֶה יוֹסֵף. מִי זֶה? ____________________

1 אֲנִי לֹא נוֹסֵעַ לְיִשְׂרָאֵל כִּי אֵין לִי כֶּסֶף. ____________________

____

2 הַכּוֹכָבִים בַּשָּׁמַיִם. ____________________

3 הָלַכְנוּ לְבֵית הַחוֹלִים. ____________________

4 אֲנִי לוֹמֵד עִבְרִית. ____________________

5 נָסַעְנוּ בִּמְכוֹנִית לִירוּשָׁלַיִם. ____________________

6 דָּוִד זָרַק אֶת הַכַּדּוּר. ____________________

7 אָבִי חָזַר הַבַּיְתָה בְּתֵשַׁע. ____________________

8 יוֹסֵף בְּמִצְרַיִם. ____________________

9 אֲנִי לֹא הָלַכְתִּי לְבֵית הַסֵּפֶר כִּי הָיִיתִי חוֹלֶה. ____________________

____

10 יֵשׁ מֵאָה יְלָדִים בְּבֵית הַסֵּפֶר. ____________________

F. Answer the following questions using complete sentences.

0 מַה הַשֵּׁם שֶׁלְּךָ / שֶׁלָּךְ ? ______

1 אֵיפֹה אַתָּה / אַתְּ גָּר ? ______

2 בְּאֵיזֶה רְחוֹב אַתָּה / אַתְּ גָּר ? ______

3 מַה מִסְפַּר הַבַּיִת שֶׁלְּךָ / שֶׁלָּךְ ? ______

4 מַה מִסְפַּר הַטֶּלֶפוֹן שֶׁלְּךָ / שֶׁלָּךְ ? ______

______

5 יֵשׁ לְךָ / לָךְ אָח ? ______

______

6 בֶּן כַּמָּה הָאָח שֶׁלְּךָ / שֶׁלָּךְ ? ______

7 יֵשׁ לְךָ / לָךְ אָחוֹת ? ______

8 בַּת כַּמָּה הָאָחוֹת שֶׁלְּךָ / שֶׁלָּךְ ? ______

9 כַּמָּה מִלִּים חֲדָשׁוֹת לָמַדְתָּ הַיּוֹם ? ______

כִּי שֶׁבַע יִפּוֹל צַדִּיק וָקָם, וּרְשָׁעִים יִכָּשְׁלוּ בְרָעָה.

Seven times the righteous man falls and gets up, while the wicked are tripped by a single misfortune. (Proverbs 24:16 / מִשְׁלֵי כד, טז)

In this Midrash the Rabbis attempt to answer the question why Joseph's bones were buried in the Land of Israel, while Moses's bones were not.

הָעֲצָמוֹת¹ שֶׁל מֹשֶׁה

¹bones

שָׁאַל מֹשֶׁה אֶת אֱלֹהִים: מַדּוּעַ הָעֲצָמוֹת שֶׁל יוֹסֵף
שֶׁמֵּת בְּמִצְרַיִם נִקְבָּרוֹת¹ בְּאֶרֶץ יִשְׂרָאֵל, אֲבָל הָעֲצָמוֹת
שֶׁלִּי לֹא נִקְבָּרוֹת שָׁם?

¹are buried

עָנָה אֱלֹהִים: מִי שֶׁמּוֹדֶה¹ בָּאָרֶץ שֶׁלּוֹ קוֹבְרִים אוֹתוֹ
בְּאַרְצוֹ¹. וּמִי שֶׁלֹּא מוֹדֶה בָּאָרֶץ שֶׁלּוֹ, לֹא קוֹבְרִים
אוֹתוֹ בְּאַרְצוֹ.

¹acknowledges

¹his land

5

יוֹסֵף אָמַר לְפַרְעֹה שֶׁגָּנְבוּ אוֹתוֹ מֵאֶרֶץ הָעִבְרִים¹.
לָכֵן¹ הָעֲצָמוֹת שֶׁלּוֹ נִקְבְּרוּ בְּאֶרֶץ יִשְׂרָאֵל.
אֲבָל, אַתָּה מֹשֶׁה, כַּאֲשֶׁר (אֲנָשִׁים) אָמְרוּ שֶׁאַתָּה "אִישׁ
מִצְרִי," שָׁתַקְתָּ¹, וְלֹא אָמַרְתָּ "עִבְרִי אָנֹכִי.²"
לָכֵן הָעֲצָמוֹת שֶׁלְּךָ לֹא נִקְבָּרוֹת בְּאֶרֶץ יִשְׂרָאֵל.

¹Hebrews

¹therefore

¹were silent ²I (am)

10

מִלּוֹן

he acknowledges, thanks	מוֹדֶה — יֽדה√
bury	קוֹבְרִים — קבר√
therefore	לָכֵן
Hebrew (person)	עִבְרִי, עִבְרִיָּה
	עִבְרִים, עִבְרִיּוֹת
you were silent	שָׁתַקְתָּ — שתק√

מוֹדֶה אֲנִי לְפָנֶיךָ מֶלֶךְ חַי וְקַיָּם

I thank You, living and enduring King

The Morning Service / שַׁחֲרִית

יוסף – איש החלומות (ב)

הסוחרים הֵביאו את יוסף למצרים ושם מכרו אותו לפוֹטִיפַר, שַׂר־פרעה.

יוסף עבד קשה והצליח מאוד בבית־פוטיפר. האשה של פוטיפר אהבה את יוסף כי הוא היה יְפֵה־מַרְאֶה. אבל יוסף היה נֶאֱמָן לפוטיפר ולא אהב את האשה. היא כעסה מאוד ואמרה לפוטיפר: ״יוסף איש רע״.

פוטיפר כעס על יוסף ושׂם אותו בבית־הסוהר של פרעה.

בבית־הסוהר ישבו שני שׂרים של פרעה: שׂר־המַשקים ושׂר־האופים. לילה אחד חלמו שני השרים חלומות, ולא הבינו את החלומות. יוסף הבין את החלומות ואמר: ״אֱלֹהים עוזר לי להבין חלומות. שׂר־המשקים, בעוד שלושה ימים אתה תַחזור לבית־פרעה. שׂר האופים, בעוד שלושה ימים אתה תמות.״ וכך היה.

פעם חלם פרעה: הנה שבע פרות יְפוֹת־מַרְאֶה עולות מן היְאוֹר. והנה עוד שבע פרות עולות מן היאור. והן רעות־מראה. הפרות הרעות אכלו את הפרות היפות. פרעה לא הבין את החלום שלו. פרעה קרא לכל השׂרים שלו וסיפר להם את החלום. גם השרים לא הבינו אותו. ובכל מצרים לא הבינו את החלום.

שׂר־המַשקים זכר את יוסף וסיפר לפרעה שיוסף מבין חלומות.

פרעה קרא ליוסף ואמר לו: ״חלום חלמתי ואיש לא מבין אותו.״

יוסף ענה לו: ״אלהים עוזר לי להבין חלומות.״ פרעה סיפר ליוסף את החלום.

יוסף אמר: ״שבע הפרות טובות־המראֶה, הן שבע שנים טובות, שנים של מים והרבה חִטָּה. ושבע הפרות רעות־המראֶה, הן שבע שנים רעות, בלי מים ובלי חטה, שנים של רעב בכל מצרים.״

ראה פרעה שיוסף איש חכם ורוח אלהים בו, ועשה אותו שׂר על כל מצרים.

ויוסף הצליח מאוד.

Hebrew manuscript, 1940, Poland. The picture of a virgin holding scales of justice combines the zodiac sign for the Hebrew month of Elul, and the symbol of Yom Kippur which falls in the following month of Tishri.

4 יְחִידָה

This story is based on a Jewish-Moroccan folk-story. According to this tradition, certain rabbis had unusual powers.

<table>
<tr><td>¹the witness tree</td><td>עֵץ הָעֵדוּת¹</td></tr>
</table>

<table>
<tr><td>¹custom</td><td rowspan="2">בְּאֶרֶץ מָרוֹקוֹ הָיָה מִנְהָג¹ שֶׁכָּל אִישׁ שֶׁהָיָה לוֹ מִשְׁפָּט,
בָּא אֶל הָרַב. הָרַב חַיִּים שָׁפַט¹ אֶת כָּל הַיְהוּדִים בְּמָרוֹקוֹ.</td></tr>
<tr><td>¹judged</td></tr>
</table>

פַּעַם אַחַת בָּא שְׁלֹמֹה אֶל הֶחָבֵר שֶׁלּוֹ לְשַׁבָּת.

¹host — לִפְנֵי הַשַּׁבָּת נָתַן שְׁלֹמֹה הַרְבֵּה כֶּסֶף לְבַעַל הַבַּיִת¹

¹to keep, ²forbidden — לִשְׁמֹר¹, כִּי אָסוּר² לִיהוּדִי 5

¹to hold — לְהַחֲזִיק¹ כֶּסֶף בְּשַׁבָּת.

¹Saturday night — בְּמוֹצָאֵי שַׁבָּת¹ בִּקֵּשׁ שְׁלֹמֹה מִבַּעַל הַבַּיִת
אֶת הַכֶּסֶף שֶׁלּוֹ.

עָנָה בַּעַל הַבַּיִת: "אֵיזֶה כֶּסֶף? לֹא נָתַתָּ לִי כֶּסֶף!"

הֵם הָלְכוּ לְרַב חַיִּים לְמִשְׁפָּט. 10

אָמַר שְׁלֹמֹה: "נָתַתִּי לְבַעַל הַבַּיִת אֶת הַכֶּסֶף שֶׁלִּי

¹gave back — לִשְׁמֹר, וְהוּא לֹא הֶחֱזִיר¹ לִי אוֹתוֹ."

עָנָה בַּעַל הַבַּיִת: "הוּא לֹא נָתַן לִי כֶּסֶף לִשְׁמֹר!"

¹witnesses — הָרַב חַיִּים שָׁאַל אֶת שְׁלֹמֹה: "הֲיֵשׁ עֵדִים¹? הַאִם אֲנָשִׁים

אֲחֵרִים רָאוּ שֶׁנָּתַתָּ אֶת הַכֶּסֶף לְבַעַל הַבַּיִת?" 15

חָשַׁב שְׁלֹמֹה וְעָנָה: "לֹא, לֹא! עָמַדְנוּ לְבַד תַּחַת
עֵץ גָּדוֹל."

"יָפֶה מְאֹד," עָנָה הָרַב חַיִּים. "לֵךְ אֶל הָעֵץ,

¹invite — תַּזְמִין¹ אוֹתוֹ לְבֵית הַדִּין."

20 גַּם שְׁלֹמֹה וְגַם בַּעַל הַבַּיִת יָדְעוּ שֶׁהָרַב חַיִּים גָּדוֹל

¹miracles ²wonders — בְּנִסִּים¹ וּבְנִפְלָאוֹת². שְׁלֹמֹה יָצָא לְהַזְמִין

אֶת הָעֵץ וּבַעַל הַבַּיִת עָמַד וּפָחַד.

¹as if ²to.himself — אַחֲרֵי שְׁתַּיִם-שָׁלוֹשׁ דַּקּוֹת, אָמַר הָרַב כְּאִילוּ¹ לְעַצְמוֹ²

¹arrived at — "עַכְשָׁו שְׁלֹמֹה הִגִּיעַ¹ אֶל הָעֵץ."

¹not yet — 25 בְּלִי לַחֲשֹׁב, אָמַר בַּעַל הַבַּיִת: "עוֹד לֹא!"¹

"תֵּן לִשְׁלֹמֹה אֶת הַכֶּסֶף מִיָּד!" אָמַר רַב חַיִּים.

¹received — "אִם לֹא קִבַּלְתָּ¹ כֶּסֶף מִשְּׁלֹמֹה, אֵיךְ יָדַעְתָּ אֵיפֹה הָעֵץ?"

מִלּוֹן

custom	מִנְהָג
he judged	שָׁפַט — √שפט
judge (noun)	שׁוֹפֵט
host	בַּעַל הַבַּיִת
to keep, guard	לִשְׁמֹר — √שמר
forbidden	אָסוּר
Saturday night	מוֹצָאֵי שַׁבָּת
he gave back	הֶחֱזִיר — √חזר
witness(es)	עֵד, עֵדִים
he invited	הִזְמִין — √זמן
invitation	הַזְמָנָה
miracle(s)	נֵס, נִסִּים
he arrived at	הִגִּיעַ — √נגע
not yet	עוֹד לֹא

תַּרְגִּילִים

A. Select the word that best completes each sentence according to the story.

בִּקֵּשׁ / לְבַד / קִבֵּל / עָמְדוּ

הֶחֱזִיר / יָדַע / פָּחַד

מִשְׁפָּט / לְהַזְמִין / הִגִּיעַ

1 הַיְהוּדִים שֶׁל מָרוֹקוֹ בָּאוּ לָרַב לִשְׁמֹעַ ________.

2 שְׁלֹמֹה וּבַעַל הַבַּיִת הָיוּ ________.

3 בַּעַל הַבַּיִת וּשְׁלֹמֹה ________ תַּחַת הָעֵץ הַגָּדוֹל.

4 בַּעַל הַבַּיִת ________ אֶת הַכֶּסֶף שֶׁל שְׁלֹמֹה.

5 מִי ________ מִשְׁפָּט מֵהָרַב?

6 הָרַב רָצָה ________ אֶת הָעֵץ לְבֵית־הַדִּין.

7 הוּא עוֹד לֹא ________ לָעֵץ.

8 בַּעַל הַבַּיִת ________ מֵהָרַב.

9 רַק הָעֵץ הַגָּדוֹל ________ אֶת הָאֱמֶת.

10 אַחֲרֵי הַמִּשְׁפָּט בַּעַל הַבַּיִת ________ אֶת הַכֶּסֶף לִשְׁלֹמֹה.

B. Answer the following questions in a complete sentence based on the story.

1   בְּאֵיזוֹ אֶרֶץ קָרָה הַסִּפּוּר?

_____

_____

2   מָתַי נָתַן שְׁלֹמֹה אֶת הַכֶּסֶף לְבַעַל הַבַּיִת?

_____

_____

3   לָמָּה הָלְכוּ שְׁלֹמֹה וּבַעַל הַבַּיִת אֶל הָרַב חַיִּים?

_____

_____

4   מִי הָיָה הָעֵד?

_____

_____

5   אֵיךְ יָדַע הָרַב חַיִּים שֶׁבַּעַל הַבַּיִת לֹא אָמַר אֶת הָאֱמֶת?

_____

_____

רַבָּן שִׁמְעוֹן בֶּן־גַּמְלִיאֵל אוֹמֵר:
עַל שְׁלוֹשָׁה דְבָרִים הָעוֹלָם עוֹמֵד —
עַל הָאֱמֶת וְעַל הַדִּין[1] וְעַל הַשָּׁלוֹם,
שֶׁנֶּאֱמַר[1]: ״אֱמֶת וּמִשְׁפַּט שָׁלוֹם שִׁפְטוּ
בְּשַׁעֲרֵיכֶם.[1]״

[1] law
[1] as it is said
[1] in your gates

Sayings of the Fathers 1:18 / פִּרְקֵי אָבוֹת א, יח

Eternal light *(ner tamid)*. Casablanca.

Sound Classes of Verbs, גְזָרוֹת

Most Hebrew verbs have a three-letter root. When we wish to talk about the root letters, we name them after the three letters in the word פֹּעַל which means *verb*, or *to act*.

The first letter of the verb root is called the פּ letter. פ׳ הַפֹּעַל
The middle letter is called the ע letter. ע׳ הַפֹּעַל
The last letter is called the ל letter. ל׳ הַפֹּעַל

ל *last* letter ע *middle* letter פּ *first* letter

The vowel pattern of the verb is affected by the type of letters in the root. There are *seven letters*

א ה ו ח י נ ע

that cause a change in the vowel that precedes or follows them. These changes in vowel patterns can best be studied by dividing Hebrew roots into *sound classes*, or גְזָרוֹת.

		שֹׁרֶשׁ	גְזָרָה
1	The three root letters are always present and pronounced.	סגר	שְׁלֵמִים 1
2	The last letter is a ה.	קנה	ל״ה 2
3	The last letter is an א.	מצא	ל״א 3
4	The middle letter is a ו.	שׁוב	ע״ו 4
5	The middle letter is a י.	שׁיר	ע״י 5
6	The first letter is a נ.	נפל	פ״נ 6
7	The first letter is a י.	ירד	פ״י 7
8	The first letter is an א.	אכל	פ״א 8

Some verbs belong to two classes.

9	The first letter is a י and the last letter is an א.	יצא	פ״י, ל״א 9
10	The middle letter is a ו and the last letter is an א.	בוא	ע״ו, ל״א 10

תַּרְגִּילִים

A. Reread the story and find 3 different ל״ה verbs in it.

שֹׁרֶשׁ	גִּזְרַת ל״ה
________________	________________
________________	________________
________________	________________

B. Find 8 verbs in the story that are שְׁלֵמִים.

שֹׁרֶשׁ	שְׁלֵמִים
________________	________________
________________	________________
________________	________________
________________	________________
________________	________________
________________	________________
________________	________________
________________	________________

Silver and red velvet *tallit* bag.
Morocco, 19th century

C. Find 2 verbs in the story that are פ"י.

גִזְרַת פ"י	שֹׁרֶשׁ
_____	_____
_____	_____

Find 1 verb in the story that is a פ"א. _____ _____

Find 1 verb in the story that is a ל"א. _____ _____

Find 1 verb in the story that is a פ"נ. _____ _____

The ל״ה Sound-Class, גִּזְרַת ל״ה

Many of the most frequently used Hebrew verbs belong to גִּזְרַת ל״ה. In this sound-class, the last letter of the root, ל׳ הַפֹּעַל, is ה.

קנה בנה בכה שׁתה פנה קרה
ראה עשׂה עלה היה רצה ענה

Present Tense, הֹוֶה

We have already learned the present tense of the ל״ה verbs.

קנה√ קוֹנֶה קוֹנָה קוֹנִים קוֹנוֹת

Note: Whenever a suffix is added, the ה׳ of the root is dropped. This is true in all tenses.

Past Tense, עָבָר

אֲנִי קָנִיתִי	אֲנַחְנוּ קָנִינוּ
אַתָּה קָנִיתָ	אַתֶּם קְנִיתֶם
אַתְּ קָנִית	אַתֶּן קְנִיתֶן
הוּא קָנָה	הֵם קָנוּ
הִיא קָנְתָה	הֵן קָנוּ

The base form of the verb (3rd person masculine singular) contains the three-letter root, but in all the other forms the ה drops.

In the **1st and 2nd person, singular and plural, we substitute** י **for the** ה.

In the **3rd person feminine singular we substitute** ת **for the** ה. The ת is another sign for the feminine.

תַּרְגִּילִים

A. Complete the chart in the עָבָר.

	קנה√	בכה√	רצה√	היה√
אֲנִי	קָנִיתִי			הָיִיתִי
אַתָּה	קָנִיתָ			
אַתְּ	קָנִית			
הוּא	קָנָה			
הִיא	קָנְתָה			הָיְתָה
אֲנַחְנוּ	קָנִינוּ			
אַתֶּם	קְנִיתֶם			הֱיִיתֶם
אַתֶּן	קְנִיתֶן			הֱיִיתֶן
הֵם–הֵן	קָנוּ			

B. Change each sentence to the singular.

0 הַיְלָדִים רוֹצִים אֹכֶל. ____ הַיֶּלֶד רוֹצֶה אֹכֶל

1 הַיְלָדוֹת שׁוֹתוֹת חָלָב. ____

2 הַתַּלְמִידִים רוֹאִים סֶרֶט film. ____

3 הַתַּלְמִידוֹת עוֹשׂוֹת נֵרוֹת. ____

4 הָאֲנָשִׁים בּוֹנִים בָּתִּים. ____

C. Write the present, הוֹוֶה, of the verb.

0 אֲנִי לֹא אָכַלְתִּי וַאֲנִי רצה√ רוֹצֶה/רוֹצָה לֶאֱכֹל.

1 הַמּוֹרֶה שׁוֹאֵל וְהַתַּלְמִיד ענה√ ______.

2 הַבָּחוּר ראה√ ______ בַּחוּרָה יָפָה.

3 חַם הַיּוֹם וְהַיַּלְדָּה שתה√ ______ הַרְבֵּה מַיִם.

4 הַיּוֹם חֲנֻכָּה וְהַיְלָדִים קנה√ ______ מַתָּנוֹת.

5 הַיְלָדוֹת חוֹלוֹת וְהֵן בכה√ ______.

D. Write the past, עָבָר, of the underlined verb.

0 הַיּוֹם אֲנִי קוֹנֶה קוֹקָה־קוֹלָה, אֲבָל אֶתְמוֹל אֲנִי קָנִיתִי חָלָב.

1 דָּוִד, אַתָּה פּוֹנֶה לַאֲרוֹן־הַקֹּדֶשׁ? אֶתְמוֹל אַתָּה לֹא ______.

2 שָׂרָה, הַשָּׁנָה אַתְּ בּוֹנָה סֻכָּה פֹּה. אֵיפֹה ______ סֻכָּה לִפְנֵי שָׁנָה?

3 הוּא רוֹאֶה אֶת הַיָּם הַיּוֹם, אֲבָל אֶתְמוֹל הוּא לֹא ______ אוֹתוֹ.

4 הִיא עוֹשָׂה רַעַשׁ בְּבֵית-הַסֵּפֶר, וְגַם אֶתְמוֹל הִיא ______ רַעַשׁ.

5 עַכְשָׁו אֲנַחְנוּ לֹא שׁוֹתִים יַיִן, אֲבָל לִפְנֵי שָׁעָה אֲנַחְנוּ ______ יַיִן.

6 הַיּוֹם אַתֶּן קוֹנוֹת גְּלִידָה, וְגַם אֶתְמוֹל אַתֶּן ______ גְּלִידָה.

7 הַיּוֹם הַיְּהוּדִים רוֹצִים שָׁלוֹם, וְגַם בֶּעָבָר הֵם ______ שָׁלוֹם.

Future Tense, עָתִיד

אֲנַחְנוּ נִקְנֶה	אֲנִי אֶקְנֶה
אַתֶּם תִּקְנוּ	אַתָּה תִּקְנֶה
אַתֶּן תִּקְנוּ (תִּקְנֶינָה) *	אַתְּ תִּקְנִי
הֵם יִקְנוּ	הוּא יִקְנֶה
הֵן יִקְנוּ (תִּקְנֶינָה) *	הִיא תִּקְנֶה

* In biblical and classical Hebrew, the 2nd and 3rd person feminine plural, אַתֶּן, הֵן, had a different verb form in the עָתִיד.

אַתֶּן תִּקְנֶינָה
הֵן תִּקְנֶינָה

In modern Hebrew, the 2nd and 3rd person plural forms in עָתִיד are the same for masculine and feminine.

$$\left.\begin{array}{c} \text{הֵם} \\ \text{הֵן} \end{array}\right\} \text{יִקְנוּ} \qquad \left.\begin{array}{c} \text{אַתֶּם} \\ \text{אַתֶּן} \end{array}\right\} \text{תִּקְנוּ}$$

The Infinitive, שֵׁם הַפֹּעַל

The infinitive of ל״ה verbs is formed by dropping the ה and adding וֹת after the middle root-letter.

	לִקְנוֹת	קנה√
compare with	לִסְגֹּר	סגר√

תַּרְגִּילִים

A.   Complete the chart in the עָתִיד.

רצה√	היה√	שתה√	ראה√	
			אֶרְאֶה	אֲנִי
			תִּרְאֶה	אַתָּה
			תִּרְאִי	אַתְּ
			יִרְאֶה	הוּא
			תִּרְאֶה	הִיא
			נִרְאֶה	אֲנַחְנוּ
			תִּרְאוּ	אַתֶּם-אַתֶּן
			יִרְאוּ	הֵם־הֵן

Silver and velvet
mezuza case; the
parchment was
slipped inside.
Morocco.

B. Write the future, עָתִיד, of the underlined verbs.

0 הוּא בָּכָה פֹּה, אֲבָל מָחָר הוּא _יִבְכֶּה_ שָׁם.

1 הָאָב שָׁתָה יַיִן לְקִדּוּשׁ, וּלְהַבְדָּלָה הוּא _____ עוֹד פַּעַם.

2 אֲנִי לֹא רָאִיתִי אֶת הַצַּדִּיק, אֲבָל בְּעוֹד שָׁעָה אֲנִי _____ אוֹתוֹ.

3 הִיא קָנְתָה מַתָּנָה אַחַת וְהִיא לֹא _____ עוֹד.

4 אֶתְמוֹל אֲנַחְנוּ רָאִינוּ אֶת מִרְיָם, וּמָחָר אֲנַחְנוּ _____ אֶת מֹשֶׁה.

5 הַשָּׁנָה אַתָּה בָּנִיתָ פֹּה, וּבַשָּׁנָה הַבָּאָה אַתָּה _____ בִּירוּשָׁלַיִם.

6 לֹא הָיָה לָהֶם כֶּסֶף, לָכֵן לֹא _____ לָהֶם אֹכֶל.

7 הָיְתָה לוֹ חֲבֵרָה, וְתָמִיד _____ לוֹ חֲבֵרָה.

Silver Torah case (tik).
Morocco, 18th century.

C. Fill in the infinitive, שֵׁם הַפֹּעַל, form of the verb, and complete each
    sentence.

0   הֵם לֹא יוֹדְעִים   קרא√   _לִקְרֹא עִבְרִית._

1   אֲנַחְנוּ יְכוֹלוֹת   ראה√   _____

2   אֲנִי חוֹשֶׁבֶת   קנה√   _____

3   הֵם יוֹדְעִים   בנה√   _____

4   יוֹנָתָן רוֹצֶה   היה√   _____

5   הוּא שָׁכַח   גמר√   _____

6   אֲנִי רוֹצֶה   שמע√   _____

7   הִיא אָמְרָה לִי   פתח√   _____

8   אֲנַחְנוּ צְרִיכִים   למד√   _____

9   שָׂרָה אוֹהֶבֶת   כתב√   _____

10 אַתְּ אָמַרְתְּ לוֹ   שלח√   _____

Two embroidered binders
used to tie a Torah scroll.
(Right) Denmark, 1801; (left)
Germany, 1792.

מִשְׁפָּחָה קְטַנָּה וּמִשְׁפָּחָה גְדוֹלָה

אַבְשָׁלוֹם: יֵשׁ לָךְ מִשְׁפָּחָה בְּיִשְׂרָאֵל?
דְּבוֹרָה: כֵּן, יֵשׁ לִי סַבְתָּא בַּת שְׁמוֹנִים. הִיא גָּרָה בְּחֵיפָה.
אַבְשָׁלוֹם: וְאֵיפֹה הַהוֹרִים?
דְּבוֹרָה: הַהוֹרִים גָּרִים בְּאַרְצוֹת הַבְּרִית, וְיֵשׁ לִי אָח בְּאַנְגְלִיָּה.
אַבְשָׁלוֹם: רַק אָח אֶחָד?
דְּבוֹרָה: כֵּן, אֲנַחְנוּ רַק שְׁלוֹשָׁה יְלָדִים.
אַבְשָׁלוֹם: יֵשׁ לָךְ אָחוֹת?
דְּבוֹרָה: כֵּן, יֵשׁ לִי אָחוֹת צְעִירָה.
אַבְשָׁלוֹם: בַּת כַּמָּה הִיא?
דְּבוֹרָה: הִיא בַּת חֲמֵשׁ־עֶשְׂרֵה.
אַבְשָׁלוֹם: יֵשׁ לָךְ מִשְׁפָּחָה קְטַנָּה!

אַבְשָׁלוֹם: יֵשׁ לִי מִשְׁפָּחָה גְדוֹלָה.
דְּבוֹרָה: כַּמָּה אַחִים וַאֲחָיוֹת יֵשׁ לְךָ?
אַבְשָׁלוֹם: יֵשׁ לִי שִׁשָּׁה אַחִים וּשְׁתֵּי אֲחָיוֹת.
דְּבוֹרָה: אֵיפֹה הֵם גָּרִים?
אַבְשָׁלוֹם: הֵם גָּרִים בְּיִשְׂרָאֵל. חֲמִשָּׁה אַחִים גָּרִים בִּירוּשָׁלַיִם, וְאָח אֶחָד גָּר בִּבְאֵר־שֶׁבַע, וְיֵשׁ לוֹ שִׁבְעָה יְלָדִים.
דְּבוֹרָה: וְאֵיפֹה גָּרוֹת הָאֲחָיוֹת שֶׁלְּךָ?
אַבְשָׁלוֹם: אָחוֹת אַחַת גָּרָה בְּאֵילַת וְלָהּ יֵשׁ אַרְבָּעָה יְלָדִים. וְהָאָחוֹת הַשְּׁנִיָּה גָּרָה בְּקִבּוּץ וְלָהּ יֵשׁ עֲשָׂרָה יְלָדִים.
דְּבוֹרָה: יוֹפִי, אֲנִי אוֹהֶבֶת מִשְׁפָּחוֹת גְדוֹלוֹת.
אַבְשָׁלוֹם: גַּם אֲנִי.

הָאוֹטוֹבִּיוֹגְרַפְיָה שֶׁלִּי

Write a short autobiography.

_____

_____

_____

_____

_____

_____

_____

_____

_____

_____

_____

_____

_____

_____

תַּרְגִּילִים לַחֲזָרָה

A. Fill in the correct preposition עַל ב ל

0 הַיַּלְדָּה יָשְׁבָה ___עַל___ הַכִּסֵּא.

0 הַכֶּלֶב רָץ ______ עֵץ.

1 הָאֶבֶן נָפְלָה ______ הָרֶגֶל שֶׁלִּי.

2 הַיְלָדִים מְשַׂחֲקִים ______ כַּדּוּר הָאָדָם.

3 אִמָּא נוֹתֶנֶת אֹכֶל ______ יְלָדִים.

4 הַתַּלְמִידִים כָּתְבוּ ______ עֶפְרוֹנוֹת.

5 הַתַּלְמִידִים קָרְאוּ ______ סְפָרִים.

6 הוּא עוֹבֵד ______ בַּיִת.

7 הוּא כָּתַב ______ הַלּוּחַ ______ גִּיר.

8 הֵם נָסְעוּ ______ נְיוּ יוֹרְק ______ אוֹטוֹבּוּס.

9 אֲנַחְנוּ שָׁלַחְנוּ מַתָּנוֹת ______ חוֹלִים ______ בֵּית-הַחוֹלִים.

10 הַמּוֹרֶה כָּתַב ______ מַחְבֶּרֶת ______ עִפָּרוֹן.

כָּל יִשְׂרָאֵל עֲרֵבִים זֶה בָּזֶה.

All Israel are responsible for one another.

(Talmudic saying)

Silver container for *etrog*.
Morocco, late 19th century.

B. Complete each sentence with the correct form of the עָתִיד.

0 הַאִם אַתָּה כתב√ ___תִּכְתֹּב___ אֶת הַשִּׁעוּרִים מָחָר?

1 הַאִם אַתָּה פגש√ ________ אֶת הַחֲבֵרִים שֶׁלְּךָ בַּקּוֹלְנוֹעַ?

2 אֲנַחְנוּ סגר√ ________ אֶת הַחֲנוּת בַּקַּיִץ.

3 הַמּוֹרָה כתב√ ________ אֶת הַתְּשׁוּבוֹת עַל הַלּוּחַ.

4 הֵם שמח√ ________ לִגְמֹר אֶת הָעֲבוֹדָה מָחָר.

5 הִיא לֹא ברח√ ________ מִן הַבַּיִת.

6 מָחָר אֲנִי שלח√ ________ מַתָּנוֹת לַחֲבֵרִים בְּיִשְׂרָאֵל.

7 הַאִם אַתְּ גמר√ ________ אֶת הַשִּׁעוּרִים בְּשֵׁשׁ?

8 אֲנִי לֹא שכח√ ________ אֶת הַשֵּׁם שֶׁל הַנֶּהָג.

9 אַתֶּם למד√ ________ בָּאוּנִיבֶרְסִיטָה בַּשָּׁנָה הַבָּאָה.

10 בַּלַּיְלָה הוּא פתח√ ________ אֶת הַחַלּוֹנוֹת בַּבַּיִת.

C.   Match the opposites.

0 קָטָן	———————	אֵין
1 מוֹכְרִים	———————	יוֹרֵד
2 יוֹשֶׁבֶת	———————	מָחָר
3 עוֹלֶה	———————	צוֹחֵק
4 בּוֹכֶה	———————	קוֹנִים
5 זוֹכֵר	———————	רַע
6 שׁוֹאֶלֶת	———————	אַחֲרֵי
7 הַיּוֹם	———————	עוֹמֶדֶת
8 לִפְנֵי	———————	שׁוֹכֵחַ
9 טוֹב	———————	עוֹנָה
10 יֵשׁ	———————	גָּדוֹל

Silver *etrog* container
in the form of a bird.
Near East, 19th century.

D. Fill in אֶת where it belongs.

0 אֲנַחְנוּ נִבְנֶה *אֶת* הָעִיר.

1 הִיא פָּגְשָׁה חֲבֵרָה בָּרְחוֹב.

2 הֵם נָתְנוּ לוֹ כֶּסֶף.

3 אֲנִי לָקַחְתִּי סְפָרִים מִן הַכִּתָּה.

4 אַתֶּם קִבַּלְתֶּם הַמַּחְבָּרוֹת?

5 דָוִד שָׁמַע כֶּלֶב.

6 דָוִד שָׁמַע רוּתִי.

7 הוּא רָאָה רֹאשׁ הָעִיר בַּטֶּלֶוִיזְיָה.

8 הִיא רָאֲתָה הַבַּיִת הַלָּבָן.

9 הַיְלָדִים זָרְקוּ אֲבָנִים.

10 הַמּוֹרֶה סִפֵּר סִפּוּר.

אָדָם[1] וְחַוָּה[2]

[1]Adam [2]Eve

אָמַר הַקֵּיסָר[1] לְרַבָּן גַּמְלִיאֵל:
"הָאֱלֹהִים שֶׁלָּכֶם – גַּנָּב הוּא!"
"לָמָּה?", שָׁאַל רַבָּן גַּמְלִיאֵל.
עָנָה לוֹ הַקֵּיסָר:
"בְּשָׁעָה[1] שֶׁאָדָם יָשֵׁן[2], בָּא הָאֱלֹהִים וְלָקַח
צֵלָע[1] שֶׁלּוֹ לַעֲשׂוֹת אִשָּׁה."

[1]emperor
[1]while [2]slept
[1]rib

אָמְרָה הַבַּת שֶׁל רַבָּן גַּמְלִיאֵל לְאָבִיהָ[1]: "אֶעֱנֶה לַקֵּיסָר."
אָמְרָה לַקֵּיסָר: "אֲנִי רוֹצָה שׁוֹפֵט."
שָׁאַל הַקֵּיסָר: "לָמָּה?"
הִיא אָמְרָה: "גַּנָּבִים בָּאוּ הַלַּיְלָה, לָקְחוּ קְעָרָה[1] שֶׁל
כֶּסֶף וְהִשְׁאִירוּ[1] לָנוּ קְעָרָה שֶׁל זָהָב."
אָמַר הַקֵּיסָר: "הַלְוַאי[1] שֶׁיָּבוֹאוּ גַּנָּבִים כָּאֵלֶּה[2]
בְּכָל יוֹם!"
אָמְרָה לוֹ: "וְלֹא הָיָה טוֹב שֶׁאֱלֹהִים לָקַח
מֵאָדָם הָרִאשׁוֹן צֵלָע אַחַת וְנָתַן לוֹ אִשָּׁה?"

[1]to her father
[1]bowl
[1]left
[1]I only wish that [2]such

מִלּוֹן

אָדָם	Adam, man
חַוָּה	Eve
יָשֵׁן – ישן√	he slept
הִשְׁאִירוּ – שאר√	they left
הַלְוַאי	I only wish that
כָּאֵלֶּה	such, like these

שְׁאֵלוֹת

תַּעֲנוּ עַל כָּל שְׁאֵלָה בְּמִשְׁפָּט שָׁלֵם.

1 מָה אָמַר הַקֵּיסָר עַל הָאֱלֹהִים שֶׁל רַבָּן גַּמְלִיאֵל?
2 אֵיךְ הוֹכִיחָה[1] הַבַּת שֶׁל רַבָּן גַּמְלִיאֵל שֶׁאֱלֹהִים לֹא גַּנָּב?

[1]proved

עץ העדות

בארץ מרוקו היה מנהג שכל איש שהיה לו משפט, בא אל הרב. הרב חיים שפט את כל היהודים במרוקו.

פעם אחת בא שלמה אל החבר שלו לשַׁבָּת. לפני השבת נתן שלמה הרבה כסף לבעל הבית לשמור, כי אסור ליהודי להחזיק כסף בשבת. במוֹצָאֵי שבת ביקש שלמה מבעל הבית את הכסף שלו. ענה בעל הבית: "איזה כסף? לא נתתָ לי כסף!" הם הלכו לרב חיים למשפט.

אמר שלמה: "נתתי לבעל הבית את הכסף שלי לשמור, והוא לא הֶחֱזִיר לי אותו."

ענה בעל הבית: "הוא לא נתן לי כסף לשמור!"

הרב חיים שאל את שלמה: "הֲיֵש עדים? האם אנשים אחרים ראו שנתתָ את הכסף לבעל הבית?"

חשב שלמה וענה: "לא, לא! עמדנו לבד תחת עץ גדול."

"יפה מאוד," ענה הרב חיים. "לך אל העץ, תזמין אותו לבית־הדין."

גם שלמה וגם בעל הבית ידעו שהרב חיים גדול בנִסִּים ובנִפְלָאוֹת. שלמה יצא להזמין את העץ ובעל הבית עמד ופחד.

אחרי שתים־שלוש דקות, אמר הרב כאילו לעצמו: "עכשיו שלמה הגיע אל העץ."

בלי לחשוב, אמר בעל הבית: "עוד לא!"

"תן לשלמה את הכסף מיד!" אמר רב חיים. "אם לא קיבלת כסף משלמה, איך ידעת איפה העץ?"

5 יְחִידָה

שְׁנַיִם אוֹחֲזִים בְּטַלִּית is the phrase that begins a Mishnaic tractate dealing with legal claims.

שְׁנַיִם אוֹחֲזִים[1] בְּטַלִּית

[1] hold on

(מִכְתָּב מֵרוּסְיָה[1])

[1] Russia

שָׁלוֹם גִּילָה,

אֲנִי כּוֹתֵב אֶת הַמִּכְתָּב הַזֶּה מִמּוֹסְקְבָה, רוּסְיָה. יֵשׁ לִי כָּל־כָּךְ[1] הַרְבֵּה לִכְתֹּב וּלְסַפֵּר עַל כָּל הַדְּבָרִים הַמְּעַנְיְנִים[1] שֶׁרָאִינוּ וְעָשִׂינוּ. בַּמִּכְתָּב הַזֶּה אֲנִי אֶכְתֹּב רַק עַל מַה שֶּׁקָּרָה בְּשַׁבָּת בְּבֵית-הַכְּנֶסֶת.

[1] so much
[1] interesting

הֵבֵאתִי אֶת הַטַּלִּית שֶׁלִּי לְבֵית-הַכְּנֶסֶת בְּמוֹסְקְבָה. הֵבֵאתִי גַּם טַלִּית שְׁנִיָּה. רָצִיתִי לָתֵת אוֹתָהּ לִיהוּדִי שָׁם, כִּי אֵין לָהֶם מַסְפִּיק[1] טַלִּיתוֹת. שָׁמַעְתִּי שֶׁהַגַּבַּאי[2] עוֹבֵד בִּשְׁבִיל הַמֶּמְשָׁלָה[1] הָרוּסִית, וְהוּא שׁוֹמֵר שֶׁהַתַּיָּרִים[1] לֹא יִתְּנוּ טַלִּיתוֹת אוֹ סִדּוּרִים לַיְּהוּדִים הָרוּסִים.

[1] enough [2] gabbai*
[1] government
[1] tourists

---

* *Gabbai*: The functionary in the synagogue who calls upon the worshippers to come up for the Torah-readings.

¹full   בֵּית-הַכְּנֶסֶת הָיָה מָלֵא¹ אֲנָשִׁים, אֲבָל לֹא הָיוּ בּוֹ

הַרְבֵּה צְעִירִים. הַגַּבַּאי אָמַר לָנוּ "שַׁבָּת שָׁלוֹם"

¹to permit (give) ²to sit   בְּיִידִישׁ. הוּא לֹא רָצָה לָתֵת¹ לָנוּ לָשֶׁבֶת² עִם

הַיְּהוּדִים הָרוּסִים. אֲנִי לֹא שָׁמַעְתִּי בְּקוֹלוֹ

¹worshippers   וְיָשַׁבְתִּי בֵּין כָּל הַמִּתְפַּלְּלִים¹.   15

יָשַׁבְתִּי עַל-יַד אִישׁ זָקֵן, יְהוּדִי שֶׁהִתְפַּלֵּל בְּלִי

¹I took out   טַלִּית. הוֹצֵאתִי¹ אֶת הַטַּלִּית שֶׁלִּי מִן הַשַּׂקִּית

¹I wrapped myself   וְהִתְעַטַּפְתִּי¹ בָּהּ.

וּבְשֶׁקֶט הוֹצֵאתִי אֶת הַטַּלִּית הַשְּׁנִיָּה.

הַזָּקֵן רָאָה אֶת הַטַּלִּית הַשְּׁנִיָּה   20

¹stretched out his hand to it   וְשָׁלַח אֶת יָדוֹ אֵלֶיהָ¹.

¹to us   פִּתְאֹם קָפַץ הַגַּבַּאי וְרָץ אֵלֵינוּ¹.

¹grabbed   הַזָּקֵן רָאָה אֶת הַגַּבַּאי, וּמִיָּד תָּפַס¹ אֶת הַטַּלִּית.

הַגַּבַּאי, גַּם הוּא שָׁלַח אֶת יָדוֹ לַטַּלִּית. אֲבָל הַזָּקֵן

¹hurried   מִהֵר¹, לָקַח אֶת הַטַּלִּית, וְאָחַז בָּהּ.   25

כָּל הַמִּתְפַּלְּלִים רָאוּ מַה שֶּׁקָּרָה, וַאֲנִי לֹא יָדַעְתִּי

מַה לַעֲשׂוֹת. הַזָּקֵן אָחַז בַּטַּלִּית וְאָמַר בְּשֶׁקֶט,

"הִיא שֶׁלִּי עַכְשָׁו, הַטַּלִּית שֶׁלִּי. אֲנִי אוֹחֵז בָּהּ."*

הַגַּבַּאי לֹא עָנָה מִלָּה. הַזָּקֵן הִתְעַטֵּף בְּטַלִּיתוֹ הַחֲדָשָׁה

וְחָזַר לַתְּפִלָּה.   30

אֲסַפֵּר בַּמִּכְתָּב הַבָּא עַל מִשְׁפָּחָה שֶׁכּוֹתֶבֶת סְפָרִים בְּעִבְרִית.

שָׁלוֹם וּלְהִתְרָאוֹת,
מֹשֶׁה

---

* Russian law considers a gift the legal possession of the recipient
once he has it in his hand or on his property.

Silver eternal light
(ner tamid).
Moscow, 18th century.

מִלּוֹן

hold on	אוֹחֲזִים — אחז√
Russia	רוּסְיָה
so much	כָּל־כָּךְ
interesting	מְעַנְיֵן, מְעַנְיְנִים
government	מֶמְשָׁלָה
tourist(s)	תַּיָּר, תַּיָּרִים
full	מָלֵא
to permit (give)	לָתֵת — נתן√
worshippers	מִתְפַּלְלִים
to sit	לָשֶׁבֶת — ישב√
I took out	הוֹצֵאתִי — יצא√
I wrapped myself	הִתְעַטַּפְתִּי — עטף√
to us	אֵלֵינוּ
he grabbed, caught	תָּפַס — תפס√
he hurried	מִהֵר — מהר√

תַּרְגִּילִים

A. Circle the phrase that best completes each sentence, according to the story.

1 מֹשֶׁה נָסַע
א. לְיִשְׂרָאֵל.
ב. לְרוּסְיָה.
ג. לְגֶרְמַנְיָה.
ד. לְאַמֶרִיקָה.

2 מֹשֶׁה כָּתַב מִכְתָּב מִמּוֹסְקְבָה
א. לְשָׁלוֹם.
ב. לְשׁוֹשַׁנָּה.
ג. לְגִילָה.
ד. לַגַּבַּאי.

3 מֹשֶׁה הֵבִיא לְבֵית הַכְּנֶסֶת
א. שְׁתֵּי טַלִּיתוֹת.
ב. שְׁנֵי סִדּוּרִים.
ג. סִדּוּר וְטַלִּית.
ד. סִדּוּר וְשַׂקִּית.

4 הַגַּבַּאי שֶׁל בֵּית הַכְּנֶסֶת
א. נוֹתֵן לַיְּהוּדִים הָרוּסִים טַלִּיתוֹת וְסִדּוּרִים.
ב. עוֹבֵד בִּשְׁבִיל הַמֶּמְשָׁלָה הָרוּסִית.
ג. נוֹתֵן לַתַּיָּרִים לָשֶׁבֶת עִם הַיְּהוּדִים הָרוּסִים.
ד. עוֹבֵד בִּשְׁבִיל יְהוּדֵי רוּסְיָה.

5 כַּאֲשֶׁר הַיְּהוּדִי הַזָּקֵן רָאָה אֶת הַטַּלִּית הוּא
א. קָרָא לַגַּבַּאי וְנָתַן לוֹ אֶת הַטַּלִּית.
ב. נָתַן אֶת הַטַּלִּית לְמֹשֶׁה.
ג. תָּפַס אֶת הַטַּלִּית וְאָחַז בָּהּ.
ד. קָפַץ וְרָץ אֶל הַגַּבַּאי עִם הַטַּלִּית.

6 הַטַּלִּית הָיְתָה שֶׁל הַיְּהוּדִי הַזָּקֵן כִּי
א. הוּא אָחַז בָּהּ.
ב. מֹשֶׁה נָתַן לוֹ אוֹתָהּ.
ג. הַגַּבַּאי נָתַן לוֹ אוֹתָהּ.
ד. הוּא קָנָה אוֹתָהּ מִמֹּשֶׁה.

B. Complete each sentence with one of the following words.

מְעַנְיֵן / נָתַן / מִתְפַּלְּלִים / מַהֵר / מָלֵא

קָרָה / תַּיָּרִים / יִתָּפְסוּ / הוֹצִיא / בְּטַלִּית

1 ______ בְּקָרוּ בְּרוּסְיָה.

2 הַיְּהוּדִים ______ בְּבֵית-הַכְּנֶסֶת בְּשַׁבָּת.

3 הוּא כָּתַב סֵפֶר ______ עַל יְהוּדֵי רוּסְיָה.

4 הַמָּקוֹם הָיָה ______ בַּחוּרִים צְעִירִים.

5 הוּא ______ אֶת הַתּוֹרָה מֵאֲרוֹן-הַקֹּדֶשׁ.

6 הַמּוֹרֶה לֹא ______ לִי לָשֶׁבֶת עַל-יַד הֶחָבֵר שֶׁלִּי.

7 מָה ______ אֶתְמוֹל בָּאוּ"ם? (הָאוּמּוֹת הַמְאוּחָדוֹת = U.N.)

8 בְּכָל בֹּקֶר הַמִּתְפַּלֵּל מִתְעַטֵּף ______.

9 מִיָּד אַחֲרֵי הָעֲבוֹדָה הוּא ______ הַבַּיְתָה.

10 הַשּׁוֹטְרִים ______ אֶת הַגַּנָּבִים.

Meaning Classes of Verbs, בִּנְיָנִים

In Unit Four we learned about the גְּזָרוֹת, *sound classes* of verbs. In Hebrew, verbs are also organized in בִּנְיָנִים, *meaning classes.* Each בִּנְיָן describes a certain type of action: simple, causative, passive, reflexive, etc. Each בִּנְיָן tells us that a verb expresses a special type of action related to the basic meaning of its root.
Here is a summary of the בִּנְיָנִים and an example of how they express special types of action associated with one root, √כתב, to write.

	Meaning	√כתב	**בִּנְיָן**
simple	active	כָּתַב	פָּעַל, קַל*
	passive	נִכְתַּב	נִפְעַל
intensive	active	כִּתֵּב	פִּעֵל
	passive	כֻּתַּב	פֻּעַל
causative	active	הִכְתִּיב	הִפְעִיל
	passive	הֻכְתַּב	הָפְעַל
reflexive reciprocal	active + passive	הִתְכַּתֵּב	הִתְפַּעֵל

---

* The meaning-class פָּעַל is commonly called קַל.

In English we have to use different words to express different activities — write, engrave, dictate, correspond.

In Hebrew, by using one root, כתב√, in different בִּנְיָנִים, we can express different actions.

wrote	(קַל)	כָּתַב
was written	(נִפְעַל)	נִכְתַּב
engraved	(פִּעֵל)	כִּתֵּב*
dictated	(הִפְעִיל)	הִכְתִּיב
corresponded	(הִתְפַּעֵל)	הִתְכַּתֵּב

* The word כִּתֵּב is no longer in common usage.

The story on the next page uses one שֹׁרֶשׁ, כתב√, in 5 בִּנְיָנִים. See how the meaning of the verb changes as the בִּנְיָן changes.

Miniature Torah scroll
(10" high) in a silver case.
Russia, 19th century.

קֶבֶר[1] רָחֵל

[1]tomb

קֶבֶר רָחֵל עוֹמֵד לֹא רָחוֹק[1] מִירוּשָׁלַיִם.
לִפְנֵי שָׁנִים רַבּוֹת, הַקֶּבֶר הָיָה קָטָן, וְלֹא הָיָה בּוֹ מָקוֹם לָשֶׁבֶת אוֹ לְהִתְפַּלֵּל.

[1]far

הַשַּׂר[1] מֹשֶׁה מוֹנְטִיפְיוֹרִי בָּא לְאֶרֶץ יִשְׂרָאֵל מֵאַנְגְלִיָּה וְרָאָה אֶת הַקֶּבֶר. הוּא הִכְתִּיב[1] מִכְתָּב לַפֶּחָה[2] שֶׁל יְרוּשָׁלַיִם, וְהַמַּזְכִּיר[1] כָּתַב אוֹתוֹ.
הַמִּכְתָּב נִכְתַּב[1], וְהַמַּזְכִּיר לָקַח אוֹתוֹ לַפֶּחָה:
״הַשַּׂר מְבַקֵּשׁ לִבְנוֹת חֶדֶר חָדָשׁ לְקֶבֶר רָחֵל.״
גַּם הַפֶּחָה כָּתַב לַשַּׂר מֹשֶׁה, וְהִתְכַּתֵּב[1] עִמּוֹ שְׁלוֹשָׁה חֳדָשִׁים עַל הַחֶדֶר הֶחָדָשׁ. הַמִּכְתָּב הָאַחֲרוֹן נִכְתַּב עַל יְדֵי הַפֶּחָה: ״כֵּן, הַשַּׂר מֹשֶׁה. תִּבְנֶה אֶת הַחֶדֶר.״

[1]Sir
[1]dictated [2]pasha
[1]secretary
[1]was written
[1]corresponded

בָּאוּ פּוֹעֲלִים[1] לִבְנוֹת אֶת הַחֶדֶר. אַחַר־כָּךְ כִּתֵּב[2] פּוֹעֵל אֶחָד עַל אֶבֶן אַחַת:
״מַתָּנָה מֵהַשַּׂר מֹשֶׁה מוֹנְטִיפְיוֹרִי,״
וְשָׂם אֶת הָאֶבֶן עַל־יַד הַקֶּבֶר. וְכָךְ הִגְדִּיל[1] הַשַּׂר אֶת קֶבֶר רָחֵל.

[1]workers [2]engraved
[1]enlarged

מִלּוֹן

far	רָחוֹק
secretary	מַזְכִּיר

תַּרְגִּיל

Identify the following verbs. Use the גִּזְרָה chart in Unit Four and the בִּנְיָן chart in this Unit to help you.

בִּנְיָן	גִּזְרָה	שֹׁרֶשׁ	
קַל, פָּעַל	שְׁלֵמִים	כתב	0 כּוֹתֵב
			1 נִגְמַר
			2 סִפֵּר
			3 תִּצְעַק
			4 שִׁבֵּר
			5 הִבְטִיחַ
			6 הִתְפַּלֵּל
			7 קִבֵּל
			8 הִכְנִיס
			9 סֻפַּר
			10 קָרָה

The פִּעֵל Meaning Class

At some point in the development of the Hebrew language, פִּעֵל was a בִּנְיָן closely related to the קַל.

a. The פִּעֵל might be a more **intensive** form of the קַל.

He **broke** the window. הוּא שָׁבַר אֶת הַחַלּוֹן.

He **shattered** the window. הוּא שִׁבֵּר אֶת הַחַלּוֹן.

b. In some cases, the פִּעֵל would serve as a **causative**.

He **learned**. הוּא לָמַד.

He **taught**. הוּא לִמֵּד.

c. The פִּעֵל might indicate a **prolonged or repetitive action**.

He **jumped**. הוּא קָפַץ.

He **jumped about, kept jumping**. הוּא קִפֵּץ.

Today, the relationship between the קַל and the פִּעֵל is much less clear. Most common פִּעֵל words seldom or never appear in the קַל.

told	סִפֵּר	visited	בִּקֵּר
received	קִבֵּל	requested	בִּקֵּשׁ
sanctified	קִדֵּשׁ	spoke	דִּבֵּר
played	שִׂחֵק	composed	חִבֵּר
fixed	תִּקֵּן	divided	חִלֵּק
hurried	מִהֵר	searched	חִפֵּשׂ
cooked	בִּשֵּׁל	went for a walk	טִיֵּל
blessed	בֵּרֵךְ	arranged	סִדֵּר

הֹוֶה, עָבָר, בִּנְיָן פִּעֵל

הֹוֶה

√ספר

מְ□ַ□ֵּ□	מְסַפֵּר
מְ□ַ□ֶּ□ֶת	מְסַפֶּרֶת
מְ□ַ□ְּ□ִים	מְסַפְּרִים
מְ□ַ□ְּ□וֹת	מְסַפְּרוֹת

עָבָר

□ִ□ַּ□ְתִּי	סִפַּרְתִּי
□ִ□ַּ□ְתָּ	סִפַּרְתָּ
□ִ□ַּ□ְתְּ	סִפַּרְתְּ
□ִ□ֵּ□	סִפֵּר
□ִ□ְּ□ָה	סִפְּרָה
□ִ□ַּ□ְנוּ	סִפַּרְנוּ
□ִ□ַּ□ְתֶּם	סִפַּרְתֶּם
□ִ□ַּ□ְתֶּן	סִפַּרְתֶּן
□ִ□ְּ□וּ	סִפְּרוּ
□ִ□ְּ□וּ	סִפְּרוּ

Notes:

1. In the present tense, each verb form *always* begins with מ.

2. In all tenses, the second letter of the root — with the exception of ר ע ח ה א — has a dagesh (dot) in it.

שִׂחַקְתִּי מִהַרְתִּי but דִּבַּרְתִּי סִפַּרְתִּי

תַּרְגִּילִים

A. Complete the following chart in the הֹוֶה.

דבר√	ספר√	קבל√	בקר√
מְדַבֵּר			
מְדַבֶּרֶת			
מְדַבְּרִים			
מְדַבְּרוֹת			

B. Here are two different roots in the פִּעֵל. Write, in the הֹוֶה, the form of the verb that goes with the subject.

בקש√

0 דָּוִד מְבַקֵּשׁ

1 אֲנִי ______

2 מֹשֶׁה וְדָוִד ______

3 אַתְּ ______

4 אַתֶּם ______

5 הַתַּלְמִידוֹת ______

סדר√

0 הַיְלָדִים מְסַדְּרִים

1 הַמּוֹרֶה ______

2 אֲנַחְנוּ ______

3 אַתָּה ______

4 אַתֶּן ______

5 רִבְקָה ______

C. Complete each sentence using the correct form of the הֹוֶה.

0	תקן√	הַיֶּלֶד	_מְתַקֵּן_	אֶת הַטֶּלֶוִיזְיָה.
1	סדר√	הָאֵם	_____	אֶת הַבַּיִת.
2	דבר√	אֲנַחְנוּ	_____	עִם הַמּוֹרֶה.
3	בקש√	הֵם	_____	חָלָב.
4	ספר√	אַתָּה	_____	סִפּוּר יָפֶה.
5	חפש√	מָה אַתְּ_____		עַכְשָׁו?

Silver Purim noisemaker
(grogger). Russia, 19th
century. The oval box
opens; inside is a tiny
gallows and a ladder. The
end of the handle is a
whistle. The Hebrew
inscription reads: אָרוּר הָמָן,
cursed be Haman.

D. Complete the chart in the past, עָבָר.

√למד	√בקש	√חפש	√ספר	
			סִפַּרְתִּי	אֲנִי
			סִפַּרְתָּ	אַתָּה
			סִפַּרְתְּ	אַתְּ
			סִפֵּר	הוּא
			סִפְּרָה	הִיא
			סִפַּרְנוּ	אֲנַחְנוּ
			סִפַּרְתֶּם	אַתֶּם
			סִפַּרְתֶּן	אַתֶּן
			סִפְּרוּ	הֵם, הֵן

E. Write the correct pronoun for each verb.

0 אֲנִי סִפַּרְתִּי

1 ______ סִפַּרְתֶּם

2 ______ דִּבַּרְתִּי

3 ______ בִּקַּרְנוּ

4 ______ לִמַּדְתֶּן

5 ______ בִּקְּשָׁה

6 ______ בִּקַּשְׁתְּ

7 ______ דִּבְּרוּ

8 ______ קִבַּלְתָּ

9 ______ בִּקְּרוּ

10 ______ סִדֵּר

F. Change the underlined verb from הֹוֶה to עָבָר.

0 הַיּוֹם אֲנִי מְדַבֵּר עִבְרִית. גַּם אֶתְמוֹל דִּבַּרְתִּי עִבְרִית.

1 משֶׁה מְבַקֵּשׁ מַיִם עַכְשָׁו. לִפְנֵי שָׁעָה הוּא __________ חָלָב.

2 הַסַּבָּא וְהַסַּבְתָּא מְבַקְּרִים עַכְשָׁו. וְהַמִּשְׁפָּחָה __________ לִפְנֵי חֹדֶשׁ.

3 הַתַּלְמִיד מְתַקֵּן אֶת הַחִבּוּר. הַמּוֹרָה __________ אֶת הַבְּחִינָה.

4 הַיֶּלֶד מְחַפֵּשׂ אֶת הַסְּוֶדֶר. אֶתְמוֹל הוּא __________ אֶת הַסַּנְדָּלִים.

5 הוּא מְסַפֵּר סִפּוּר, וְהִיא __________ בְּדִיחָה.

6 הַצַּדִּיק הֶעָשִׁיר מְחַלֵּק אֹכֶל לָעֲנִיִּים. אֶתְמוֹל הוּא __________ כֶּסֶף לָעֲנִיִּים.

7 הַיְּלָדִים מְסַפְּרִים סִפּוּר יָפֶה. גַּם אֶתְמוֹל הֵם __________ סִפּוּר מְעַנְיֵן.

8 הַמּוֹרָה לֹא פֹּה, וְשָׂרָה מְלַמֶּדֶת אֶת הַכִּתָּה. גַּם אֶתְמוֹל הִיא __________ אֶת הַשִּׁעוּר.

9 הַבֹּקֶר הֵם מְטַיְּלִים בֶּהָרִים. אֶתְמוֹל בָּעֶרֶב הֵם __________ עַל־יַד הַיָּם.

10 הַשָּׁנָה אַתָּה מְקַבֵּל מִכְתָּבִים מֵרוּסְיָה. לִפְנֵי שָׁנָה אַתָּה __________ מִכְתָּבִים מִיִּשְׂרָאֵל.

G. Change the underlined verbs from masculine to feminine.

0 דָּוִד מְדַבֵּר עִבְרִית וְגַם שָׂרָה מְדַבֶּרֶת עִבְרִית.

1 אַתָּה מְבַקֵּשׁ כּוֹס מַיִם וְאַתְּ ________ קוֹקָה־קוֹלָה.

2 אַתֶּם דִּבַּרְתֶּם אֶל הָאִישׁ וְאַתֶּן ________ אֶל הָאִשָּׁה.

3 הַמּוֹרֶה לִמֵּד הִסְטוֹרְיָה וְהַמּוֹרָה ________ עִבְרִית.

4 אַתָּה קִבַּלְתָּ מִכְתָּב מֵהַחֲבֵרָה שֶׁלְּךָ, וְאַתְּ ________ מִכְתָּב מֵהֶחָבֵר.

5 הַתַּלְמִיד מְסַפֵּר סִפּוּר רוּסִי וְהַתַּלְמִידָה ________ סִפּוּר עִבְרִי.

6 הַיְלָדִים בִּקְשׁוּ לָשֶׁבֶת בַּחֶדֶר וְהַיְלָדוֹת ________ לָשֶׁבֶת אִתָּם.

7 שְׁלֹמֹה, סִדַּרְתָּ אֶת הַחֶדֶר שֶׁלְּךָ? חַנָּה, ________ אֶת הַחֶדֶר שֶׁלָּךְ?

8 מֹשֶׁה וְדָוִד מְקַבְּלִים מַתָּנוֹת מִסַּבָּא, וְרָחֵל וְלֵאָה ________ מַתָּנוֹת מִסַּבְתָּא.

Silver container for spices, used during the *Havdala* service. Austria, 19th century.

H.　Make up your own sentences using the following verbs.

_____　מְדַבֵּר 1

_____　קִבַּלְתָּ 2

_____　טִיַּלְנוּ 3

_____　סִדֵּר 4

_____　מְבַקְשִׁים 5

_____　מְסַפֶּרֶת 6

_____　בִּקְרוּ 7

_____　לִמְדָה 8

_____　שִׁבַּרְתִּי 9

_____　שִׂחֵק 10

Bronze spice container for *Havdala*. India(?), 19th century.

אֶתְמוֹל – לֹא; מָחָר – כֵּן

אוּרִי:	דִּינָה, מָה אַתְּ רוֹצָה לַעֲשׂוֹת מָחָר?
דִּינָה:	אֲנִי רוֹצָה לִרְאוֹת אֶת רוּתִי.
אוּרִי:	אֲבָל רָאִית אוֹתָהּ אֶתְמוֹל!
דִּינָה:	כֵּן. אֲבָל אֲנִי רוֹצָה לִרְאוֹת אוֹתָהּ גַּם מָחָר.
אוּרִי:	לָמָּה?
דִּינָה:	אֲנִי רוֹצָה שֶׁרוּתִי תַּעֲזֹר לִי לִקְנוֹת שִׂמְלָה חֲדָשָׁה.
אוּרִי:	חָשַׁבְתִּי שֶׁקָּנִית שִׂמְלָה בְּיוֹם שְׁלִישִׁי!
דִּינָה:	בְּיוֹם שְׁלִישִׁי רָצִיתִי לִקְנוֹת, אֲבָל לֹא קָנִיתִי.
אוּרִי:	אוּלַי מָחָר תִּקְנִי שִׂמְלָה.

שְׁאֵלוֹת

תַּעֲנוּ עַל כָּל שְׁאֵלָה בְּמִשְׁפָּט שָׁלֵם.

1 אֶת מִי רוֹצָה דִּינָה לִרְאוֹת?

2 מָה הִיא רוֹצָה לִקְנוֹת?

3 מָה הִיא קָנְתָה בְּיוֹם שְׁלִישִׁי?

אַל תִּתְהַלֵּל בְּיוֹם מָחָר, כִּי לֹא תֵדַע מַה יֵּלֶד יוֹם.

Do not boast of tomorrow, for you do not know what the day will
bring. (מִשְׁלֵי כז, א / Proverbs 27:1)

תַּרְגִּילִים לַחֲזָרָה

A. Choose one item from א and one from column ב to form 10 correct Hebrew sentences.

א	ב
אֲנַחְנוּ נִהְיֶה	תַּיָּרוֹת בְּיִשְׂרָאֵל
הִיא תִּהְיֶה	תַּלְמִידִים חֲכָמִים
הָיִיתִי	חֲבֵרָה טוֹבָה
הוּא הָיָה	מוֹרֶה חָדָשׁ
	שָׁם

1 ________________________________

2 ________________________________

3 ________________________________

4 ________________________________

5 ________________________________

6 ________________________________

7 ________________________________

8 ________________________________

9 ________________________________

10 ________________________________

B. Write the correct form of the verb √היה in this biography.

לִפְנֵי עֶשֶׂר שָׁנִים אֲנִי ______ תַּלְמִיד בָּאוּנִיבֶרְסִיטָה. אֲנִי ______ עָנִי
מְאֹד כִּי לֹא ______ לִי כֶּסֶף. יֵשׁ לִי חֲבֵרָה שֶׁגַּם הִיא ______
בָּאוּנִיבֶרְסִיטָה. הִיא ______ עֲנִיָּה מְאֹד. לֹא ______ לָהּ כֶּסֶף,
וְלִפְעָמִים sometimes לֹא ______ לָהּ אֹכֶל, אֲבָל תָּמִיד ______ לָהּ
הַרְבֵּה חֲבֵרִים. בְּעוֹד חֹדֶשׁ הִיא ______ הָאִשָּׁה שֶׁלִּי וַאֲנִי ______
הַבַּעַל שֶׁלָּהּ, וּבְעוֹד כַּמָּה שָׁנִים ______ לָנוּ יְלָדִים.

C. Write the correct pronoun next to each verb.

0 אֲנִי אֶבְכֶּה.

1 ______ שָׁכַחְנוּ.
2 ______ הָיְתָה.
3 ______ נִקְנֶה.
4 ______ רָאִיתִי.
5 ______ רָצוּ.
6 ______ פְּגַשְׁתֶּם.
7 ______ תִּקְנִי.
8 ______ בּוֹנוֹת.
9 ______ יִלְמְדוּ.
10 ______ עוֹשֶׂה.

D. Substitute for each marked word one of the following prepositions plus a pronominal ending   לְ בְּ עִם.

0 הוּא קָרָא בַּסְּפָרִים ___בָּהֶם___ דְּבָרִים מְעַנְיְנִים.

1 אֲנַחְנוּ הָלַכְנוּ עִם הַמּוֹרָה ________ לַקּוֹלְנוֹעַ.

2 אֲנַחְנוּ נָסַעְנוּ בַּמְּכוֹנִית ________ לֶהָרִים.

3 הָאֵם נָתְנָה to me ________ מַתָּנָה.

4 הִיא הָלְכָה with me ________ לְבַקֵּר אֶת הַדּוֹדוֹת.

5 הוּא אָחַז בַּטַּלִּית ________.

6 אֲנִי כָּתַבְתִּי בְּעִפָּרוֹן ________ בַּמַּחְבֶּרֶת.

7 אֲנַחְנוּ יָשַׁבְנוּ עִם הֶחָבֵר ________ עַל כִּסֵּא גָּדוֹל וְכָחֹל.

8 הַמּוֹרֶה נָתַן לַיְלָדִים ________ שִׁעוּרֵי־בַּיִת.

9 הֵם עָזְבוּ עִם סַבְתָּא ________, אֲבָל הֵם יַחְזְרוּ לְבַד.

10 הַמִּשְׁפָּחָה הָעֲשִׁירָה עָזְרָה לָאוּנִיבֶרְסִיטָה ________ לְקַבֵּל תַּלְמִידִים עֲנִיִּים.

אַשְׁרֵי הָאִישׁ אֲשֶׁר לֹא הָלַךְ בַּעֲצַת רְשָׁעִים וּבְדֶרֶךְ חַטָּאִים לֹא עָמָד....

Happy is the man who has not followed the counsel of the wicked or taken the path of sinners.... (Psalms 1:1 / תְּהִלִּים א, א)

E. Rewrite each sentence by changing the underlined verb to the present, past or future, as indicated.

0 הַיּוֹם הִיא יוֹשֶׁבֶת בַּבַּיִת.

אֶתְמוֹל הִיא יָשְׁבָה בַּבַּיִת. ____________

1 לִפְנֵי שָׁנָה רָאִיתִי אֶת הַמִּשְׁפָּחָה שֶׁלִּי בְּיִשְׂרָאֵל.

בְּעוֹד שָׁנָה ____________

2 הִיא רוֹאָה אֶת הַתְּמוּנָה וְקוֹנָה אוֹתָהּ.

אֶתְמוֹל ____________

3 אֲנַחְנוּ הוֹלְכִים לַקּוֹלְנוֹעַ וּבוֹכִים שָׁם.

לִפְנֵי שָׁבוּעַ ____________

4 הַיּוֹם אֲנִי שׁוֹמַעַת לַמּוֹרֶה וְלוֹמֶדֶת אֶת הַשִּׁעוּר.

מָחָר ____________

5 אֶתְמוֹל שָׁכַחְנוּ אֶת הַכֶּסֶף וְלֹא זָכַרְנוּ לִקְנוֹת אֶת הַמַּתָּנָה.

מָחָר ____________

6 הִיא לָמְדָה עִבְרִית וְקָרְאָה סֵפֶר מְעַנְיֵן.

בְּעוֹד שָׁנָה ____________

7 הַחֹדֶשׁ אַתָּה נוֹסֵעַ לִירוּשָׁלַיִם וּפוֹגֵשׁ אֶת הַמִּשְׁפָּחָה שֶׁלְּךָ.

לִפְנֵי חֹדֶשׁ ____________

F. Circle the verb in each group that doesn't belong to the pattern. Be prepared to explain the reason for your choice.

0 רָצִיתִי בָּכִית קָנִינוּ (שָׁמַרְנוּ)

Reason: שָׁמַרְנוּ is not a ל״ה verb.

1 אֶשְׁתֶּה תִּרְצִי נִכְתַּב יִהְיוּ
2 בּוֹנוֹת הוֹלְכוֹת בּוֹכוֹת רוֹצוֹת
3 קוֹנֶה הָיְתָה בָּנָה שָׁתִיתִי
4 נִבְכֶּה יִבְנוּ תִּפְנֶה עָשִׂית
5 רוֹאוֹת קוֹרְאוֹת יוֹצְאוֹת מוֹצְאוֹת

G. Find the *root* of each of the following verbs. Write it in the puzzle blanks.

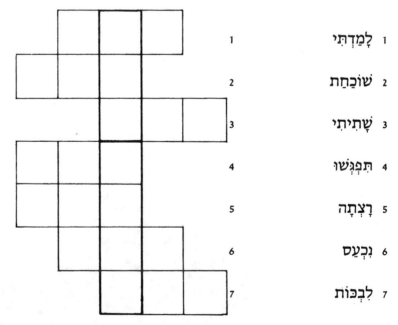

1 לָמַדְתִּי
2 שׁוֹכַחַת
3 שָׁתִיתִי
4 תִּפְגְּשׁוּ
5 רָצְתָה
6 נִכְעַס
7 לִבְכּוֹת

Write the two names found in the marked vertical column.

הַשֵּׁם הָעִבְרִי ____________ הַשֵּׁם הַמִּצְרִי ____________

H. Write the correct form of the verb in the past, עָבָר.

0 הַבָּחוּר צחק√ ___צָחַק___ כְּשֶׁהוּא שָׁמַע אֶת הַסִּפּוּר.

1 יוֹסֵף, הַאִם אַתָּה תקן√ ________ אֶת הַדֶּלֶת?

2 הִיא שלח√ ________ לָהֶם מִכְתָּב.

3 אֶתְמוֹל אִמָּא בשל√ ________ אֶת הָאֹכֶל.

4 רִבְקָה, הַאִם אַתְּ סגר√ ________ אֶת הַחַלּוֹן?

5 אֲנַחְנוּ כְּבָר כתב√ ________ אֶת הַסִּפּוּרִים.

6 אַתֶּם קנה√ ________ לוֹ מִטָּה חֲדָשָׁה.

8 הִיא רצה√ ________ לָלֶכֶת בַּגֶּשֶׁם.

9 הַמִּשְׁפָּחָה עלה√ immigrated ________ לְיִשְׂרָאֵל לִפְנֵי שָׁנָה.

10 מִי שמע√ ________ אֶת הַחֲדָשׁוֹת news בָּרַדְיוֹ?

I. Circle the correct form of the verb in the future, עָתִיד.

0 דָּנִיאֵל, אַל יִצְחַק (תִּצְחַק) עַל הַיְלָדִים!

1 בְּשִׂמְחַת־תּוֹרָה הַיְּהוּדִים בְּרוּסְיָה תִּרְקְדוּ יִרְקְדוּ בָּרְחוֹבוֹת.

2 רוּת, מָתַי תִּלְמְדִי תִּלְמַד אֶת הַשִּׁיר?

3 הָעֶרֶב אֲנַחְנוּ שָׁמַעְתִּי נִשְׁמַע אֶת הַחֲדָשׁוֹת.

4 אַבְרָהָם, אַל תִּשְׁכַּח יִשְׁכַּח לָבוֹא!

5 הִיא תִּפְתַּח תִּפְתְּחִי אֶת הַדֶּלֶת בַּבֹּקֶר.

6 מִי תִּבְנֶה יִבְנֶה אֶת הַבַּיִת?

7 הֵם תִּסְגְּרוּ יִסְגְּרוּ אֶת הַחֲנוּת בְּתֵשַׁע.

8 מַה יִקְרֶה נִקְרֶה אִם לֹא תָּבוֹאִי?

9 יְלָדִים, אַל יִזְרְקוּ תִּזְרְקוּ אֲבָנִים עַל הַכֶּלֶב!

10 שְׁלֹמֹה, אַל תִּקְנוּ תִּקְנֶה אֶת הַסַּנְדָּלִים!

The design of a synagogue reflects the creativity of the architect and the influences of the surrounding society. (r.) A typical wooden synagogue in Poland, 18th century. (l.) Synagogue in Elkins Park, Pa., designed by Frank Lloyd Wright, 1959.

J.   Translate the following sentences into Hebrew.

1   David's red book is on the table.

הַסֵּפֶר הָאָדֹם שֶׁל דָּוִד עַל הַשֻּׁלְחָן.

2   Her yellow notebook is under the table.

_____

3   His family sat near my family.

_____

4   I have Sarah's green dress.

_____

5   I will meet my friend tomorrow in front of the school.

_____

6   Dan, don't forget the money!

_____

7   I will buy the black dog.

_____

8   The girl is 10 years old.

_____

9   There are 20 boys and 18 girls in my class.

_____

10   What time is it? It is one o'clock.

_____

הַסִּפּוּר עַל הָאִישׁ הַיָּרֹק

מֵאֵת[1] יְהוֹנָתָן גֶּפֶן

[1] by

אִם בְּמִקְרֶה[1] אֲנִי פּוֹגֵשׁ מִישֶׁהוּ

[1] by chance

שֶׁלֹּא מֵבִין אוֹתִי אוֹ חוֹשֵׁב שֶׁאֲנִי תִּינוֹק[1].

[1] baby

אִם בְּמִקְרֶה אֲנִי פּוֹגֵשׁ מִישֶׁהוּ

שֶׁלֹּא יוֹדֵעַ לִבְכּוֹת וְלִצְחֹק.

אִם אֲנִי פּוֹגֵשׁ מִישֶׁהוּ כָּזֶה.   5

אֲנִי תֵּכֶף[1] מְסַפֵּר לוֹ עַל הָאִישׁ הַיָּרֹק:

[1] immediately

הָיֹה הָיָה פַּעַם,[1] בְּעִיר יְרֻקָּה, גָּר לוֹ אִישׁ אֶחָד,

[1] once upon a time

אִישׁ יָרֹק. הָאִישׁ הַיָּרֹק גָּר בְּבַיִת יָרֹק,

עִם דֶּלֶת יְרֻקָּה וְחַלּוֹנוֹת יְרֻקִּים. הָיְתָה לוֹ

אִשָּׁה יְרֻקָּה וּשְׁנֵי יְלָדִים יְרֻקִּים. וּבַלֵּילוֹת הוּא   10

הָיָה יָשֵׁן בְּמִטָּה הַיְרֻקָּה שֶׁלּוֹ וְחוֹלֵם חֲלוֹמוֹת יְרֻקִּים-יְרֻקִּים.

יוֹם אֶחָד, קָם הָאִישׁ הַיָּרֹק בְּבֹקֶר יָרֹק, נָעַל נַעֲלַיִם[1] יְרֻקּוֹת, לָבַשׁ חֻלְצָה[1] יְרֻקָּה וּמִכְנָסַיִם[2] יְרֻקִּים. עַל רֹאשׁוֹ חָבַשׁ כּוֹבַע[1] יָרֹק וְיָצָא הַחוּצָה. הָאִישׁ הַיָּרֹק נִכְנַס לָאוֹטוֹ הַיָּרֹק שֶׁלּוֹ וְנָסַע בַּכְּבִישׁ[1] הַיָּרֹק. מִצַּד אֶחָד[1] שֶׁל הַכְּבִישׁ רָאָה הָאִישׁ יָם יָרֹק, וּמִצַּד שֵׁנִי הֲמוֹן[1] פְּרָחִים יְרֻקִּים. זֶה הָיָה יוֹם יָפֶה, וְהָאִישׁ הַיָּרֹק שָׂמַח וְשָׁר שִׁירִים יְרֻקִּים וְעִשֵּׁן[1] סִיגָרִיָּה יְרֻקָּה עִם עָשָׁן[1] יָרֹק.

וְאָז רָאָה הָאִישׁ הַיָּרֹק שֶׁעַל שְׂפַת הַכְּבִישׁ[1] עוֹמֵד אִישׁ כָּחֹל. הָאִישׁ הַיָּרֹק עָצַר[1] אֶת הָאוֹטוֹ הַיָּרֹק שֶׁלּוֹ וְשָׁאַל אֶת הָאִישׁ הַכָּחֹל:

"הֵי, אִישׁ כָּחֹל, מָה אַתָּה עוֹשֶׂה פֹּה?"

"אֲנִי?" אָמַר הָאִישׁ הַכָּחֹל, "אֲנִי מִסִּפּוּר אַחֵר."

[1] put on shoes
[1] shirt [2] pants
[1] put on a hat
[1] road
[1] on one side
[1] many
[1] he smoked
[1] smoke
[1] roadside
[1] stopped

מִלּוֹן

תִּינוֹק	baby
תֵּכֶף	immediately
נַעֲלַיִם	shoes
חֻלְצָה	shirt, blouse
מִכְנָסַיִם	pants
כְּבִישׁ	road
הֲמוֹן	many, multitude
עָצַר — עצר√	he stopped

שְׁנַיִם אוֹחֲזִים בטלית (מכתב מרוסיה)

שלום גילה,

אני כותב את המכתב הזה ממוסקבָה, רוסיה. יש לי כל־כך הרבה לכתוב ולספר על כל הדברים הַמְעַנְיְנִים שראינו ועשינו. במכתב הזה אני אכתוב רק על מה שקרה בשבת בבית-הכנסת.

הֵבֵאתִי את הטלית שלי לבית-הכנסת במוסקבה. הבאתי גם טלית שנייה. רציתי לתת אותה ליהודי שם, כי אין להם מספיק טליתות. שמעתי שֶׁהַגַּבַּאי עובד בשביל הממשלה הרוסית, והוא שומר שהתַּיָּרים לא יתנו טליתות או סידורים ליהודים הרוסים.

בית-הכנסת היה מלא אנשים, אבל לא היו בו הרבה צעירים. הגבאי אמר לנו "שבת שלום" ביידיש. הוא לא רצה לתת לנו לָשֶׁבֶת עם היהודים הרוסים. אני לא שמעתי בקולו וישבתי בין כל הַמִּתְפַּלְּלִים.

ישבתי על־יד איש זקן, יהודי שהתפלל בלי טלית. הוצאתי את הטלית שלי מן השקית וְהִתְעַטַּפְתִּי בה. וּבשקט הוצאתי את הטלית השנייה. הזקן ראה את הטלית השנייה ושלח את ידו אֵלֶיהָ. פתאם קפץ הגבאי ורץ אלינו.

הזקן ראה את הגבאי, ומיד תפס את הטלית. הגבאי, גם הוא שלח את ידו לטלית. אבל הזקן מיהר, לקח את הטלית, ואחז בה. כל המתפללים ראו מה שקרה, ואני לא ידעתי מה לעשות. הזקן אחז בטלית ואמר בשקט, "היא שלי עכשיו, הטלית שלי. אני אוחז בה." הגבאי לא ענה מלה. הזקן התעטף בטליתו החדשה וחזר לתפילה.

אֲסַפֵּר במכתב הַבָּא על משפחה שכותבת סְפָרים בעברית.

שלום ולהתראות,
משה

Etching of the 13th century Altneuschul Synagogue in Prague. Note the Hebrew letters used as numerals on the clock face.

6 יְחִידָה

הַקֶּשֶׁר[1] עִם הַבַּיִת

[1] connection

לְפִי[1] אֶפְרַיִם קִישׁוֹן

[1] according to

יִשְׂרְאֵלִי מְבַקֵּר בְּאָמֶרִיקָה — אֵין לוֹ קֶשֶׁר עִם אַרְצוֹ. יוֹם אֶחָד הוּא רוֹאֶה מַפָּה[1], וְעַל הַמַּפָּה נְקוּדָה[2] קְטַנָּה קְטַנָּה: מְדִינַת יִשְׂרָאֵל[1]. יוֹם אֶחָד הוּא קוֹרֵא עִתּוֹן[1] יִשְׂרְאֵלִי בֶּן חֹדֶשׁ וָחֵצִי. יוֹם אֶחָד הוּא מְקַבֵּל מִכְתָּב מֵהַבַּיִת וּבוֹ מִשְׁפָּט[1] אֶחָד: ״בַּשָּׁבוּעַ הַבָּא נִכְתֹּב לְךָ יוֹתֵר.״ זֶה הַכֹּל.

[1] map [2] dot
[1] State of Israel
[1] newspaper
[1] sentence

אֲבָל יֵשׁ טֶלֶפוֹן. בַּטֶּלֶפוֹן אֶפְשָׁר לְהִתְקַשֵּׁר[1] עִם הַמִּשְׁפָּחָה, קֶשֶׁר חַי, שָׂמֵחַ וְיָקָר[1]. יָקָר מְאֹד! מִנְּיוּ־יוֹרְק לִירוּשָׁלַיִם, כָּל דַּקָּה עוֹלָה שְׁלוֹשָׁה דוֹלָר! אֵין דָּבָר[1]. מִשְׁפָּחָה הִיא מִשְׁפָּחָה. אֲנַחְנוּ נְדַבֵּר רַק עַל הַדְּבָרִים הַחֲשׁוּבִים: ״הַכֹּל בְּסֵדֶר[1]? הַיְלָדִים? בָּרוּךְ הַשֵּׁם[1]! כָּאן הַכֹּל בְּסֵדֶר. אֲנִי חוֹזֵר בְּעוֹד שָׁבוּעַ. נְשִׁיקָה[1]. שָׁלוֹם.״ רַק שָׁלוֹשׁ דַּקּוֹת. יוֹפִי! וְאָז אֲנִי הוֹלֵךְ לַטֶּלֶפוֹן.

[1] to contact
[1] expensive
[1] never mind
[1] everything O.K.?
[1] thank God
[1] kiss

— הַלּוֹ! (קוֹל רָחוֹק רָחוֹק) מִי זֶה?
(אוֹי! בִּתִּי[1] הַקְּטַנָּה רִנָּה).
— שָׁלוֹם רִנָּה (אֲנִי צוֹעֵק) מַה שְׁלוֹמֵךְ?

[1] my daughter

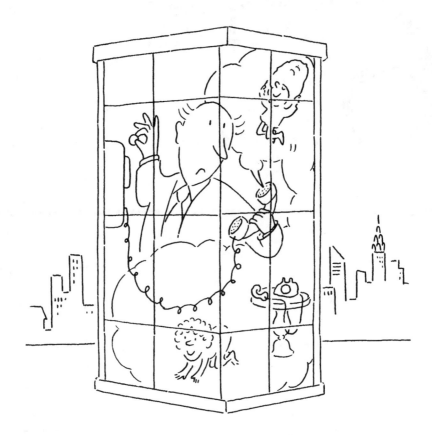

– מִי זֶה? הַלּוֹ?
– כָּאן אַבָּא.
– מַה?
– אַבָּא. כָּאן מְדַבֵּר אַבָּא. אִמָּא בַּבַּיִת?
– מִי מְדַבֵּר?
– אַבָּא!
– אַבָּא שֶׁלִּי?
– כֵּן, אַבָּא שֶׁלָּךְ מְדַבֵּר פֹּה. קִרְאִי לְאִמָּא, חֲבוּבָה[1].
– רֶגַע ... אַבָּא, אַבָּא ...
– כֵּן.
– מַה שְּׁלוֹמֵךְ?
– טוֹב מְאֹד. אֵיפֹה אִמָּא?
– אַתָּה בַּאֲמֶרִיקָה עַכְשָׁו? נָכוֹן שֶׁאַתָּה בַּאֲמֶרִיקָה?

[1] sweetie

– כֵּן, צָרִיךְ לְמַהֵר.

– אַתָּה רוֹצֶה לְדַבֵּר עִם עָמִיר?

(אֲנִי צָרִיךְ לְדַבֵּר עִם בְּנִי, שֶׁהוּא לֹא יֹאמַר
שֶׁדִּבַּרְתִּי רַק עִם הַבַּת.)

– טוֹב. אֲבָל מַהֵר. לְהִתְרָאוֹת, חַבּוּבָה. **35**

– מַה?

– לְהִתְרָאוֹת, אָמַרְתִּי.

– מִי זֶה?

– תְּנִי לִי אֶת עָמִיר.

– לְהִתְרָאוֹת, אַבָּא. **40**

– לְהִתְרָאוֹת, חַבּוּבָה, לְהִתְרָאוֹת.

– מַה?

– תְּנִי לִי אֶת עָמִיר, לַעֲזָאזֵל[1]! ¹damn it

– עָמִיר אֵיפֹה אַתָּה? אַבָּא רוֹצֶה אוֹתְךָ, עָמִיר. עָמִיר!!!

(עַד כָּאן – שֶׁבַע דַּקּוֹת, לָמָּה נוֹתְנִים לִילָדִים לְשַׂחֵק **45**
בְּטֶלֶפוֹן? אֵיפֹה הַטִּפֵּשׁ[1] הַזֶּה, עָמִיר?) ¹stupid

– הַלּוֹ, אַבָּא?

– כֵּן בְּנִי. מַה שְּׁלוֹמְךָ?

– טוֹב. וּמַה שְּׁלוֹמְךָ?

– טוֹב, הַכֹּל בְּסֵדֶר, עָמִיר? **50**

– כֵּן.

– יוֹפִי.

(שֶׁקֶט. אָמַרְנוּ אֶת הַכֹּל.)

– אַבָּא?

– כֵּן. **55**

– רְנָנָה רוֹצֶה לְדַבֵּר אִתְּךָ.

(וַאֲנִי רוֹאֶה אֶת הַדּוֹלָרִים רָצִים[1] וְרוֹקְדִים[2] ¹running ²dancing
מֵהַטֶּלֶפוֹן. קְלִיק[1]: עוֹד דּוֹלָר. ¹click
קְלִיק: עוֹד שְׁנַיִם. קְלִיק: עֶשְׂרִים דּוֹלָר.)

– אַבָּא ... אַבָּא ... **60**

– כֵּן, חַבּוּבָה.

– אֶתְמוֹל ... אֶתְמוֹל ...

– מַה אֶתְמוֹל?

– אֶתְמוֹל ... רֶגַע! תֵּן לִי לְדַבֵּר עִם אַבָּא.

¹pushes אַבָּא, עָמִיר כָּל הַזְּמַן דּוֹחֵף¹ אוֹתִי. 65

‏– תִּקְרְאִי מַהֵר לְאִמָּא.

‏– מַה?

‏– אֲנִי רוֹצָה אֶת אִמָּא!

‏– רֶגַע ... אֶתְמוֹל ...

‏– כֵּן. 70

‏– אֶתְמוֹל ... אֶתְמוֹל ... אַתָּה שׁוֹמֵעַ אוֹתִי?

‏– כֵּן, אֲנִי שׁוֹמֵעַ, אֶתְמוֹל, מַה קָרָה אֶתְמוֹל,

מַה קָרָה אֶתְמוֹל, מַה קָרָה?

‏– אֶתְמוֹל מֹשֶׁה לֹא בָּא לַגַּן.

‏– אֵיפֹה אִמָּא? 75

‏– מַה?

‏– אִמָּא!!

‏– אִמָּא לֹא בַּבַּיִת. אַבָּא, אַבָּא ...

¹what's the matter ‏– מַה יֵּשׁ?¹

‏– אַתָּה רוֹצֶה לְדַבֵּר עִם עָמִיר? 80

‏– לֹא. לֹא צָרִיךְ. שָׁלוֹם, חֲבוּבָה!

‏– מִי?

‏– נְשִׁיקָה!

‏– אֶתְמוֹל ...

‏– קְלִיק! 85

וְהִנֵּה הַגְּבֶרֶת:

‏– הָלוֹ, מִיסְטֶר קִישׁוֹן.

פְּלִיז פֵּיי 66 דּוֹלָרְס, אֶנְד 70 סֶנְטְס.

‏– טֶנְק יוּ, מִיס.

Modern eternal light *(ner tamid)*. U.S.A.

מִלּוֹן

קֶשֶׁר	connection, contact
לְפִי	according to
לְהִתְקַשֵּׁר	to contact
מַפָּה	map
מְדִינַת יִשְׂרָאֵל	State of Israel
נְקוּדָה	dot
עִתּוֹן	newspaper
מִשְׁפָּט	sentence,
יָקָר	dear, expensive
נְשִׁיקָה	kiss (n.)
קָרוֹב	near
טִפֵּשׁ	stupid
רָצִים — רוץ√	running
רוֹקְדִים — רקד√	dancing
דוֹחֵף — דחף√	he pushes

בִּטּוּיִים

מַה יֵּשׁ?	What's the matter?
הַכֹּל בְּסֵדֶר?	Is everything O.K.?
הַכֹּל בְּסֵדֶר!	Everything's fine, O.K.
אֵין דָּבָר	It's nothing. Never mind.
בָּרוּךְ הַשֵּׁם!	Thank God!

שְׁאֵלוֹת

תַּעֲנוּ עַל כָּל שְׁאֵלָה בְּמִשְׁפָּט שָׁלֵם.

1 אֵיפֹה הָיָה הַיִּשְׂרְאֵלִי?
2 אֵיפֹה הָיְתָה הַמִּשְׁפָּחָה שֶׁלּוֹ?
3 לָמָּה טִלְפֵּן הַיִּשְׂרְאֵלִי הַבַּיְתָה?
4 מִי דִּבֵּר עִם הַיִּשְׂרְאֵלִי?
5 כַּמָּה עָלְתָה הַשִּׂיחָה הַבַּיְתָה?

תַּרְגִּילִים

A. Write your own short telephone conversation. Use the vocabulary words and idioms found in the story.

B. Reread the story and find:

4 verbs in קַל — ל״ה
1 verb in קַל — ל״א

6 verbs in קַל — שְׁלֵמִים
1 verb in קַל — פ״נ
4 verbs in פִּעֵל — שְׁלֵמִים

Fill in the chart on the next page.

זְמַן	בִּנְיָן	גִּזְרָה	שֹׁרֶשׁ	פֹּעַל	
עָתִיד	קַל	שְׁלֵמִים	כתב	נִכְתֹּב	0
					1
					2
					3
					4
					5
					6
					7
					8
					9
					10
					11
					12
					13
					14
					15
					16

Meaning Class עָתִיד, פִּעֵל

The **vowel pattern** in the future tense of בִּנְיָן פִּעֵל is □ַ□ֵּ□.

The **future tense** of בִּנְיָן פִּעֵל is formed by **adding the personal pronoun prefix** to the base form □ַ□ֵּ□.

Remember: The middle letter of the root always has a **dagesh** in it except for א ה ח ע ר which can **never have a dagesh**.

ספר√		
אֲסַפֵּר	אֲ□ַ□ֵּ□	אֲנִי
תְּסַפֵּר	תְּ□ַ□ֵּ□	אַתָּה
תְּסַפְּרִי	תְּ□ַ□ְּ□ִי	אַתְּ
יְסַפֵּר	יְ□ַ□ֵּ□	הוּא
תְּסַפֵּר	תְּ□ַ□ֵּ□	הִיא
נְסַפֵּר	נְ□ַ□ֵּ□	אֲנַחְנוּ
תְּסַפְּרוּ	תְּ□ַ□ְּ□וּ	אַתֶּם
תְּסַפְּרוּ*	תְּ□ַ□ְּ□וּ	אַתֶּן
יְסַפְּרוּ	יְ□ַ□ְּ□וּ	הֵם
יְסַפְּרוּ*	יְ□ַ□ְּ□וּ	הֵן

* In **biblical and classical Hebrew,** the 2nd and 3rd person feminine plural, אַתֶּן, הֵן, had a different verb form in the עָתִיד.

אַתֶּן תְּסַפֵּרְנָה   הֵן תְּסַפֵּרְנָה

In **modern Hebrew,** the 2nd and 3nd person plural forms in עָתִיד are the same for masculine and feminine.

אַתֶּם / אַתֶּן } תְּסַפְּרוּ   הֵם / הֵן } יְסַפְּרוּ

תַּרְגִּילִים

A. Complete the chart in the עָתִיד, פִּעֵל.

	ספר√	קבל√	בקש√	סדר√
אֲנִי	אֲסַפֵּר			
אַתָּה	תְּסַפֵּר			
אַתְּ	תְּסַפְּרִי			
הוּא	יְסַפֵּר			
הִיא	תְּסַפֵּר			
אֲנַחְנוּ	נְסַפֵּר			
אַתֶּם—אַתֶּן	תְּסַפְּרוּ			
הֵם—הֵן	יְסַפְּרוּ			
שֵׁם הַפֹּעַל **Infinitive**	לְסַפֵּר			

B. Write the correct pronoun.

0 __אֲנִי__ אֲסַפֵּר

1 ________ תְּדַבְּרִי

2 ________ נְלַמֵּד

3 ________ יְסַדֵּר

4 ________ יְקַבְּלוּ

5 ________ אֲדַבֵּר

6 ________ תְּבַקֵּר

7 ________ תְּבַקְּשׁוּ

8 ________ תְּסַפְּרִי

9 ________ יְחַלֵּק

10 ________ יְלַמְּדוּ

C. Change the underlined verb from עָבָר to עָתִיד.

0 אֲנַחְנוּ סִפַּרְנוּ לָכֶם מַה שֶּׁקָּרָה. מָחָר ___נְסַפֵּר___ לָכֶם עוֹד.

1 אֶתְמוֹל קִבַּלְנוּ מִכְתָּב מִמּוֹסְקְבָה. אוּלַי מָחָר ________ מִכְתָּב מִתֵּל־אָבִיב.

2 אַתֶּם דִּבַּרְתֶּם יִידִישׁ אֶל הַיְּהוּדִים בְּרוּסְיָה. בְּיִשְׂרָאֵל ________ עִבְרִית.

3 הַתַּלְמִידִים קִבְּלוּ סְפָרִים חֲדָשִׁים. מָחָר הֵם ________ מַחְבָּרוֹת חֲדָשׁוֹת.

4 מֹשֶׁה בִּקֵּשׁ כֶּסֶף מֵהַהוֹרִים. בַּשָּׁבוּעַ הַבָּא הוּא ________ עוֹד כֶּסֶף.

5 אַתָּה שִׂחַקְתָּ כַּדּוּרֶגֶל בַּחֹרֶף. בָּאָבִיב ________ כַּדּוּר־בָּסִיס. baseball

6 הָאִישׁ לִמֵּד הַרְבֵּה תַּלְמִידִים בְּבֵיתוֹ. בַּחֹדֶשׁ הַבָּא הוּא ________ בְּבֵית־סֵפֶר.

7 שׁוֹשַׁנָּה לֹא קִבְּלָה אֹכֶל טוֹב בְּרוּסְיָה. אֲבָל בְּאִטַלְיָה הִיא ________ אֹכֶל טוֹב.

8 אֲנַחְנוּ בִּקַּרְנוּ בַּבַּיִת שֶׁלּוֹ. מָחָר ________ אוֹתוֹ עוֹד פַּעַם.

9 הַיְלָדִים הַקְּטַנִּים שָׁבְרוּ אֶת הַחַלּוֹנוֹת. הֵם ________ גַּם אֶת הַדֶּלֶת.

10 אַתְּ בִּקַּשְׁתְּ שִׂמְלָה לְבָנָה לְשַׁבָּת וְאַתְּ ________ גַּם שִׂמְלָה כְּחֻלָּה.

Nouns Derived From Verbs, שֵׁם הַפְּעוּלָה

In Hebrew we can form a noun from a verb. At times we can see that the noun is related to a particular meaning-class, בִּנְיָן, of the verb.

he wrote	כָּתַב	פָּעַל, קַל
writing	כְּתִיבָה	
he told	סִפֵּר	פִּעֵל
story	סִפּוּר	
he dictated	הִכְתִּיב	הִפְעִיל
dictation	הַכְתָּבָה	
he sat himself down	הִתְיַשֵּׁב	הִתְפַּעֵל
settlement	הִתְיַשְּׁבוּת	

In this Unit we will learn some nouns formed from בִּנְיָן פִּעֵל verbs.

	Noun		Base Form
visit	בִּקּוּר		בִּקֵּר
story	סִפּוּר		סִפֵּר
composition	חִבּוּר		חִבֵּר
statement	דִּבּוּר		דִּבֵּר
study	לִמּוּד		לִמֵּד
kiddush	קִדּוּשׁ		קִדֵּשׁ
melody	נִגּוּן		נִגֵּן
repair	תִּקּוּן		תִּקֵּן
search	חִפּוּשׂ		חִפֵּשׂ
hike, trip	טִיּוּל		טִיֵּל
(arrangement) siddur	סִדּוּר		סִדֵּר

תַּרְגִּילִים

A. Write the noun formed from the underlined verb. Be sure to check the adjective and have the noun agree with it.

0 הִיא סִפְּרָה לָנוּ ___סִפּוּר___ מְעַנְיֵן.

1 בִּקַּרְנוּ בְּיִשְׂרָאֵל וְהָיָה לָנוּ ______ יָפֶה.

2 טִיַּלְתִּי בְּיִשְׂרָאֵל עִם הַחֲבֵרִים שֶׁלִּי וְהַ______ הָיוּ מְעַנְיְנִים.

3 הֵם יְחַבְּרוּ ______ טוֹבִים.

4 הוּא נִגֵּן בֶּחָלִיל recorder ______ חֲסִידִיִּים.

5 הָרַב קִדֵּשׁ עַל הַיַּיִן; הוּא אָמַר אֶת ______.

B. Complete each sentence with an infinitive, שֵׁם הַפֹּעַל

0 אֲנַחְנוּ צְרִיכִים דבר√ ___לְדַבֵּר___ רַק עִבְרִית.

1 מִי רוֹצֶה ספר√ ______ לָנוּ סִפּוּר מְעַנְיֵן?

2 אֲנִי אוֹהֵב קבל√ ______ מַתָּנוֹת.

3 הַמּוֹרִים בָּאוּ בקש√ ______ עֶזְרָה מֵרֹאשׁ־הָעִיר.

4 אֲנִי אוֹהֶבֶת למד√ ______ בָּאוּנִיבֶרְסִיטָה.

5 בַּקַּיִץ הַבָּא אֲנַחְנוּ רוֹצִים בקר√ ______ בְּיִשְׂרָאֵל.

C. Write the correct form of the verb to complete each sentence.

0 אֲנַחְנוּ דבר√ מְדַבְּרִים עִבְרִית עַכְשָׁו.

1 אֶתְמוֹל הַמּוֹרֶה ספר√ ________ לָנוּ סִפּוּר מְעַנְיֵן.

2 הַיּוֹם כָּל הַיְלָדִים בְּיִשְׂרָאֵל דבר√ ________ עִבְרִית.

3 לִפְנֵי שָׁבוּעַ אֲנִי קבל√ ________ מִכְתָּב מֵהַשּׁוֹפֵט.

4 מָחָר הַמּוֹרֶה למד√ ________ סִפּוּר חָדָשׁ.

5 מָה אַתָּה בקש√ ________ עַכְשָׁו?

6 מָתַי אַתָּה סדר√ ________ אֶת הַחֶדֶר שֶׁלְּךָ?

7 בַּשָּׁנָה הַבָּאָה אֲנַחְנוּ בקר√ ________ אֶת הַדּוֹד בִּירוּשָׁלַיִם.

8 הַאִם אַתָּה שחק√ ________ בַּגַּן אֶתְמוֹל?

9 הָעוֹלִים immigrants הַחֲדָשִׁים חפש√ ________ עֲבוֹדָה עַכְשָׁו.

10 תַּלְמִידִים, אַל דבר√ ________ בַּכִּתָּה!

What does this verse from Isaiah, 57:19, mean?

שָׁלוֹם, שָׁלוֹם לָרָחוֹק וְלַקָּרוֹב ... ________

____

תַּרְגִּילִים לַחֲזָרָה

A. Translate into Hebrew.

1 I ate dinner with them at six.

_____

2 On Sunday we will visit him.

_____

3 How old is your son? He is 12 years old.

_____

4 She rode in that blue car.

_____

5 They love to play with us in the garden.

_____

6 Is all well? Yes, everything is O.K.

_____

7 Did you (f.s.) want to buy that brown book?

_____

8 Did he receive the letter that I sent from Jerusalem?

_____

_____

9 We saw her yesterday at the movie theatre.

____

10 Don't tell (m.s.) her the story!

____

B. Choose the correct word or prefix to complete the sentence.

0 כָּתַבְתִּי עַל הַקִּיר בְּ עִפָּרוֹן. — עַל עִם בְּ...

1 הִיא נוֹסַעַת ____ אוֹטוֹבּוּס ____ רָחֵל. — עַל עִם בְּ...

2 הַמּוֹרֶה כּוֹתֵב ____ גִּיר ____ הַלּוּחַ. — עַל בַּ... עִם

3 שִׂחַקְנוּ ____ דָּן ____ חוּץ. — עַל בַּ... עִם

4 תְּסַפְּרִי לִי ____ הַכִּתָּה שֶׁלָּךְ. — אֶל עַל בְּ...

5 ____ אֲנִי רָעֵב, אֲנִי אוֹכֵל. — מָתַי כְּשֶׁ...

6 בָּאנוּ ____ הַחֲבֵרִים שֶׁלָּנוּ ____ חָמֵשׁ. — בְּ... עַל אֶל

7 יוֹסִי אוֹהֵב לִרְקֹד ____ דְּבוֹרָה. — אִם עִם אֶת

8 ____ שַׁבָּת מִתְפַּלְּלִים ____ בֵּית הַכְּנֶסֶת. — בְּ... עַל אֶל

9 הַתַּלְמִידִים ____ גָּרִים בְּנְיוּ יוֹרְק. — אֵלֶה אֶלָּא הָאֵלֶה

10 ____ בִּקַּרְתֶּן בְּסַן־פְרַנְסִיסְקוֹ? — מָתַי כְּשֶׁ...

C. Translate each word into Hebrew and fill in the crossword puzzle: Do
not use final letters or vowels in the puzzle spaces.

Down מִלְמַעְלָה לְמַטָּה	**Across** מִיָּמִין לִשְׂמֹאל
1 I requested _____	1 visits (noun) _____
2 he received _____	6 he received _____
3 and he takes _____	7 who _____
4 his right (direction) _____	8 thirty _____
5 water _____	9 they will play (game) _____
10 they sent _____	13 big party _____
11 small _____	15 good _____
12 stories _____	17 to him _____
14 peace _____	18 composition _____
16 he chose _____	19 he spoke _____
20 a blessing _____	21 who _____
22 white _____	23 his letter _____
24 and all _____	25 grandson _____
26 he worried _____	29 no _____
27 he loved _____	30 the red _____
28 prayer books _____	32 and if _____
31 very _____	33 he went down _____
33 her ocean _____	35 to whom _____
34 clothing _____	36 fish _____
35 to him _____	37 and the one who teaches
36 blood _____	_____

5	4		3	2	1
	7	▨			6
					8
▨		▨		▨	
▨		11		10	9
12	▨		▨		▨
	14	13	▨		▨
	17	▨	16		15
			18	▨	▨
	21	▨		20	19
	▨	22	▨		▨
▨	24				23
26		25	▨	▨	
	29	▨	28	▨	27
	▨	31			30
▨			32	▨	
34	▨			33	▨
	36	▨			35
					37

הַיֶּלֶד הָרָע

מֵאֵת לֵאָה גוֹלְדְבֶּרְג

הָיִיתִי אֶתְמוֹל בְּבֵית הַדּוֹדָה,
אָמַרְתִּי "שָׁלוֹם" וְאָמַרְתִּי "תּוֹדָה",
אָמַרְתִּי "סְלִיחָה" וּ"בְבַקָּשָׁה",
שָׁאַלְתִּי תָּמִיד: "זֶה מֻתָּר[1]? אַתְּ מַרְשָׁה[2]?" | [1]allowed [2]permit
וְאֵינֶנִּי יוֹדֵעַ, כֵּיצַד[1] זֶה קָרָה — | [1]how
לְפֶתַע[1] נִכְנַס[2] בִּי הַיֶּלֶד הָרָע | [1]suddenly [2]entered
וְאָמַרְתִּי: "אַתְּ טִפְּשָׁה!"

וְאִמָּא הִסְמִיקָה[1] מְאֹד וְאָמְרָה: | [1]blushed
"גָּד, תִּתְבַּיֵּשׁ[1]! זֶה אָיֹם וְנוֹרָא[2]!" | [1]shame on you [2]terrible
וְאַבָּא אָמַר: "בֶּאֱמֶת זֶה לֹא צְחוֹק[1]! | [1]joke
תַּלְמִיד כִּתָּה אָלֶ"ף נוֹהֵג[1] כְּתִינוֹק!" | [1]behaves
אֵיךְ אַסְבִּיר[1] לָהֶם שֶׁזֶּה לֹא אֲנִי? | [1]I will explain
זֶה הַיֶּלֶד הָרָע, שֶׁנִּכְנָס לִי בִּפְנִים[1] — | [1]inside
תָּמִיד הוּא נִכְנָס בִּי בְּלִי שׁוּם[1] אַזְהָרָה[2], | [1]any [2]warning
הַיֶּלֶד הָרָע.

שִׂחַקְתִּי אֶתְמוֹל בֶּחָצֵר[1] עִם יוֹכֶבֶד | [1]yard
נָתַתִּי[1] לָהּ אוֹתוֹ שֶׁלִּי וְרַכֶּבֶת[2], | [1]I gave, allowed [2]train
נָתַתִּי לָהּ לִזְכּוֹת[1] בְּגֻלָּה[2] | [1]to win [2]marble
הֲכִי[1] אֲדֻמָּה וַהֲכִי גְּדוֹלָה! | [1]the most
וְאֵינֶנִּי יוֹדֵעַ, אֵיךְ זֶה קָרָה —
לְפֶתַע נִכְנַס בִּי הַיֶּלֶד הָרָע,
דָּחַפְתִּי אוֹתָהּ וְהִיא נָפְלָה.

וְאִמָּא שֶׁלָּהּ כָּעֲסָה וְאָמְרָה:
"פֶּרֶא־אָדָם[1] אָיֹם וְנוֹרָא!" | [1]wild person
וְסַבְתָּא שֶׁלָּהּ יָצְאָה וְאָמְרָה:
"אַל תִּבְכִּי, אַתְּ יוֹדַעַת, שֶׁגָּד יֶלֶד רַע!"
אָז אָמַרְתִּי לָהּ: "חֲמוֹרָה[1]!" | [1]donkey
בֶּאֱמֶת, זֶה אָיֹם: הֵם אֵינָם מְבִינִים —

זֶה הַיֶּלֶד הָרָע שֶׁנִּכְנַס לִי בִּפְנִים,
תָּמִיד הוּא נִכְנָס בִּי בְּלִי כָּל אַזְהָרָה,
הַיֶּלֶד הָרָע!

״לֵךְ מִפֹּה!״ אֲנִי מְבַקֵּשׁ אוֹתוֹ,
כִּי אֲנִי רוֹצֶה לְגָרֵשׁ[1] אוֹתוֹ. — [1] to chase away
אֲבָל הוּא נִטְפָּל[1] וְנִטְפָּל! — [1] clings
כְּבָר[1] נִסִּיתִי[2] הַכֹּל, אֲבָל אֵין לִי בְּרֵרָה[3]. — [1] already [2] tried [3] choice
מַה לַּעֲשׂוֹת בּוֹ, בַּיֶּלֶד הָרָע?
אוֹ אוּלַי – כְּשֶׁקְּצָת[1] אֶגְדַּל – — [1] a little
יַעֲזֹב[1] אוֹתִי וַחֲסַל[2]! — [1] he will leave [2] that's all

מִלּוֹן

מֻתָּר	allowed
נִכְנָס — כנס√	he entered
חֲמוֹר, חֲמוֹרָה	donkey
לְגָרֵשׁ — גרש√	to chase away, expel
בְּרֵרָה	choice
קְצָת	a little
יַעֲזֹב — עזב√	he will leave
כְּבָר	already

אֲנִי לְבַדִּי בַּבַּיִת

מֵאֵת לֵאָה גוֹלְדְבֶּרְג

אוֹטוֹ עָמַד מוּל[1] הַבַּיִת,
כֶּלֶב עָבַר בַּכְּבִישׁ.
אֲנִי לְבַדִּי בַּבַּיִת,
בְּכָל הַבַּיִת אֵין אִישׁ.
אֲנִי לְבַדִּי בַּבַּיִת,
מַבִּיט[1] בַּחַלּוֹן עַל הַכְּבִישׁ.

[1] opposite
[1] looking

אִמָּא הָלְכָה לְסַבְתָּא,
אַבָּא נָסַע לַגָּלִיל[1].
אִמָּא אָמְרָה "כְּבָר שָׁבוּעַ שָׁכַבְתָּ[1],
צָרִיךְ לִלְבֹּשׁ מְעִיל[1].
אַתָּה לֹא תֵּלֵךְ לְסַבְתָּא,
אִם לֹא תִּלְבַּשׁ מְעִיל."

[1] Galilee
[1] you lay down (sick)
[1] coat

הִתְעַקַּשְׁתִּי[1]. וְהִיא הָלְכָה לָהּ.
קָרָאתִי שְׁלוֹשָׁה עַמּוּדִים[1].
בְּדִירַת הַשְּׁכֵנִים[1], לְמַעְלָה[2],
מְנַגֵּן פָּטִיפוֹן[1] וְרוֹקְדִים.
לְאִמָּא טוֹב — הִיא הָלְכָה לָהּ
וּבַבַּיִת אֲנִי לְבַדִּי.

[1] I was stubborn
[1] pages
[1] in the neighbors' apartment [2] upstairs
[1] phonograph

אֲנִי לְבַדִּי בַּבַּיִת.
לִי בִּכְלָל לֹא[1] עָצוּב[2] ...
הִנֵּה אוֹטוֹ עוֹמֵד מוּל הַבַּיִת,
עַל חַלּוֹן מְטַיֵּל לוֹ זְבוּב[1].
רַק הוּא וַאֲנִי בַּבַּיִת.
מָתַי כְּבָר אִמָּא תָּשׁוּב[1] ?!

[1] not at all [2] sad
[1] fly
[1] will return

מִלּוֹן

opposite	מוּל
coat	מְעִיל
apartment	דִּירָה
sad	עָצוּב

שְׁאֵלוֹת

תַּעֲנוּ עַל כָּל שְׁאֵלָה בְּמִשְׁפָּט שָׁלֵם.

1 לְאָן הָלְכָה אִמָּא?
2 לְאָן נָסַע אַבָּא?
3 מִי בַּבַּיִת עִם הַיֶּלֶד?
4 לָמָּה לֹא הָלַךְ הַיֶּלֶד עִם אִמָּא?
5 הַאִם הַיֶּלֶד בֶּאֱמֶת לֹא עָצוּב? אֵיךְ אַתֶּם יוֹדְעִים?

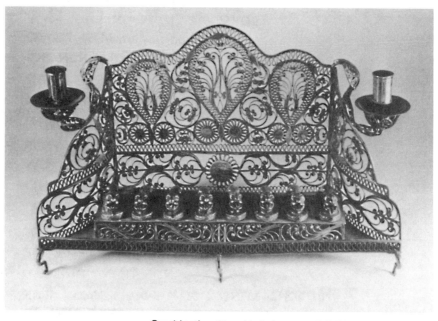

Combination Hanukkah lamp and Sabbath candlesticks, silver filigree. Russia, 18th century.

הַקֶּשֶׁר עם הבית

לפי אֶפְרַיִם קִישׁוֹן

ישראלי מבקר באמריקה – אין לו קשר עם ארצו. יום אחד הוא רואה מַפָּה, ועל המפה נקודה קטנה קטנה: מדינת ישראל. יום אחד הוא קורא עִתון ישראלי בן חודש וחצי. יום אחד הוא מקבל מכתב מהבית ובו משפט אחד: "בשבוע הבא נכתוב לך יותר". זה הכול.

אבל יש טלפון. בטלפון אפשר לְהִתְקַשֵּׁר עם המשפחה, קשר חי, שמח ויקר. יקר מאוד! מניו־יורק לירושלים, כל דקה עולה שלושה דולר!

אין דבר. משפחה היא משפחה. אנחנו נְדַבֵּר רק על הדברים החשובים: "הכול בסדר? הילדים? ברוך השם! כָּאן הכול בסדר. אני חוזר בעוד שבוע. נשיקה. שלום." רק שלוש דקות. יופי! ואז אני הולך לטלפון.

– הַלוֹ! (קול רחוק רחוק) מי זה?
– (אוי! בִּתי הקטנה רְנָנָה.)
– שלום רננה. (אני צועק) מה שלומך?
– מי זה? הלו?
– כאן אבא.
– מה?
– אבא. כאן מדבר אבא. אמא בבית?
– מי מדבר?
– אבא!
– אבא שלי?
– כן, אבא שלך מדבר פֹּה. קִראי לאמא, חֲבוּבָה.
– רגע ... אבא, אבא ...
– כן.
– מה שלומךָ?
– טוב מאוד. איפה אמא?
– אתה באמריקה עכשיו? נכון שאתה באמריקה?
– כן, צריך למהר.
– אתה רוצה לדבר עם עָמִיר?

(אני צריך לדבר עם בני, שהוא לא יֹאמַר שדיברתי רק עם הבת.)
– טוב. אבל מהר. להתראות חֲבוּבָה.
– מה?
– להתראות אמרתי.
– מי זה?
– תני לי את עמיר.
– להתראות, אבא.
– להתראות חֲבוּבָה, להתראות.
– מה?
– תני לי את עמיר, לַעֲזָאזֵל!
– עָמִיר איפה אתה? אבא רוצה אותך, עמיר. עמיר!!!
(עד כאן – שבע דקות. למה נותנים לילדים לשחק בטלפון?
איפה הטיפש הזה, עמיר?)

– הַלּוֹ, אבא?
– כן, בני. מה שלומךָ?
– טוב. ומה שלומך?
– טוב, הכול בסדר. עמיר?
– כן.
– יופי.
(שקט. אמרנו את הכול.)
– אבא?
– כן.
– רננה רוצה לדבר אתך.
(וּבְעֵינַי אני רואה את הדולרים רצים ורוקדים מהטלפון.
קליק: עוד דולר. קליק: עוד שנים. קליק: עשרים דולר.)
– אבא ... אבא ...
– כן, חבובה.
– אתמול ... אתמול ...
– מה אתמול?
– אתמול ... רגע! תן לי לדבר עם אבא. אבא, עמיר כל הזמן דוחף אותי.
– תקראי מהר לאמא.
– מה?
– אני רוצה את אמא!

– רגע ... אתמול ...
– כן.
– אתמול ... אתמול ... אתה שומע אותי?
– כן, אני שומע, אתמול, מה קרה אתמול, מה קרה, אתמול, מה קרה?
– אתמול משה לא בא לגן.
– איפה אמא?
– מה?
– אמא!!
– אמא לא בבית. אבא, אבא ...
– מה יש?
– אתה רוצה לדבר עם עמיר?
– לא. לא צריך. שלום, חבובה!
– מי?
– נשיקה!
– אתמול ...
קליק!

והִנֵּה הגברת:
– הלו, מיסטר קישון. פליז פֵּיי 66 דולס, אנד 70 סנטס.
– טנק יו, מיס.

7 יְחִידָה

הַצָּלַת נְפָשׁוֹת[1]

[1] saving lives

אָבִי אִישׁ שָׁקֵט וְלֹא מְדַבֵּר הַרְבֵּה. יֵשׁ לוֹ יָדַיִם שֶׁל זָהָב. הוּא צוֹרֵף[1], וְעוֹשֶׂה כָּל מִינֵי[2] דְּבָרִים נִפְלָאִים[1] מִכֶּסֶף וְזָהָב.
אָבִי אִישׁ שָׁקֵט. הוּא לֹא סִפֵּר לָנוּ עַל חַיָּיו[1], עַל יַלְדוּתוֹ[1] בְּפּוֹלַנְיָה, אוֹ עַל הַיָּמִים הָרָעִים שֶׁל הַמִּלְחָמָה. יָדַעְתִּי שֶׁאָבִי הָיָה בְּפּוֹלַנְיָה בִּזְמַן הַנָּאצִים, אֲבָל לֹא יָדַעְתִּי מַה קָּרָה לוֹ, כִּי הוּא לֹא סִפֵּר לָנוּ.

[1] jeweler [2] all kinds
[1] wonderful
[1] his life
[1] childhood

בַּיּוֹם שֶׁהָיִיתִי לְבַר־מִצְוָה אָמַר לִי אָבִי: הַיּוֹם אַתָּה לֹא יֶלֶד, אַתָּה יְהוּדִי וְעָלֶיךְ לְקַיֵּם[1] מִצְווֹת שֶׁל יְהוּדִי. מִצְוָה גְּדוֹלָה הִיא לָדַעַת[2] אֶת הַהִסְטוֹרְיָה שֶׁל עַם יִשְׂרָאֵל. מִצְוָה גְּדוֹלָה הִיא לָדַעַת אֶת הַסִּפּוּר שֶׁלִּי, וְלָכֵן[1] אֲסַפֵּר לְךָ הַיּוֹם רַק חֵלֶק מֵהַסִּפּוּר.״

[1] to fulfill [2] to know
[1] therefore

״הָיִיתִי בָּחוּר צָעִיר[1] כְּשֶׁהִתְחִילָה[2] הַמִּלְחָמָה, וְגַרְתִּי[1] עִם הַמִּשְׁפָּחָה שֶׁלִּי בַּעֲיָרָה[2] לֹא רָחוֹק מִוַּרְשָׁה[1]. בַּיָּמִים הָהֵם הִתְחַלְתִּי לַעֲבֹד כְּצוֹרֵף וְלִלְמֹד אֶת הַמְּלָאכָה[1].

[1] young [2] began
[1] lived [2] town
[1] Warsaw
[1] craft

יוֹם אֶחָד בָּא אֵלַי כּוֹמֶר[1] הָעֲיָרָה וּבִקֵּשׁ מִמֶּנִּי[2] לַעֲשׂוֹת — [1]priest [2]from me
לוֹ צְלָב[1] מִכֶּסֶף וַאֲבָנִים יְקָרוֹת לַכְּנֵסִיָּה[2] שֶׁלּוֹ. — [1]cross [2]church
לֹא יָדַעְתִּי מַה לַעֲשׂוֹת. הִנֵּה יְהוּדִי אֲנִי, וְאֵיךְ אֲנִי יָכֹל
לַעֲשׂוֹת צְלָב? אַחֲרֵי מַחְשָׁבָה[1] רַבָּה[2] — [1]thought [2]much
הֶחְלַטְתִּי[1] לְמַלֵּא אֶת בַּקָּשַׁת[2] הַכּוֹמֶר. — [1]decided [2]request
עָבַדְתִּי קָשֶׁה וְכִמְעַט[1] גָּמַרְתִּי אֶת הָעֲבוֹדָה. — [1]almost

בֹּקֶר אֶחָד כְּשֶׁעָבַדְתִּי בְּחֲדַר־הָעֲבוֹדָה, נִפְתְּחָה פִּתְאֹם
הַדֶּלֶת וּשְׁנֵי חַיָּלִים[1] גֶּרְמָנִים נִכְנְסוּ לַחֶדֶר. — [1]soldiers
בְּלִי לַחְשֹׁב, קַמְתִּי מִן הַכִּסֵּא וְהֵרַמְתִּי[1] אֶת הַצְּלָב — [1]raised
גָּבוֹהַּ[1] מֵעַל רֹאשִׁי. כְּשֶׁהַחַיָּלִים הַגֶּרְמָנִים רָאוּ — [1]high
אֶת הַצְּלָב הֵם עָמְדוּ, וְיָצְאוּ מֵהַחֶדֶר.

מַהֵר גָּמַרְתִּי אֶת עֲבוֹדַת הַצְּלָב וְרַצְתִּי לַכְּנֵסִיָּה.
הַכּוֹמֶר שָׂמַח מְאֹד לִרְאוֹת אוֹתִי וְאֶת הַצְּלָב הַיָּפֶה שֶׁעָשִׂיתִי
מִכֶּסֶף וַאֲבָנִים יְקָרוֹת. הוּא לָקַח אֶת הַצְּלָב, נָשַׁק[1] אוֹתוֹ — [1]kissed
וְשָׂם אוֹתוֹ בַּכְּנֵסִיָּה.

הַכּוֹמֶר הַפּוֹלָנִי אָמַר לִי שֶׁיֵּשׁ סַכָּנָה[1] גְּדוֹלָה לַיְּהוּדִים — [1]danger
בָּעֲיָרָה, וְשֶׁאָסוּר לִי לָשׁוּב[1] הַבַּיְתָה. הוּא לָקַח אֶת יָדִי — [1]return
וְיָרַדְנוּ לַמַּרְתֵּף[1] מִתַּחַת לַכְּנֵסִיָּה. — [1]cellar
שָׁם מָצָאתִי קְבוּצָה קְטַנָּה שֶׁל צְעִירִים יְהוּדִים
שֶׁהַכּוֹמֶר הֶחְבִּיא[1] בַּמַּרְתֵּף. — [1]hid
יָשַׁבְנוּ בַּמַּרְתֵּף בְּשֶׁקֶט וּבְפַחַד[1]. כְּדֵי[2] לִשְׁכֹּחַ — [1]fear [2]in order to
אֶת הַפַּחַד וְלֹא לַחְשֹׁב עַל גּוֹרַל[1] הַמִּשְׁפָּחוֹת שֶׁלָּנוּ, — [1]fate
שַׁרְנוּ[1] אֶת הַתְּפִלּוֹת שֶׁלָּמַדְנוּ בְּבֵית הַכְּנֶסֶת וּבְבֵית הַסֵּפֶר. — [1]sang

אַחֲרֵי כַּמָּה[1] יָמִים הִצְלִיחַ הַכּוֹמֶר לְסַדֵּר לָנוּ נְיָרוֹת[2] — [1]several [2]papers
מְזֻיָּפִים[1]. הוּא גַּם אָמַר לָנוּ אֵיךְ לִבְרֹחַ[2] מִן הָעֲיָרָה. — [1]counterfeit [2]flee
בְּמֶשֶׁךְ[1] הַמִּלְחָמָה הִצִּילוּ[2] הַנְּיָרוֹת הָאֵלֶּה — [1]during [2]saved
חֵלֶק מֵהַבַּחוּרִים.
עָבְרוּ שָׁנִים רַבּוֹת וְלֹא שָׁמַעְתִּי דָּבָר עַל הַכּוֹמֶר,
אֲבָל לִפְנֵי כַּמָּה יָמִים קָרָאתִי עָלָיו בָּעִתּוֹן."

שָׁאַלְתִּי אֶת אָבִי: "מָה קָרָאתָ עַל הַכּוֹמֶר הַזֶּה?

אֵיפֹה הוּא? וּמַה שְׁמוֹ?"

אָבִי הִסְתַּכֵּל¹ בְּיָדָיו, וְאָמַר בְּשֶׁקֶט:

50 "הַכּוֹמֶר הַפּוֹלָנִי הַזֶּה גָּר עַכְשָׁו בְּרוֹמָא¹, וְקוֹרְאִים לוֹ
הָאַפִּיפְיוֹר¹ גּ'וֹן פּוֹל הַשֵּׁנִי."

¹looked
¹Rome
¹Pope

מִלוֹן

saving	הַצָּלָה
soul(s), life (f.)	נֶפֶשׁ, נְפָשׁוֹת
they saved	הִצִּילוּ — נצל√
wonderful	נִפְלָא — פלא√
childhood	יַלְדוּת
to know	לָדַעַת — ידע√
began	הִתְחִילָה — תחל√
young	צָעִיר
priest	כּוֹמֶר
from me	מִמֶּנִּי
cross	צְלָב
church	כְּנֵסִיָּה
thought	מַחְשָׁבָה — חשב√
I decided	הֶחְלַטְתִּי — חלט√
decision	הַחְלָטָה
soldier	חַיָּל
request	בַּקָּשָׁה
high, tall	גָּבֹהַּ
he kissed	נִשֵּׁק — נשק√
danger	סַכָּנָה
fear	פַּחַד
fate	גּוֹרָל
he looked at	הִסְתַּכֵּל בְּ... — סכל√

בִּטּוּיִים

to fulfill his request	לְמַלֵּא אֶת בַּקָּשָׁתוֹ
to fulfill a commandment	לְקַיֵּם מִצְוָה

תַּרְגִּילִים

A. תַּעֲנוּ עַל כָּל שְׁאֵלָה בְּמִשְׁפָּט שָׁלֵם.

1 אֵיפֹה גָּר הָאָב כְּשֶׁהַמִּלְחָמָה הִתְחִילָה?
2 מַה בִּקֵּשׁ הַכּוֹמֶר מֵהָאָב?
3 לָמָּה הָיָה קָשֶׁה לָאָב לְמַלֵּא אֶת הַבַּקָּשָׁה שֶׁל הַכּוֹמֶר?
4 מֶה עָשָׂה הָאָב כְּשֶׁהוּא רָאָה אֶת הַגֶּרְמָנִים?
5 מֶה עָשׂוּ הַבַּחוּרִים הַיְּהוּדִים כְּשֶׁהֵם פָּחֲדוּ?
6 אֵיךְ הִצִּיל הַכּוֹמֶר אֶת הָאָב?
7 מִי הוּא הַכּוֹמֶר?
8 לָמָּה קוֹרְאִים לַסִּפּוּר הַזֶּה "הַצָּלַת נְפָשׁוֹת"?

Silver case for *tefillin* (phylacteries). Poland, 19th century.

הִלֵּל הָיָה אוֹמֵר: בְּמָקוֹם שֶׁאֵין אֲנָשִׁים —
הִשְׁתַּדֵּל try לִהְיוֹת אִישׁ.

1 מַה פֵּרוּשׁ meaning הַמִּשְׁפָּט הַזֶּה?
2 מַה הוּא הַקֶּשֶׁר בֵּין הַמִּשְׁפָּט הַזֶּה וְהַסִּפּוּר "הַצָּלַת נְפָשׁוֹת"?

B. Here is a brief summary of the story הַצָּלַת נְפָשׁוֹת.
Complete each sentence by filling in the missing word.

1 כְּשֶׁהָיִיתִי בָּחוּר צָעִיר גַּרְתִּי בְּ___ ___ ___ ___(7).

2 אֲנִי עָשִׂיתִי דְּבָרִים ___ ___(4) ___ ___ ___ ___.

3 אֲנִי עָבַדְתִּי בְּזָהָב וַאֲבָנִים ___ ___ ___ ___(2) ___.

4 כּוֹמֶר הוּא אִישׁ שֶׁעוֹבֵד בְּ___ ___(3) ___ ___ ___.

5 הַכּוֹמֶר בָּא לְבַקֵּשׁ מִמֶּנִּי לַעֲשׂוֹת לוֹ ___ ___(6) ___.

6 אֲנִי הֶחְלַטְתִּי לְמַלֵּא אֶת ___ ___ ___ ___(8) ___.

7 כְּשֶׁגָּמַרְתִּי אֶת הָעֲבוֹדָה נִכְנְסוּ לְבֵית־הַמְּלָאכָה חַיָּלִים ___(1) ___ ___ ___ ___ ___.

8 רַצְתִּי לַכְּנֵסִיָּה לְהָבִיא אֶת הַצְּלָב לְ___ ___(5) ___ ___.

9 אֲנַחְנוּ יָשַׁבְנוּ בַּמַּרְתֵּף וְ___ ___ ___(9) ___.

10 הַכּוֹמֶר הִצִּיל אֶת ___ ___ ___ ___ ___ ___(10) ___.

C. Write the 10 numbered letters from the previous exercise on the appropriate lines.

___(1) ___(2) ___(3)   ___(4) ___(5) ___(6)   ___(7) ___(8) ___(9) ___(10)

Write the name of the person. ______________________

מִי הוּא? ______________________

The ע"ו — ע"י Sound Class (Hollow Verbs), גִּזְרַת ע"ו — ע"י

We have learned that all verbs consist of a three-letter root. In this unit we will learn of a גִּזְרָה that is really a **two-letter root**.

The middle letter of the שֹׁרֶשׁ is not one of the root letters, but was inserted between the two root letters in order to preserve the three-letter pattern.

We see that the root really has only two letters when we conjugate these verbs in the present and past tense.

ע"י √שיר	ע"ו √קום	שְׁלֵמִים √סגר	
to sing לָשִׁיר	to get up לָקוּם	to close לִסְגֹּר	**Infinitive**
שָׁר	קָם	סָגַר	**Base Form**
שָׁר	קָם	סוֹגֵר	**Present** הֹוֶה
שָׁרָה	קָמָה	סוֹגֶרֶת	
שָׁרִים	קָמִים	סוֹגְרִים	
שָׁרוֹת	קָמוֹת	סוֹגְרוֹת	
שַׁרְתִּי	קַמְתִּי	סָגַרְתִּי	**Past** עָבָר
שַׁרְתָּ	קַמְתָּ	סָגַרְתָּ	
שַׁרְתְּ	קַמְתְּ	סָגַרְתְּ	
שָׁר	קָם	סָגַר	
שָׁרָה	קָמָה	סָגְרָה	
שַׁרְנוּ	קַמְנוּ	סָגַרְנוּ	
שַׁרְתֶּם	קַמְתֶּם	סְגַרְתֶּם	
שַׁרְתֶּן	קַמְתֶּן	סְגַרְתֶּן	
שָׁרוּ	קָמוּ	סָגְרוּ	
שָׁרוּ	קָמוּ	סָגְרוּ	

Notes:

1. The **3rd person singular**, masculine and feminine, are **identical in spelling in the past and present tenses.**

he sang, he sings	שָׁר	הוּא
she sang, she sings	שָׁרָה	הִיא
he got up, he gets up	קָם	הוּא
she got up, she gets up	קָמָה	הִיא

However, in **speaking** we can differentiate the tenses in the **feminine singular form** by placement of the **accent**.

she gets up	קָמָ֫ה	הִיא
she got up	קָ֫מָה	הִיא
she sings	שָׁרָ֫ה	הִיא
she sang	שָׁ֫רָה	הִיא

2. In ע״ו and ע״י verbs, past tense, the first vowel is ◌ַ for all 1st and 2nd person forms, and ◌ָ for all 3rd person forms.

3. In the past and present tense, ע״ו and ע״י verbs are conjugated in the same way. **They differ in the future tense and in forming the infinitive.**

Here are some common ע״ו and ע״י verbs.

קום	get up	נוּחַ	rest
גור	live (in a place)	בוא	come
שׁוב	return (to a place)	דין	judge
רוץ	run	שׂים	put
טוס	fly (airplane)	שׁיר	sing
דון	consider	ריב	quarrel
זוז	move (from place to place)		

A. Complete the chart in the הֹוֶה.

	גור√	שׁיר√	שׁוב√	בוא√
אֲנִי אַתָּה הוּא	גָּר			
אֲנִי אַתְּ הִיא	גָּרָה			
אֲנַחְנוּ אַתֶּם הֵם	גָּרִים			
אֲנַחְנוּ אַתֶּן הֵן	גָּרוֹת			

B. Fill in the correct הֹוֶה form of each verb.

0 דָּוִד שׂים√ ___שָׂם___ אֶת הָאֹכֶל עַל הַשֻּׁלְחָן.

1 אֲנַחְנוּ גור√ __________ בְּאַרְצוֹת הַבְּרִית.

2 הַיֶּלֶד קום√ __________ בְּשֶׁבַע בְּכָל בֹּקֶר.

3 הַתַּלְמִידוֹת שׁוב√ __________ הַבַּיְתָה בְּשָׁעָה שָׁלוֹשׁ.

4 אֲנִי שׁיר√ ___________ יָפֶה.

5 הַיְהוּדִים נוח√ ___________ בְּיוֹם הַשַּׁבָּת.

6 הַכֶּלֶב רוץ√ ___________ מַהֵר.

7 חֲבֵרִים לֹא ריב√ ___________ הַרְבֵּה.

8 הָאֵם שׂים√ ___________ אֶת הָאֹכֶל עַל הַשֻּׁלְחָן.

9 אֲנַחְנוּ לֹא זוז√ ___________ מִפֹּה!

10 הַבַּחוּרוֹת טוס√ ___________ לְנְיוּ־יוֹרְק הַיּוֹם.

C. Write a short paragraph about yourself, using the following verbs.

יָכֹל / בוא / שׁוב / גור / קום

____

____

____

____

____

____

D. Complete the chart in the past tense, עָבָר.

	√גור	√זוז	√שיר	√טוס
אֲנִי	גַּרְתִּי			
אַתָּה	גַּרְתָּ			
אַתְּ	גַּרְתְּ			
הוּא	גָּר			
הִיא	גָּרָה			
אֲנַחְנוּ	גַּרְנוּ			
אַתֶּם	גַּרְתֶּם			
אַתֶּן	גַּרְתֶּן			
הֵם־הֵן	גָּרוּ			

Folk art celebrating the Hebrew month of Adar (Pisces). The inscription reads: When Adar comes, we increase joy. Probably Poland, 19th century.

E. Complete each sentence in the עָבָר with the given ע״ו or ע״י verb.

0 אֲנִי לֹא טוס√ _טַסְתִּי_ לְאֵילַת.

1 אֲנַחְנוּ שוב√ ________ הַבַּיְתָה בַּשָּׁבוּעַ שֶׁעָבַר.

2 הִיא שיר√ ________ הַרְבֵּה שִׁירִים.

3 הַכֶּלֶב רוץ√ ________ אֶל הָעֵץ.

4 הַחֲבֵרִים ריב√ ________ כָּל הַלַּיְלָה.

5 לִפְנֵי שָׁנָה אַתֶּם לֹא גור√ ________ פֹּה.

6 מַדּוּעַ אַתָּה לֹא שים√ ________ אֶת הַסֵּפֶר עַל הַשֻּׁלְחָן?

7 מָתַי אַתֶּן קום√ ________ אֶתְמוֹל?

8 הַחַיָּלִים בוא√ ________ לָעִיר הַקְּטַנָּה.

9 אַחֲרֵי הַלִּמּוּדִים הַקָּשִׁים, הַתַּלְמִידוֹת נוח√ ________.

10 לָמָּה אַתְּ זוז√ ________ מִפֹּה?

Bronze Polish Hanukkah lamp and Sabbath candlesticks. The back frame is in the shape of a wooden synagogue, with windows, door, and roof.

תַּרְגִּילִים לַחֲזָרָה

A. Choose the verb that best completes each sentence, and fill in the correct form. Look for clues in the sentence that indicate the person and tense needed. Use each verb only once.

בקשׁ / גור / שׁוב / ברח / נשק / שׂיר

קום / חשב / פחד / ספר / בקר

0 הוּא ___גָּר___ בְּפּוֹלַנְיָה.

1 שָׁמַעְתִּי רַעַשׁ גָּדוֹל בַּחוּץ וּ________.

2 בְּכָל בֹּקֶר אֲנִי ________ בְּשֶׁבַע.

3 לִפְנֵי שָׁנָה אֲנַחְנוּ ________ בְּקָנָדָה.

4 הָאִמָּא אוֹהֶבֶת ________ אֶת הַבַּת שֶׁלָּהּ.

5 אֶתְמוֹל הֵם ________ אֶת הַשִּׁירִים לַמִּשְׁפָּחָה.

6 הִיא ________ לַסִּפְרִיָּה אַחֲרֵי אֲרוּחַת־הַצָּהֳרַיִם.

7 הָיְתָה סַכָּנָה גְּדוֹלָה וְרָצִיתִי ________.

8 אִמָּא, מָתַי ________ לִי אֶת הַסִּפּוּר?

9 יְלָדִים, מַסְפִּיק! אַל ________ עוֹד עֻגִיּוֹת!

10 מָה אַתְּ ________?

B. Find the common characteristic in each group of words. Circle the one that does not belong in the group. Be prepared to explain your choice.

0 אָחוֹת אָח (מוֹרֶה) אַבָּא אִמָּא

Reason: מוֹרֶה is not a member of the family.

1 לִפְנֵי עִם אֶל אֲבָל אֵצֶל
2 לָבָן שָׁחוֹר אָדֹם שִׂמְלָה כָּחֹל
3 חֲמוֹר חָתוּל רֹאשׁ גָּמָל דָּג
4 לָתֵת לִשְׁמֹעַ לִרְאוֹת לְחַפֵּשׂ לָעֲבוֹדָה
5 מִכְתָּב מְדִינָה סֵפֶר עִתּוֹן מְגִלָּה
6 מִטָּה שֻׁלְחָן אָרוֹן בֶּגֶד כִּסֵּא
7 יָרֵחַ שָׁמַיִם עֵץ כּוֹכָבִים שֶׁמֶשׁ
8 מְדַבֶּרֶת מוֹכְרִים מְקַבְּלִים מְסַדְּרוֹת מְחַפֵּשׂ
9 קָנָה בָּנְתָה הָיוּ הָלְכָה שָׁתִית
10 לָנוּ אֲנִי אֲנַחְנוּ הֵן אַתֶּם

C. Write 5 word groups of your own. Test your classmates.

1 ______________________________

2 ______________________________

3 ______________________________

4 ______________________________

5 ______________________________

D. Rearrange the Hebrew words to match the English sentence.

0 The teacher gives him a book. סֵפֶר לוֹ נוֹתֵן הַמּוֹרֶה

הַמּוֹרֶה נוֹתֵן לוֹ סֵפֶר.

1 In the summer I like to walk by the sea.

הַיָּם אוֹהֵב בַּקַּיִץ לְטַיֵּל אֲנִי עַל־יַד

2 The Hebrew teacher in Russia was a big hero.

בְּרוּסְיָה גָּדוֹל הַמּוֹרֶה הָיָה הָעִבְרִי גִּבּוֹר

3 In Israel the mothers send books to the soldiers.

שׁוֹלְחוֹת הָאִמָּהוֹת לַחַיָּלִים בְּיִשְׂרָאֵל סְפָרִים

4 Ruth loved Joseph and didn't want to leave him.

וְלֹא לַעֲזוֹב רוּת יוֹסֵף אֶת אוֹתוֹ אָהֲבָה רָצְתָה

Now try to rearrange these sentences — without the English.

5 אָדָם מְבַקְּשִׁים יַיִן אֲנַחְנוּ

6 הֶחָדָשׁ מִתְפַּלְּלִים בְּבֵית־הַכְּנֶסֶת הַמִּתְפַּלְּלִים

‏7 בְּאוּנִיבֶרְסִיטָה הַבָּאָה לִלְמֹד בַּשָּׁנָה הֶחְלַטְתִּי

_____

‏8 מֵהַכֶּלֶב וּבָרַחְתִּי פָּחַדְתִּי

_____

E. Write the verb form that meets all the requirements listed.

פֹּעַל	בִּנְיָן	זְמָן	גוּף	שֹׁרֶשׁ	
_כָּתְבָה_	קַל	עָבָר	הִיא	כתב√	0
_____	פִּעֵל	עָבָר	אֲנַחְנוּ	חלק√	1
_____	קַל	הֹוֶה	אַתְּ	פתח√	2
_____	קַל	עָתִיד	אֲנִי	למד√	3
_____	קַל	עָתִיד	אַתָּה	כעס√	4
_____	פִּעֵל		שֵׁם הַפֹּעַל*	חבר√	5
_____	קַל		שֵׁם הַפֹּעַל	שמע√	6
_____	קַל	עָבָר	הִיא	קנה√	7
_____	פִּעֵל	הֹוֶה	אַתֶּן	חפש√	8
_____	קַל	עָתִיד	אֲנִי	בכה√	9
_____	קַל		שֵׁם הַפֹּעַל	ראה√	10

* Infinitive

לָמָּה נִבְרָא[1] אָדָם יְחִידִי[2]

[1]was created [2]singular

אָדָם נִבְרָא יְחִידִי, לְלַמֵּד אוֹתְךָ —
שֶׁכָּל הַמְאַבֵּד[1] נֶפֶשׁ אַחַת, כְּאִילוּ[2] אִבֵּד עוֹלָם מָלֵא
וְכָל הַמְקַיֵּם[1] נֶפֶשׁ אַחַת, כְּאִילוּ קִיֵּם עוֹלָם מָלֵא.

[1]destroys [2]as if

[1]keeps alive

שְׁאֵלָה

לְפִי הַמִּדְרָשׁ, לָמָּה נִבְרָא אָדָם יְחִידִי?

מִלּוֹן

was created	נִבְרָא
singular	יְחִידִי
he keeps alive, sustains, fulfills	מְקַיֵּם — קוּם√

הצלת נפשות

אבי איש שקט ולא מדבר הרבה. יש לו ידיים של זהב. הוא צורף, ועושה כל מיני דברים נפלאים מכסף וזהב.

אבי איש שקט. הוא לא סיפר לנו על חייו, על ילדותו בפולניה, או על הימים הרעים של המלחמה. ידעתי שאבי היה בפולניה בזמן הנאצים, אבל לא ידעתי מה קרה לו, כי הוא לא סיפר לנו.

ביום שהייתי לבר־מצווה אמר לי אבי: אתה לא ילד, אתה יהודי ועליך לקיים מצוות של יהודי. מצווה גדולה היא לדעת את ההיסטוריה של עם ישראל. מצווה גדולה היא לדעת את הסיפור שלי, ולכן אֲסַפֵּר לך היום רק חלק מהסיפור.״

״הייתי בחור צעיר כשהתחילה המלחמה, וגרתי עם המשפחה שלי בָּעֲיָרָה לא רחוק מוַורשָה. בימים ההם התחלתי לעבוד כצורף וללמוד את המְלָאכה.

יום אחד בא אלי כומר הָעֲיָרָה וביקש ממני לעשות לו צְלָב מכסף ואבנים יקרות לכנסייה שלו. לא ידעתי מה לעשות. הנה יהודי אני, ואיך אני יכול לעשות צלב? אחרי מחשבה רבה הֶחְלטתי למַלֵא את בקשת הכומר. עבדתי קשֶה וכמעט גמרתי את העבודה.

בוקר אחד כשעבדתי בחדר־העבודה, נפתחה פתאום הדלת, ושני חיילים גרמנים נכנסו לחדר. בלי לחשוב, קמתי מן הכיסא והֵרמתי את הצלב גבוה מֵעַל ראשי. כשהחיילים הגרמנים ראו את הצלב הם עמדו, ויצאו מהחדר.

מהר גמרתי את עבודת הצלב ורצתי לכנסייה. הכומר שמח מאד לראות אותי ואת הצלב היפה שעשיתי מכסף ואבנים יקרות. הוא לקח את הצלב, נישק אותו ושׂם אותו בכנסייה.

הכומר הפולני אמר לי שיש סכנה גדולה ליהודים בעיירה, ושאסור לי לשוב הביתה. הוא לקח את ידי וירדנו למַרתֵף מתחת לכנסייה. שם מצאתי קבוצה קטנה של צעירים יהודים שהכומר הֶחבִיא במרתף. ישבנו במרתף בשקט ובפַחַד. כדי לשכוח את הפחד ולא

לַחֲשֹׁב על גוֹרַל המשפחות שלנו, שרנו את התפילות שלמדנו בבית הכנסת ובבית הספר.

אחרי כמה ימים הצליח הכומר לסדר לנו נְיָרוֹת מְזֻיָּפִים. הוא גם אמר לנו איך לברוח מן העיירה. במשך המלחמה הִצִּילוּ הנירות האלה חלק מהבחורים. עברו שנים רבות ולא שמעתי דבר על הכומר, אבל לפני כמה ימים קראתי עליו בעתון.״

שאלתי את אבי: ״מה קראתָ על הכומר הזה?
איפה הוא? ומה שמו?״
אבי הסתכל בידיו, ואמר בשקט:
״הכומר הפולני הזה גר עכשיו ברומא, וקוראים לו הָאַפִּיפְיוֹר ג׳ון פול השני.״

יְחִידָה 8

שִׂיחוֹת טֶלֶפוֹן – מִלְחֶמֶת יוֹם הַכִּפּוּרִים

¹desert ²tanks — יָשַׁבְנוּ בְּמִדְבַּר¹ סִינַי וְשָׁמַרְנוּ עַל הַטַּנְקִים².

¹somewhere — הָיִינוּ קְבוּצַת חַיָּלִים, אֵי־שָׁם¹ בַּמִּדְבָּר הַגָּדוֹל,

¹tent — רָחוֹק מִן הַבַּיִת. אַחֲרֵי אֲרוּחַת הָעֶרֶב חָזַרְנוּ לָאֹהֶל¹ שֶׁלָּנוּ.

¹we waited — בָּאנוּ בְּשֶׁקֶט וְיָשַׁבְנוּ עַל הַמִּטּוֹת. יָשַׁבְנוּ וְחִכִּינוּ¹.

5

¹camp ²list — טֶלֶפוֹן הַמַּחֲנֶה¹ הָיָה בָּאֹהֶל. סִדַּרְנוּ רְשִׁימָה² וְחִכִּינוּ

¹on line, turn — בְּתוֹר¹ לְדַבֵּר הַבַּיְתָה. פַּעַם בְּאַרְבָּעָה יָמִים נָתְנוּ לְכָל

חַיָּל לְטַלְפֵּן. בִּשְׁעַת הַשִּׂיחוֹת, יָשַׁב כָּל אֶחָד בְּשֶׁקֶט וְשָׁמַע.

¹like ²mad-house — בֵּין הַשִּׂיחוֹת הָיָה הָאֹהֶל כְּמוֹ¹ בֵּית מְשֻׁגָּעִים².

צוֹעֲקִים, מְדַבְּרִים, מְסַפְּרִים עַל הַבַּיִת, עַל הָאֵם,

¹short — עַל הָאִשָּׁה וְהַיְלָדִים, וְעַל הָעֲבוֹדָה. שִׂיחוֹת קְצָרוֹת¹ 10

¹connect — מְקַשְּׁרוֹת¹ אֶת הַחַיָּל עִם הַבַּיִת הָרָחוֹק.

כָּל שִׂיחָה הִיא קְצָרָה: שְׁתַּיִם – שָׁלוֹשׁ דַּקּוֹת.

נָעִים לִשְׁמֹעַ אֶת הַקּוֹלוֹת הַיְקָרִים מֵרָחוֹק.

אֶת קוֹל הָאִשָּׁה, אֶת קוֹל הָאֵם.

שִׂיחָה א' 15

¹waits ²until — חַיָּל מְטַלְפֵּן, מְחַכֶּה¹ עַד² שְׁעוֹנִים:

הוּא: הַלּוֹ, דַּפְנָה? מְדַבֵּר יוֹרָם.

הִיא: אֵיפֹה אַתָּה?

הוּא: רָחוֹק, אַתְּ יוֹדַעַת — בְּאֶרֶץ גֹּשֶׁן¹.   ¹the Land of Goshen (Egypt)

היא: אֶרֶץ גֹּשֶׁן? אֵיפֹה הִיא?   20

הוּא: אַתְּ זוֹכֶרֶת, כְּבָר הָיִינוּ שָׁם.

היא: מָתַי הָיִינוּ שָׁם?

הוּא: מַה זֶּה? כְּבָר שָׁכַחְתְּ? אֶחָד מִשֶּׁלָּנוּ¹,   ¹one of ours
יוֹסֵף, הִצְלִיחַ שָׁם.

היא: יוֹרָם, מָתַי תָּבוֹא הַבַּיְתָה?   25

הוּא: בֶּאֱמֶת אֲנִי לֹא יוֹדֵעַ.

היא: הַרְבֵּה חַיָּלִים כְּבָר בָּאוּ לְבִקּוּר הַבַּיְתָה. רַק אַתָּה לֹא.

הוּא: מָה אֲנִי יָכֹל לַעֲשׂוֹת?

היא: אַתָּה אוֹהֵב אוֹתִי?

הוּא: בֶּטַח¹! מָה אַתְּ חוֹשֶׁבֶת?   30   ¹certainly

היא: אָז לָמָּה אַתָּה לֹא אוֹמֵר?
(יוֹרָם רוֹאֶה אֶת כָּל הַחֲבֵרִים יוֹשְׁבִים עַל הַמִּטּוֹת
וְשׁוֹמְעִים אֶת הַשִּׂיחָה, וְלֹא נָעִים לוֹ¹.   ¹he was uncomfortable

לְבַסּוֹף[1] הוּא אוֹמֵר:) "אֲנִי אוֹהֵב אוֹתָךְ!" — [1]finally

הִיא: בֶּאֱמֶת?

הוּא: בְּחַיַּי[1] ... — [1]I swear

הִיא: אוּלַי תִּשְׁלַח מַשֶּׁהוּ לַיְלָדִים?

הוּא: מָה אַתְּ רוֹצָה, דָּם[1], צְפַרְדֵּעַ[2] אוֹ כִּנִּים[3]? — [1]blood [2]frog [3]lice

הַחַיָּלִים עוֹד יוֹשְׁבִים וּמְחַכִּים לַתּוֹר שֶׁלָּהֶם. בַּחוּץ לֵיל מִדְבָּר קַר. יֵשׁ רוּחַ קַלָּה[1], וְהַיָּרֵחַ בַּשָּׁמַיִם. חַיָּל שֵׁנִי מְטַלְפֵּן. לְבַסּוֹף הוּא שׁוֹמֵעַ אֶת קוֹל אִמָּא. — [1]light

שִׂיחָה ב'

אִמָּא: יוֹסִי, מַה שְׁלוֹמְךָ?

יוֹסִי: בְּסֵדֶר, בְּסֵדֶר.

אִמָּא: יוֹסִי, לָמָּה אַתָּה לֹא כּוֹתֵב?

יוֹסִי: כָּתַבְתִּי לִפְנֵי שָׁבוּעַ ...

אִמָּא: קִבַּלְתִּי אֶת הַמִּכְתָּב הַהוּא, אֲבָל הַשָּׁבוּעַ ...

יוֹסִי: מַה יֵּשׁ לִכְתֹּב?

אִמָּא: יוֹסִי, יֵשׁ מַסְפִּיק[1] אֹכֶל? — [1]enough

יוֹסִי: בֶּטַח, בֶּטַח.

אִמָּא: מָה אַתָּה אוֹכֵל? אַתָּה שׁוֹתֶה חָלָב כָּל יוֹם?

יוֹסִי: כֵּן, עֶשֶׂר כּוֹסוֹת[1] בְּכָל יוֹם. — [1]glasses

אִמָּא: קִבַּלְתָּ אֶת הַחֲבִילָה[1] שֶׁשָּׁלַחְתִּי לְךָ? — [1]package

יוֹסִי: כֵּן, תּוֹדָה אִמָּא. הָעֻגִיּוֹת הָיוּ נִפְלָאוֹת. כָּל הַחֶבְרֶ'ה[1] אָכְלוּ אוֹתָן. תִּשְׁלְחִי עוֹד עֻגִיּוֹת שׁוֹקוֹלָד. — [1]the gang

אִמָּא: כְּבָר שָׁלַחְתִּי. יוֹסֶע'לֶה, בִּקַּשְׁתִּי שֶׁתִּכְתֹּב לִי כָּל יוֹם. רַק כַּמָּה שׁוּרוֹת[1], זֶה הַכֹּל. — [1]lines

יוֹסִי: אִמָּא, אֵין מַה לִכְתֹּב.

אִמָּא: אִם כֵּן, תִּכְתֹּב שֶׁאֵין מַה לִכְתֹּב. קִבַּלְתָּ אֶת הַסְּוֶדֶר?

יוֹסִי: קִבַּלְתִּי, קִבַּלְתִּי.

אִמָּא: לָבַשְׁתָּ אוֹתוֹ?

יוֹסִי: בֶּטַח. אֲנִי לוֹבֵשׁ אוֹתוֹ עַכְשָׁו.

אִמָּא: יוֹסִי, אַתָּה חוֹלֶה?

יוֹסִי: מַה פִּתְאֹם[1]? — [1]how come?

אִמָּא: אָמַרְתָּ שֶׁאַתָּה לוֹבֵשׁ אֶת הַסְּוֶדֶר.

יוֹסִי: בֶּטַח, כִּי קַר בַּחוּץ.

אִמָּא: קַר מְאֹד?

יוֹסִי: אִמָּא, יֵשׁ תּוֹר אָרֹךְ[1] וְהַחֶבְרֶ'ה מְחַכִּים לַטֶּלֶפוֹן. דְּרִישַׁת שָׁלוֹם[1] לְאַבָּא, לְרוּתִי וְגַם לְסַבְתָּא. אֲנִי אֲטַלְפֵּן בְּעוֹד כַּמָּה יָמִים. — [1]long; [1]regards

אִמָּא: יוֹסִי, אֲנִי כָּל-כָּךְ דּוֹאֶגֶת[1]. — [1]worry

יוֹסִי: אִמָּא, אֲנִי כְּבָר בֶּן עֶשְׂרִים וְאַחַת.

אִמָּא: יוֹסִי, בְּעֵינֵי הַצָּבָא[1] אַתָּה בֶּן עֶשְׂרִים וְאַחַת, אֲבָל בְּעֵינֵי אַבָּא וְאִמָּא אַתָּה עוֹד יֶלֶד. — [1]army

מִלוֹן

desert	מִדְבָּר
tent	אֹהֶל
waited	חִכִּינוּ — חכה√
list	רְשִׁימָה
line, turn	תּוֹר
short	קָצָר
long	אָרֹךְ
connect, tie	מְקַשְּׁרוֹת — קשר√
until	עַד שֶׁ...
certainly	בֶּטַח
light (in weight), easy	קַל, קַלָּה
enough	מַסְפִּיק — ספק√
glass (f)	כּוֹס, כּוֹסוֹת
package, bundle	חֲבִילָה
line	שׁוּרָה
regards, greetings	דְּרִישַׁת שָׁלוֹם, ד״ש
worry	דּוֹאֶגֶת — דאג√
army	צָבָא

בִּטּוּיִים

I'm pleased, comfortable	נָעִים לִי
I'm not pleased, uncomfortable	לֹא נָעִים לִי
I have enough	יֵשׁ לִי מַסְפִּיק
I'm cold	קַר לִי
I'm hot	חַם לִי
It's easy for me	קַל לִי
It's hard for me	קָשֶׁה לִי
How come?	מַה פִּתְאֹם?

תַּרְגִּילִים

A. Circle the answer that best completes the sentence according to the story.

1 הַחַיָּלִים יָשְׁבוּ

א. עַל הַטַּנְקִים.
ב. בְּמִדְבַּר סִינַי.
ג. בַּבַּיִת.

2 טֶלֶפוֹן הַמַּחֲנֶה הָיָה

א. בָּעִיר
ב. בַּחוּץ.
ג. בָּאֹהֶל.

3 הַחַיָּלִים חִכּוּ בַּתּוֹר כְּדֵי

א. לִשְׁמֹר עַל הַטַּנְקִים.
ב. לְדַבֵּר עִם הַבַּיִת.
ג. לְדַבֵּר עִם רֹאשׁ־הָעִיר.

4 שִׂיחוֹת הַחַיָּלִים

א. קָשְׁרוּ אֶת הַחַיָּל עִם הַבַּיִת.
ב. הָיוּ יְקָרוֹת מְאֹד.
ג. עָזְרוּ לַחַיָּל לִלְמֹד.

5 יוֹרָם מְדַבֵּר עִם

א. הַחַיָּל.
ב. בְּנוֹת־הַמִּשְׁפָּחָה.
ג. הָאִשָּׁה שֶׁלּוֹ.

6 דַּפְנָה הִיא

א. אֵשֶׁת יוֹרָם.
ב. אֵם יוֹרָם.
ג. בַּת יוֹרָם.

7 יוֹסֵף הִצְלִיחַ בְּאֶרֶץ גֹּשֶׁן

א. בִּזְמַן הַמִּלְחָמָה.
ב. בִּזְמַן פַּרְעֹה.
ג. בִּזְמַן יְצִיאַת מִצְרַיִם.

8 הַחַיָּל יוֹסִי מְדַבֵּר

א. עִם הָאִשָּׁה שֶׁלּוֹ.
ב. עִם הֶחָבֵר שֶׁלּוֹ.
ג. עִם הָאִמָּא שֶׁלּוֹ.

9 יוֹסִי קִבֵּל מֵהָאִמָּא

א. עוּגַת שׁוֹקוֹלָד.
ב. סְוֶדֶר וְעֻגִיּוֹת שׁוֹקוֹלָד.
ג. מִכְתָּבִים וְעִתּוֹנִים.

10 אִמָּא שֶׁל יוֹסִי רוֹצָה שֶׁיּוֹסִי יִכְתֹּב לָהּ־כִּי הִיא

א. רוֹצָה לִשְׁמֹעַ חֲדָשׁוֹת. news
ב. רוֹצָה לְקַבֵּל מִכְתָּבִים מֵהַמִּדְבָּר.
ג. דּוֹאֶגֶת מְאֹד.

B. Choose the correct word to complete each sentence.

קָצָר / שִׂיחָה / מְחַכֶּה / דוֹאֶגֶת / נִפְלָאָה / עֻגִיּוֹת

חֲבִילוֹת / מַסְפִּיק / תּוֹר / חַיָּלִים / רְשִׁימָה/ בַּצָּבָא

0 הַתּוֹר לַקּוֹלְנוֹעַ הָיָה ___קָצָר___.

1 יְלָדוֹת בֵּית הַסֵּפֶר אוֹהֲבוֹת לֶאֱכֹל ___________.

2 הַיְלָדִים שֶׁל הַמִּשְׁפָּחָה שָׁלְחוּ ___________ לַחַיָּלִים.

3 צְרִיכִים לַעֲמֹד בְּ___________ אָרֹךְ לִרְאוֹת אֶת הַסֶּרֶט הֶחָדָשׁ.

4 אִמָּא ___________ כַּאֲשֶׁר הַיְלָדִים מְשַׂחֲקִים כַּדּוּרֶגֶל.

5 "אִמָּא, הָעוּגָה שֶׁעָשִׂית ___________."

6 הוּא ___________ לְמִכְתָּב מֵהַבַּיִת.

7 הָיְתָה לִי ___________ מְעַנְיֶנֶת עִם הַחַיָּל.

8 בְּיִשְׂרָאֵל, בַּחוּרִים בְּנֵי שְׁמוֹנֶה־עֶשְׂרֵה צְרִיכִים לִהְיוֹת ___________.

9 הוּא חִפֵּשׂ אֶת הַשֵּׁם שֶׁלּוֹ בָּ___________.

10 אֵין לָנוּ ___________ זְמַן לְחַכּוֹת לְךָ.

C. Combine a phrase from column א with a phrase from column ב to form a complete sentence.

א	ב
נָעִים לִי	לְטַיֵּל עִם הַקְּבוּצָה
קַל לָהֶם	סֵפֶר
הִיא רָצְתָה	מַסְפִּיק אֹכֶל
לֹא נָעִים לוֹ	לִלְמֹד
הָיָה לָנוּ	

0 נָעִים לִי לִלְמֹד.

1 ______

2 ______

3 ______

4 ______

5 ______

6 ______

7 ______

8 ______

9 ______

10 ______

D. Write the opposite.

שָׁלוֹם	______	1 יָקָר
קַלָּה	______	2 אָרֹךְ
נָעִים	______	3 חַם
שָׁתַק	______	4 מִלְחָמָה
קָרוֹב	______	5 רָחוֹק
יָצָא	______	6 לֹא נָעִים
קַר	______	7 קָשָׁה
קָצָר	______	8 נִכְנַס
זוֹל	______	9 שָׂמֵחַ
עָצוּב	______	10 דִּבֵּר

E. Choose any five idioms found in the בִּטּוּיִים section of this unit and add a word or phrase to form a sentence. Translate the sentence.

0 קַר לִי בַּבַּיִת. I am cold in the house.

1 ______________________________

2 ______________________________

3 ______________________________

4 ______________________________

5 ______________________________

What does this verse from Psalms (133:1) mean?

הִנֵּה מַה טּוֹב וּמַה נָּעִים שֶׁבֶת אַחִים גַּם יָחַד.

____

The Construct State of the Noun, סְמִיכוּת

In English, we can form a **compound word**, that is, two nouns next to each other in which the first noun tells us something about the second.

For example: ice water, book case, clothes closet, drug store, fruit dish.

In the pair *ice water*, the first word, ice, tells us about the quality of the water.

In the pair *clothes closet*, the first word, clothes, tells us what kind of closet we are discussing.

In Hebrew, we have a somewhat similar grammatical construction.

a clothes closet	אֲרוֹן בְּגָדִים
a telephone book	סֵפֶר טֶלֶפוֹן
Ruth's dress	שִׂמְלַת רוּת
the children of Israel	בְּנֵי יִשְׂרָאֵל
the student's questions	שְׁאֵלוֹת הַתַּלְמִיד

In the pair אֲרוֹן בְּגָדִים, the word בְּגָדִים tells us what kind of אֲרוֹן we are discussing.

In the pair סֵפֶר טֶלֶפוֹן, the word טֶלֶפוֹן tells us what kind of סֵפֶר we are talking about.

In English, the first word tells us something about the second word.
In Hebrew, the second word tells us something about the first word.
In each language, the order of words corresponds to the order of a noun and its adjective.

a	big	book	גָּדוֹל	סֵפֶר
	adj.	**noun**	**adj.**	**noun**

In *ice water*, the first noun modifies the second.
In אֲרוֹן בְּגָדִים, the second noun modifies the first.

This pairing of related nouns is called the **construct state, סְמִיכוּת.** In Hebrew, the two related nouns are considered one sound unit, a **compound word.**

school	בֵּית-סֵפֶר

The **accent falls on the second noun** in the pair.
The **first noun** of the pair is considered to be **in construct,** נִסְמָךְ.
It loses its main accent and its vowel pattern is often changed.

בַּיִת + סֵפֶר	בֵּית סֵפֶר
שִׂמְלָה +אִשָּׁה	שִׂמְלַת אִשָּׁה

Since the two nouns in the construct state are considered one unit, the **definite article appears only once, before the second noun.**

the book case	אֲרוֹן הַסְּפָרִים
the school	בֵּית הַסֵּפֶר

Without the ה in front of the second noun, the compound word is **indefinite**.

book case, a book case	אֲרוֹן סְפָרִים
school, a school	בֵּית-סֵפֶר

If the compound noun is **definite,** אֶת must be added when it is a **direct object of a verb**.

I like the boy's name.	אֲנִי אוֹהֵב אֶת שֵׁם הַיֶּלֶד.
I like Rachel's kisses.	אֲנִי אוֹהֵב אֶת נְשִׁיקוֹת רָחֵל.*

* As in English, the definite article is not used with proper names.

Nouns in the Construct State

the boy's uncle (m.s.)	דּוֹד הַיֶּלֶד
the father's aunt (f.s.)	דּוֹדַת הָאָב
Rachel's uncles (m.pl.)	דּוֹדֵי רָחֵל
Joseph's aunts (f.pl.)	דּוֹדוֹת יוֹסֵף

Masculine Singular

the boy's uncle	דּוֹד הַיֶּלֶד	הַדּוֹד שֶׁל הַיֶּלֶד
David's son	בֶּן דָּוִד	הַבֵּן שֶׁל דָּוִד

The masculine singular noun does not change in construct.

Feminine Singular

the child's bed	מִטַּת הַיֶּלֶד	הַמִּטָּה שֶׁל הַיֶּלֶד
the father's aunt	דּוֹדַת הָאָב	הַדּוֹדָה שֶׁל הָאָב

The feminine singular ending □ָה changes in construct to □ַת.

the girl's notebook	מַחְבֶּרֶת הַיַּלְדָּה	הַמַּחְבֶּרֶת שֶׁל הַיַּלְדָּה
the door of the house	דֶּלֶת הַבַּיִת	הַדֶּלֶת שֶׁל הַבַּיִת

A feminine noun ending in ת does not change in construct.

Masculine Plural

the students of the class	תַּלְמִידֵי הַכִּתָּה	הַתַּלְמִידִים שֶׁל הַכִּתָּה
Rachel's poems	שִׁירֵי רָחֵל	הַשִּׁירִים שֶׁל רָחֵל

The masculine plural ending □ִים changes in construct to □ֵי.

Feminine Plural

the mother's aunts	דודות הָאֵם	הַדּוֹדוֹת שֶׁל הָאֵם
the teacher's pupils	תַּלְמִידוֹת הַמּוֹרָה	הַתַּלְמִידוֹת שֶׁל הַמּוֹרָה
the Hanukkah menorahs	מְנוֹרוֹת חֲנֻכָּה	הַמְּנוֹרוֹת שֶׁל חֲנֻכָּה

The feminine plural ending וֹת does not change in construct.

If a **masculine plural** word ends in וֹת, it does not change in construct.

Sabbath candles	נֵרוֹת שַׁבָּת

תַּרְגִּילִים

A. List 10 examples of סְמִיכוּת found in the story.

0 שִׂיחוֹת טֶלֶפוֹן

1 ____________	6 ____________
2 ____________	7 ____________
3 ____________	8 ____________
4 ____________	9 ____________
5 ____________	10 ____________

B.   Change the following phrases into סְמִיכוּת.

Masculine Singular

0   הַגַּן שֶׁל הָעִיר   <u>גַּן הָעִיר</u>

1   הַסֵּפֶר שֶׁל הַיְלָדִים   _____

2   הַכּוֹס שֶׁל אֵלִיָּהוּ   _____

3   הַחַלּוֹן שֶׁל הַבַּיִת   _____

4   הַמִּדְבָּר שֶׁל סִינַי   _____

5   הַמָּגֵן שֶׁל דָּוִד   _____

Masculine Plural

0   הַסִּפּוּרִים שֶׁל הַמִּלְחָמָה   <u>סִפּוּרֵי הַמִּלְחָמָה</u>

1   הַתַּלְמִידִים שֶׁל בֵּית-הַסֵּפֶר   _____

2   הַסִּפּוּרִים שֶׁל סַבְתָּא   _____

3   הֶהָרִים שֶׁל יְהוּדָה   _____

4   הַשִּׁעוּרִים שֶׁל הַכִּתָּה   _____

5   הַתַּפּוּחִים שֶׁל זָהָב   _____

Feminine Singular

0   הַשִּׁירָה שֶׁל מֹשֶׁה   _שִׁירַת מֹשֶׁה_

1   הַמְּדִינָה שֶׁל יִשְׂרָאֵל   _____

2   הַשִּׂמְלָה שֶׁל גִּילָה   _____

3   הַשִּׂיחָה שֶׁל הַנֶּהָג   _____

4   קְבוּצָה שֶׁל יְלָדִים   _____

5   הָאֲרוּחָה שֶׁל הָעֶרֶב   _____

Feminine Plural

0   הַחַלּוֹת שֶׁל שַׁבָּת   _חַלּוֹת שַׁבָּת_

1   הַדּוֹדוֹת שֶׁל הַיֶּלֶד   _____

2   הַשִּׂיחוֹת שֶׁל הַחַיָּלִים   _____

3   הַחוֹמוֹת walls שֶׁל הָעִיר   _____

4   הַנֵּרוֹת שֶׁל שַׁבָּת   _____

5   הַלּוּחוֹת שֶׁל הַבְּרִית   _____

C. Circle the correct form to complete each sentence.

0 הִיא קִבְּלָה אֶת הָעוּגָה (עוּגַת) הַשּׁוֹקוֹלַד.
1 מֹשֶׁה הוֹצִיא אֶת בְּנֵי הַבָּנִים יִשְׂרָאֵל מִמִּצְרַיִם.
2 גּוֹלְדִּילוֹקְס שָׁבְרָה אֶת הַמִּטָּה מִטַּת הַדֹּב bear.
3 הֵם קָנוּ מְנוֹרַת מְנוֹרוֹת חֲנֻכָּה חֲדָשָׁה.
4 מַה הִיא שָׂפָה שְׂפַת language הָאֵם שֶׁלְּךָ?
5 מִי הָרֹאשׁ רֹאשׁ הָעִיר הֶחָדָשׁ?
6 אֲנִי רָצִיתִי לְבַקֵּר בְּ מִדְבַּר הַמִּדְבָּר סִינַי.
7 כְּבָר זְמַן לְהַדְלִיק נֵרוֹת הַשַּׁבָּת שַׁבָּת.
8 אֲנִי אוֹהֶבֶת לִקְרֹא אֶת חִבּוּרֵי הַחִבּוּרִים הַיֶּלֶד.
9 הוּא קָנָה אֶת סְחוֹרוֹת הַסּוֹחֵר סוֹחֵר.
10 הִיא שָׁלְחָה לוֹ חַלּוֹת חַלָּה שַׁבָּת.

D. Combine a word from column א with a word from column ב to form 10 examples of סְמִיכוּת.

א	ב
בְּנֵי	הַמִּלְחָמָה
שִׂיחוֹת	הַמִּשְׁפָּחָה
קוֹל	יִשְׂרָאֵל
סוֹף	הָעֲגִיּוֹת
חֲבִילַת	הַסְּפָרִים
	הָאֵם

0 בְּנֵי הַמִּשְׁפָּחָה
1 ______________
2 ______________
3 ______________
4 ______________
5 ______________
6 ______________
7 ______________
8 ______________
9 ______________
10 ______________

תַּרְגִּילִים לַחֲזָרָה

A. Write the correct form of the פֹּעַל in the עָבָר.

0 דַּפְנָה √בשל ___בִּשְּׁלָה___ אֲרוּחָה טוֹבָה.

1 שְׁלֹמֹה √בקש ________ אֶת הָעוּגָה.

2 אַתְּ √בקש ________ סֵפֶר מִן הַמּוֹרָה?

3 אֲנַחְנוּ √בקש ________ תּוֹר לַטֶּלֶפוֹן.

4 אַתָּה √קבל ________ סְוֶדֶר מֵאִמָּא.

5 אֲנִי √קבל ________ מִכְתָּב מִיּוֹרָם.

6 יוֹרָם √דבר ________ עִם אִשְׁתּוֹ בָּעֶרֶב.

7 אִמָּא לֹא √דבר ________ עִם יוֹסִי הַיּוֹם.

B. Add at least two words to each line, to form a complete sentence.

0 אֲנִי אוֹהֵב לִשְׁכַּב ___בַּמִּטָּה וְלִקְרֹא.___

1 ________ יְקַבְּלוּ חֲבִילוֹת מִן הַתַּלְמִידִים.

2 בַּקַּיִץ, שָׂרָה ________ בְּיִשְׂרָאֵל.

3 בַּבֹּקֶר, הָאֵם תְּסַדֵּר ________

4 בְּכָל חֲנֻכָּה, אֲנַחְנוּ ________

5 בַּמִּלְחָמָה, הַחַיָּל לָמַד ________

C. Fill out this personal questionaire. Write the numbers in Hebrew. Make sure the number agrees with the noun it modifies.

1 אֲנִי בֶּן (בַּת) ____________ שָׁנִים.

2 יֵשׁ לִי ____________ אַח(ים) וְ____________ אָחוֹת (אֲחָיוֹת).

3 מִסְפַּר הַטֶּלֶפוֹן שֶׁלִּי הוּא ________________________________

____

4 אֲנִי גָּר (גָּרָה) בִּרְחוֹב ____________, מִסְפָּר ____________

____

5 בְּכָל בֹּקֶר אֲנִי קָם (קָמָה) בְּשָׁעָה ____________.

6 בְּשַׁבָּת אֲנִי קָם (קָמָה) בְּשָׁעָה ____________.

7 וּבְיוֹם רִאשׁוֹן אֲנִי קָם (קָמָה) בְּשָׁעָה ____________.

8 אֲנִי אוֹכֵל (אוֹכֶלֶת) ____________ אֲרוּחוֹת בְּיוֹם.

9 יֵשׁ לִי ____________ מוֹרִים בְּבֵית הַסֵּפֶר.

10 אֲנִי מְדַבֵּר (מְדַבֶּרֶת) ____________ שָׂפוֹת. languages

Silver binding for a *Siddur*, given as a Bar Mitzva gift. Austria, 18th century.

D. Find the common characteristic in each group of words, and circle the word that does not belong in the group. Be prepared to explain your choice.

0 סִפּוּר קִדּוּשׁ תִּקּוּן (צִפּוֹר)

Reason: צִפּוֹר is not a noun formed from a verb.

1 חוּם צָהֹב גָּמָל יָרֹק
2 רֶגֶל דֶּגֶל יַד רֹאשׁ
3 נִקְנֶה בּוֹכֶה שָׁתְתָה שָׁרָה
4 סִפַּרְנוּ חָזְרָה מְקַבֵּל נְדַבֵּר
5 שַׁבְתִּי קָם קָנָה שָׂמָה

E. Add an א or an ע to each of these words and write in the correct vowel. Translate each word.

0 ‏__אָ__דם ‏ red
1 שָׁ____ה ‏ ________
2 שְׁ____לָה ‏ ________
3 רֹ____שׁ ‏ ________
4 כַּ____ס ‏ ________
5 פַּ____ם ‏ ________
6 מְצָ____ ‏ ________
7 ____חַת ‏ ________
8 ____צוּב ‏ ________
9 שׁוֹמֵ____ת ‏ ________
10 צְ____יָרָה ‏ ________

F. Translate the following sentences into Hebrew.

1 They received a beautiful gift.

_____

2 Will you (m.s.) teach me to play football?

_____

3 Did you (m.pl.) request help?

_____

4 In Israel, it is impossible to receive letters on the Sabbath.

_____

_____

5 Did you (f.s.) make (arrange) your bed?

_____

6 He likes to tell us stories about the army.

_____

_____

7 She composed an interesting composition.

_____

8 I honor my mother and father.

_____

9 She is correcting the tests now.

____

10 He divided them (m.) into two groups.

____

G. Fill in the chart.

פֹּעַל	שֹׁרֶשׁ	גִּזְרָה	בִּנְיָן	גּוּף	זְמַן
0 שָׁמַרְנוּ	שמר	שְׁלֵמִים	קַל	אֲנַחְנוּ	עָבָר
1 תִּכְתְּבוּ					
2 יִקְרְאוּ					
3 לְלַמֵּד					
4 יָדְעוּ					
5 קִבְּלוּ					
6 בָּכְתָה					
7 נְטַיֵּל					
8 יָצָא					
9 תִּשְׁתֶּה					
10 טַסְנוּ					

הַזָּהָב וְהַגַּחֶלֶת[1]

[1]ember, glowing coal

בַּת פַּרְעֹה הֵבִיאָה אֶת מֹשֶׁה אֶל הָאַרְמוֹן[1] וְגִדְּלָה[2] אוֹתוֹ כְּבֵן.

[1]palace [2]raised

הִיא אָהֲבָה מְאֹד אֶת הַיֶּלֶד אֲשֶׁר הִיא לָקְחָה מִן הַיְאוֹר[1].

[1]Nile

גַּם פַּרְעֹה אָהַב אֶת מֹשֶׁה מְאֹד, וְתָמִיד שִׂחֵק אִתּוֹ.

עַל רֹאשׁ פַּרְעֹה הָיָה כֶּתֶר[1] זָהָב נִפְלָא. מֹשֶׁה הַקָּטָן אָהַב לְשַׂחֵק בַּכֶּתֶר. תָּמִיד לָקַח אֶת הַכֶּתֶר מֵעַל רֹאשׁ פַּרְעֹה, וְשָׂם אוֹתוֹ עַל רֹאשׁוֹ.

[1]crown

פַּעַם אָמְרוּ הַחַרְטוּמִים[1] אֶל פַּרְעֹה: ״הַיֶּלֶד הַקָּטָן הַזֶּה לוֹקֵחַ אֶת הַכֶּתֶר שֶׁלְּךָ מֵעַל רֹאשְׁךָ, וְשָׂם אוֹתוֹ עַל רֹאשׁוֹ. זֶה סִימָן[1] שֶׁהוּא יִקַּח[2] אֶת הַמְּלוּכָה[3] שֶׁלְּךָ.״

[1]magicians

[1]sign [2]will take [3]kingdom

פָּחַד פַּרְעֹה וְשָׁאַל: ״מָה אֶעֱשֶׂה?״

אָמְרוּ הַחַרְטוּמִים אֶל פַּרְעֹה: ״הֲרֹג[1] אֶת מֹשֶׁה.״

[1]kill

בֵּין הַחַרְטוּמִים הָיָה חָכָם אֶחָד בְּשֵׁם יִתְרוֹ[1].

[1]Jethro *

אָמַר יִתְרוֹ: ״לֹא נַהֲרֹג אֶת הַיֶּלֶד; נִרְאֶה אִם הוּא בֶּאֱמֶת

* Jethro was the father of Zipporah, who became Moses' wife.

יוֹדֵעַ מַה שֶּׁהוּא עוֹשֶׂה. נָשִׂים[1] לִפְנֵי מֹשֶׁה שְׁתֵּי קְעָרוֹת[2], אַחַת שֶׁל זָהָב, וְאַחַת שֶׁל גֶּחָלִים[1] בּוֹעֲרוֹת[2]. אִם יִקַּח מִן הַזָּהָב — חָכָם הוּא, וְצָרִיךְ לַהֲרֹג אוֹתוֹ. אֲבָל, אִם יִקַּח מִן הַגֶּחָלִים — סִימָן שֶׁהוּא לֹא יוֹדֵעַ מַה שֶּׁהוּא עוֹשֶׂה — וְיִחְיֶה[1].״

[1] we will put [2] bowls
[1] coals [2] burning
[1] he will live

הַחַרְטֻמִּים שָׂמוּ לִפְנֵי מֹשֶׁה אֶת שְׁתֵּי הַקְּעָרוֹת, וְהַיֶּלֶד הַקָּטָן שָׁלַח אֶת יָדוֹ[1] לָקַחַת מִן הַזָּהָב. אֲבָל, מִן הַשָּׁמַיִם יָרַד מַלְאָךְ[1] וְדָחַף אֶת יְדֵי מֹשֶׁה אֶל קְעָרַת הַגֶּחָלִים. הַגַּחֶלֶת שָׂרְפָה[1] אֶת יָדוֹ, וּמִיָּד הוּא שָׂם אוֹתָהּ בַּפֶּה[1] שֶׁלּוֹ. נִשְׂרְפָה לְשׁוֹנוֹ[2] שֶׁל מֹשֶׁה, וּמֵאָז הָיָה ל״כְבַד[1] פֶּה וּכְבַד לָשׁוֹן.״*

[1] stretched out his hand
[1] angel
[1] burnt
[1] mouth [2] his tongue
[1] heavy

*(Exodus 4:10/ שְׁמוֹת ד, י)

מִלּוֹן

גִּדֵּל, גִּדְּלָה — גדל√	brought up, raised
כֶּתֶר	crown
סִימָן	sign
מְלוּכָה	kingdom
בּוֹעֲרוֹת — בער√*	burning
יִקַּח — לקח√	he will take
יִחְיֶה — חיה√	he will live
חַיִּים	life
מַלְאָךְ	angel
שָׂרַף — שרף√*	he burned
פֶּה	mouth
לָשׁוֹן	tongue, language

* Although שָׂרַף and בָּעַר both mean *burn*, they are used differently.

הָאֵשׁ שָׂרְפָה אֶת הַבַּיִת. — שָׂרַף takes an object.

הַבַּיִת בּוֹעֵר בָּאֵשׁ. — בָּעַר does not take an object.

שְׁאֵלוֹת

תַּעֲנוּ עַל כָּל שְׁאֵלָה בְּמִשְׁפָּט שָׁלֵם.

1 מִי גִּדֵּל אֶת מֹשֶׁה?
2 מַדּוּעַ אָמְרוּ הַחַרְטוּמִים לְפַרְעֹה שֶׁמֹּשֶׁה יִקַּח אֶת הַמְּלוּכָה שֶׁלּוֹ?
3 אֵיךְ רָצָה יִתְרוֹ לִבְחֹן test אֶת מֹשֶׁה אִם חָכָם הוּא?
4 אֵיךְ הָיָה מֹשֶׁה לְ״כְבַד פֶּה וּכְבַד לָשׁוֹן״?
5 מַה קָּרָה לְמֹשֶׁה כְּשֶׁהוּא גָּדַל?

Carved wooden panels from the doors of the 12th century synagogue in Fustat, Egypt.

שיחות טלפון — מלחֶמֶת יום הכיפורים

ישבנו במדבר סיני ושמרנו על הטנקים. היינו קבוצת חיילים, אֵי־שם במדבר הגדול, רחוק מן הבית. אחרי ארוחת הערב חזרנו לאוהל שלנו. באנו בשקט וישבנו על המיטות. ישבנו וחיכינו.

טלפון המחנה היה באוהל. סידרנו רשימה וחיכינו בתור לדַבר הביתה. פעם בארבעה ימים נתנו לכל חייל לטלפן. בשעת השיחות, ישב כל אחד בשקט וְשָׁמַע. בין השיחות היה האוהל כמו בית משוגעים. צועקים, מדברים, מספרים על הבַּיִת, על האם, על האישה והילדים, ועל העבודה. שיחות קצרות מקשרות את החייל עם הבית הרחוק. כל שיחה היא קצרה: שתים — שלוש דקות. נעים לשמוע את הקולות היקרים מרחוק. את קול האישה, את קול האם.

שיחה א'

חייל מטלפן, מחכה עד שֶׁעונים:

הוא: הלו, דפנה? מדבר יורם.
היא: איפה אתה?
הוא: רחוק, את יודעת — בארץ גֹּשֶׁן.
היא: ארץ גֹּשֶׁן? איפה היא?
הוא: את זוכרת, כבר היינו שם.
היא: מתי היינו שם?
הוא: מה זה? כבר שכחְתְּ? אחד מִשלנו, יוסף, הצליח שם.
היא: יורם, מתי תבוא הביתה?
הוא: באמת אני לא יודע.
היא: הרבה חיילים כבר באו לביקור הביתה. רק אתה לא.
הוא: מה אני יכול לעשות?
היא: אתה אוהב אותי?
הוא: בֶּטַח! מה את חושבת?

היא: אז למה אתה לא אומר?
(יורם רואה את כל החברים יושבים על המיטות ושומעים את השיחה, ולא נעים לו. לבסוף הוא אומר:) "אני אוהב אותךְ!"
היא: באמת?
הוא: בחַיַי ...
היא: אולי תשלח משהו לילדים?
הוא: מה את רוצה, דם, צְפַרְדֵעַ או כינים?

החיילים עוד יושבים ומחכים לתור שלהם. בחוץ לֵיל מִדְבָּר קר. יש רוח קלה, והיָרֵחַ בשמים.
חייל שֵׁנִי מטלפן. לבסוף הוא שומע את קול אמא.

שיחה ב'

אמא: יוסי, מה שלומךָ?
יוסי: בְּסדר, בסדר.
אמא: יוסי, למה אתה לא כותב?
יוסי: כתבתי לפני שבוע ...
אמא: קיבלתי את המכתב ההוא, אבל השבוע ...
יוסי: מה יש לכתוב?
אמא: יוסי, יש מספיק אוכל?
יוסי: בֶּטַח, בטח.
אמא: מה אתה אוכל? אתה שותה חלב כל יום?
יוסי: כן, עשר כוסות בכל יום.
אמא: קיבלת את החבילה ששלחתי לךָ?
יוסי: כן, תודה אמא. העוגיות היו נפלאות. כל החֶבְרֶ'ה אכלו אותן. תשלחי עוד עוגיות שוקולד.
אמא: כבר שלחתי. יוסע'לה, ביקשתי שתכתוב לי כל יום. רק כמה שורות, זה הכול.
יוסי: אמא, אין מה לכתוב.
אמא: אִם כֵּן, תכתוב שאין מה לכתוב. קיבלת את הסוֶדר?
יוסי: קיבלתי, קיבלתי.
אמא: לבשתָ אותו?
יוסי: בטח. אני לובש אותו עכשיו.

אמא: יוסי, אתה חולה?

יוסי: מה פתאום?

אמא: אמרת שאתה לובש את הסודר.

יוסי: בטח, כי קר בחוץ.

אמא: קר מאוד?

יוסי: אמא, יש תור ארוך והחבר'ה מחכים לטלפון. דרישת שלום לאבא, לרותי וגם לסבתא. אני אטלפן בעוד כמה ימים.

אמא: יוסי, אני כל־כך דואגת.

יוסי: אמא, אני כבר בן עשרים ואחת.

אמא: יוסי, בְּעֵינֵי הצבא אתה בן עשרים ואחת, אבל בְּעֵינֵי אבא ואמא אתה עוד ילד.

9 יְחִידָה

מְכוֹנַת־הַכְּתִיבָה[1]

[1] typewriter

(מִכְתָּב מֵרוּסְיָה)

שָׁלוֹם גִּילָה,

בְּמִכְתָּבִי הָאַחֲרוֹן סִפַּרְתִּי לָךְ עַל יְהוּדִי זָקֵן, שֶׁפָּגַשְׁתִּי בְּבֵית-הַכְּנֶסֶת בְּשַׁבָּת. בְּיוֹם רִאשׁוֹן, בִּקַּרְנוּ בְּבַיִת שֶׁלּוֹ. כַּאֲשֶׁר נִכְנַסְנוּ לְדִירָתוֹ בְּשָׁעָה עֶשֶׂר בַּבֹּקֶר, הַזָּקֵן נָתַן שִׁעוּר בְּעִבְרִית לְבָחוּר צָעִיר. הַתַּלְמִיד הָיָה בֶּן שְׁמוֹנֶה-עֶשְׂרֵה, עִם שֵׂעָר[1] שָׁחוֹר וְעֵינַיִם כְּחֻלּוֹת. עַל הַשֻּׁלְחָן רָאִיתִי סֵפֶר עִבְרִי קָטָן, וּבוֹ סִפּוּרִים קַלִּים, שִׁירִים, תַּרְגִּילִים, וּרְשִׁימוֹת מִלִּים. "מִי חִבֵּר אֶת הַסֵּפֶר הַזֶּה?" שָׁאַלְתִּי. "אֲנִי חִבַּרְתִּי אֶת הַסֵּפֶר," עָנָה הַמּוֹרֶה הַזָּקֵן, "וְאִשְׁתִּי כָּתְבָה אוֹתוֹ בִּמְכוֹנַת־כְּתִיבָה עִבְרִית."

[1] hair

אֵשֶׁת הַמּוֹרֶה בָּאָה מִן הַמִּטְבָּח,[1] וְהֵבִיאָה עֻגִיּוֹת וְכוֹסוֹת תֵּה. שָׁאַלְתִּי אוֹתָהּ: "אֵיךְ קִבַּלְתֶּם מְכוֹנַת־כְּתִיבָה עִבְרִית כָּאן בְּרוּסְיָה?" הָאִשָּׁה הַזְּקֵנָה צָחֲקָה וְאָמְרָה: "סוֹחֵר אֲמֶרִיקָנִי, אָדוֹן מֶלְטוֹן, הֵבִיא לָנוּ אֶת הַמְּכוֹנָה. הוּא נוֹסֵעַ לְרוּסְיָה אַרְבַּע פְּעָמִים בְּשָׁנָה."

[1] kitchen

"וְאֵיךְ הֵבִיא אוֹתָהּ?"

"נִשְׁתֶּה תֵּה, וַאֲסַפֵּר לָכֶם אֶת הַסִּפּוּר."

וְהִנֵּה הַסִּפּוּר שֶׁסִּפְּרָה לָנוּ הַזְּקֵנָה ...

א'

הַטֶּלֶפוֹן צִלְצֵל[1] בַּמִּשְׂרָד[2] שֶׁל סִדְנִי מֶלְטוֹן בְּשִׁיקָגוֹ: (¹rang ²office)

"סִדְנִי?"

"מְדַבֵּר."

"מְדַבֵּר שְׁלֹמֹה. כַּמָּה פְּעָמִים הָיִיתָ בְּרוּסְיָה הַשָּׁנָה?"

"הַשָּׁנָה שָׁלֹשׁ פְּעָמִים. מַדּוּעַ?"

"וְאַתָּה נוֹסֵעַ עוֹד פַּעַם אַחַת?"

"הַחֹדֶשׁ. שְׁמַע, שְׁלֹמֹה, אֲנִי כְּבָר יוֹדֵעַ מַה שֶּׁאַתָּה רוֹצֶה מִמֶּנִּי. אֲנִי לֹא יָכֹל לַעֲזֹר לְךָ. הַפַּעַם אֲנִי בֶּאֱמֶת לֹא רוֹצֶה לְהִתְקַשֵּׁר עִם הַ**פְּעִילִים**[1] שֶׁלְּךָ. (¹activists*) זֶה מְסֻכָּן[1] מְאֹד!" (¹dangerous)

"לַ**פְּעִילִים**, סִדְנִי, זֶה מְסֻכָּן. לְךָ זֶה לֹא מְסֻכָּן. אַתָּה סוֹחֵר אֲמֶרִיקָנִי. הָעֲבוֹדָה שֶׁלְּךָ חֲשׁוּבָה מְאֹד לָרוּסִים. הֵם תָּמִיד שְׂמֵחִים לִרְאוֹת אוֹתְךָ. וְיוֹתֵר חָשׁוּב, הָרוּסִים לֹא בּוֹדְקִים[1] אֶת הַמִּזְוָדוֹת[2] שֶׁלְּךָ". (¹inspect ²suitcases)

"לֹא, שְׁלֹמֹה. כְּבָר עָשִׂיתִי הַרְבֵּה. כְּבָר הֵבֵאתִי לְרוּסְיָה סְפָרִים עִבְרִיִּים, טַלִּיתוֹת, מִכְתָּבִים, סִדּוּרִים, מְזוּזוֹת, וּמִי יוֹדֵעַ מָה עוֹד. אַתָּה בִּקַּשְׁתָּ — וַאֲנִי אָמַרְתִּי כֵּן. הַפַּעַם אֲנִי אוֹמֵר לֹא. לֹא! לֹא! לֹא!"

"אוֹ־קֵי, סִדְנִי. צַר לִי[1] מְאֹד, אֲבָל אִם אַתָּה אוֹמֵר לֹא, (¹I'm sorry) אָז לֹא ... אֲבָל סִדְנִי, מָה אִם נְחַלֵּק אֶת הַמְּכוֹנָה[1] לַחֲלָקִים?" (¹machine)

* Russian Jews who study Hebrew and seek to emigrate to Israel.

״מְכוֹנָה? אֵיזוֹ[1] מְכוֹנָה?״ — [1] which
״מְכוֹנַת־כְּתִיבָה עִבְרִית. בַּמְּכוֹנָה הַזֹּאת, יִכְתְּבוּ **הַפְּעִילִים** סְפָרִים לְתַלְמִידִים שֶׁרוֹצִים לִלְמֹד עִבְרִית.״

״שְׁלֹמֹה, הִשְׁתַּגַּעְתָּ?[1] אֵיךְ אֶפְשָׁר לְהַכְנִיס[2] מְכוֹנַת־כְּתִיבָה עִבְרִית לְרוּסְיָה? — [1] are you crazy? [2] to bring in
אִם יִמְצְאוּ אֲפִילוּ[1] חֵלֶק קָטָן, — [1] even
יְגָרְשׁוּ[1] אוֹתִי מֵרוּסְיָה.״ — [1] they will expel
״אַתָּה צוֹדֵק[1] סִדְנִי. לֹא נְחַלֵּק אֶת הַמְּכוֹנָה.״ — [1] you are right
״אֲבָל אֵיךְ אֶקַּח אוֹתָהּ?״
״אַתָּה חָכָם, סִדְנִי, תִּמְצָא דֶּרֶךְ.״

ב׳

סִדְנִי מֶלְטוֹן הִגִּיעַ לִשְׂדֵה־הַתְּעוּפָה[1] בְּמוֹסְקְבָה, — [1] airport
וּבְיָדָיו[1] שְׁתֵּי מִזְוָדוֹת. הַנּוֹסְעִים עָמְדוּ בְּתוֹר אָרֹךְ — [1] in his hands
וְחִכּוּ לִפְנֵי פְּקִיד הַמֶּכֶס[1]. הַפָּקִיד הִכִּיר[2] אֶת סִדְנִי מֶלְטוֹן. — [1] custom's official [2] recognized

״שָׁלוֹם, אָדוֹן מֶלְטוֹן. בָּרוּךְ הַבָּא[1]. אֲנִי רוֹאֶה שֶׁנָּעִים לְךָ פֹּה בְּרוּסְיָה.״ — [1] welcome
״כֵּן, כֵּן, חָבֵר,״ עָנָה מֶלְטוֹן. ״טוֹב לִי פֹּה.
הַהוֹרִים שֶׁלִּי בָּאוּ מִכָּאן, וְהָרוּסִים הֵם אֲנָשִׁים נְעִימִים וְנֶחְמָדִים.[1]״ — [1] delightful
״מָה אַתָּה מַכְנִיס הַפַּעַם? סִיגָרִיּוֹת? יַיִן?״ שָׁאַל הַפָּקִיד.
״אַתָּה כְּבָר יוֹדֵעַ שֶׁאֲנִי לֹא מֵבִיא סִיגָרִיּוֹת וְיַיִן.
בְּרוּסְיָה יֵשׁ ווֹדְקָה טוֹבָה מְאֹד!״ עָנָה מֶלְטוֹן.
״נָכוֹן,״ צָחַק הַפָּקִיד, וְלֹא פָּתַח אֶת הַמִּזְוָדָה הָרִאשׁוֹנָה.

״וּבַמִּזְוָדָה הַשְּׁנִיָּה בְּוַדַּאי[1] יֵשׁ מְכוֹנַת־הַכְּתִיבָה הָאַנְגְּלִית שֶׁלְּךָ. אֲנִי זוֹכֵר אוֹתָהּ.״ — [1] certainly

״לֹא, לֹא,״ אָמַר סִדְנִי בְּלַחַשׁ. ״הַפַּעַם הֵבֵאתִי מְכוֹנַת־כְּתִיבָה עִבְרִית!״

״עִבְרִית!״ צָחַק הַפָּקִיד, ״מְכוֹנַת־כְּתִיבָה עִבְרִית! זֹאת בְּדִיחָה[1] טוֹבָה! אַל תִּשְׁתֶּה יוֹתֵר מִדַּי ווֹדְקָה, מַר מֶלְטוֹן!״

וְכָךְ הִגִּיעָה מְכוֹנַת־הַכְּתִיבָה הָעִבְרִית לְמוֹסְקְבָה.

בִּבְרָכוֹת רַבּוֹת,
מֹשֶׁה

[1] joke

מִלּוֹן

typewriter	מְכוֹנַת־כְּתִיבָה
machine	מְכוֹנָה
hair	שֵׂעָר, שְׂעָרוֹת
kitchen	מִטְבָּח
dangerous	מְסֻכָּן — סכן√
Are you crazy?	הִשְׁתַּגַּעְתָּ? — שגע√
crazy	מְשֻׁגָּע
to bring in	לְהַכְנִיס — כנס√
I, you, he bring(s) in	מַכְנִיס
even	אֲפִילוּ
I, you, he is (am, are) right	צוֹדֵק — צדק√
official, clerk	פָּקִיד
delightful	נֶחְמָד, נֶחְמָדִים
certainly	בְּוַדַּאי
in a whisper	בְּלַחַשׁ
he whispered	לָחַשׁ — לחשׁ√
joke	בְּדִיחָה
many	רַב

בִּטּוּיִים

I'm sorry	צַר לִי
welcome	בָּרוּךְ הַבָּא
with good wishes	בִּבְרָכוֹת
with many good wishes	בִּבְרָכוֹת רַבּוֹת

צַר לִי עָלֶיךָ אָחִי יְהוֹנָתָן, נָעַמְתָּ לִי מְאֹד.

I grieve for you, my brother Jonathan, you were most dear to me.

(שְׁמוּאֵל ב' א, כו / 2 Samuel 1:26)

תַּרְגִּילִים

A. Choose the phrase that best completes the sentence.

1 כַּאֲשֶׁר נִכְנַס מֹשֶׁה לְדִירַת הַמּוֹרֶה, הוּא מָצָא
א. כִּתָּה לוֹמֶדֶת עִבְרִית.
ב. תַּלְמִיד אֶחָד לוֹמֵד עִבְרִית.
ג. תַּלְמִידָה אַחַת לוֹמֶדֶת עִבְרִית.
ד. מוֹרֶה כּוֹתֵב סְפָרִים בְּעִבְרִית.

2 הַצָּעִיר לָמַד עִבְרִית מִסֵּפֶר
א. שֶׁקָּנָה הַמּוֹרֶה בַּחֲנוּת בְּמוֹסְקְבָה.
ב. שֶׁשָּׁלְחוּ אֵלָיו חֲבֵרִים מִיִּשְׂרָאֵל.
ג. שֶׁקִּבֵּל מִן הַמֶּמְשָׁלָה הָרוּסִית.
ד. שֶׁחִבֵּר הַמּוֹרֶה הַזָּקֵן.

3 פְּקִיד הַמֶּכֶס לֹא בָּדַק אֶת הַמִּזְוָדוֹת שֶׁל סִדְנִי מֶלְטוֹן, כִּי
א. מֶלְטוֹן עוֹבֵד בְּעַד הַמֶּמְשָׁלָה הָרוּסִית.
ב. מֶלְטוֹן סוֹחֵר אֲמֶרִיקָנִי חָשׁוּב.
ג. מֶלְטוֹן נָתַן לַפָּקִיד סִיגָרִיּוֹת וְיַיִן.
ד. מֶלְטוֹן נָתַן כֶּסֶף לִפְקִיד הַמֶּכֶס.

4 **הַפְּעִילִים** הֵם:
א. יְהוּדִים אֲמֶרִיקָנִים שֶׁעוֹזְרִים לַיְּהוּדִים הָרוּסִיִּים.
ב. יְהוּדִים רוּסִיִּים שֶׁעוֹבְדִים בִּשְׁבִיל הַמֶּמְשָׁלָה הָרוּסִית.
ג. יְהוּדִים רוּסִיִּים שֶׁלּוֹמְדִים עִבְרִית וְרוֹצִים לַעֲלוֹת לְיִשְׂרָאֵל.
ד. סוֹחֲרִים אֲמֶרִיקָנִים וְרוּסִיִּים שֶׁעוֹבְדִים יַחַד.

5 אָדוֹן מֶלְטוֹן נוֹסֵעַ לְרוּסְיָה אַרְבַּע פְּעָמִים בַּשָּׁנָה
א. לִקְנוֹת וְלִמְכֹּר סְחוֹרָה.
ב. לְהָבִיא טַלִּיתוֹת, סִדּוּרִים וּסְפָרִים עִבְרִיִּים.
ג. לְבַקֵּר אֶת מִשְׁפַּחַת הַזָּקֵן.
ד. לִלְמֹד רוּסִית וְלִשְׁתּוֹתווֹדְקָה.

6 פְּקִיד הַמֶּכֶס צָחַק כִּי

א. אָדוֹן מֶלְטוֹן אֵינֶנּוּ יוֹדֵעַ רוּסִית.

ב. שָׁמַע שֶׁאָדוֹן מֶלְטוֹן הֵבִיא מְכוֹנַת־כְּתִיבָה אַנְגְּלִית.

ג. אָדוֹן מֶלְטוֹן אוֹהֵב אֶת הָרוּסִים הַנְּעִימִים.

ד. שָׁמַע שֶׁאָדוֹן מֶלְטוֹן הֵבִיא מְכוֹנַת־כְּתִיבָה עִבְרִית.

B. תַּעֲנוּ עַל כָּל שְׁאֵלָה בְּמִשְׁפָּט שָׁלֵם.

1 אֵיךְ קִבֵּל הַמּוֹרֶה הַזָּקֵן סִפְרֵי לִמּוּד בְּעִבְרִית?

2 מַדּוּעַ חָשַׁב שְׁלֹמֹה שֶׁמֶּלְטוֹן יַצְלִיחַ לְהָבִיא מְכוֹנַת־כְּתִיבָה עִבְרִית לְמוֹסְקְבָה?

3 מַדּוּעַ לֹא רָצָה מֶלְטוֹן לָקַחַת אֶת מְכוֹנַת־הַכְּתִיבָה?

4 מַדּוּעַ חָשַׁב הַפָּקִיד שֶׁמֶּלְטוֹן סִפֵּר לוֹ בְּדִיחָה טוֹבָה?

Jewish artists frequently illustrated sacred texts. This page from the "Bird's Head *Haggadah*" respects the ancient Jewish tradition of not drawing human images by substituting animal features. The triangular hat was the identifying headgear that the Jews of Germany were required to wear in the 13th century.

Cardinal Numbers, Masculine

11	אַחַד-עָשָׂר	1	אֶחָד
12	שְׁנֵים-עָשָׂר	2	שְׁנַיִם (שְׁנֵי)
13	שְׁלוֹשָׁה-עָשָׂר	3	שְׁלוֹשָׁה
14	אַרְבָּעָה-עָשָׂר	4	אַרְבָּעָה
15	חֲמִשָּׁה-עָשָׂר	5	חֲמִשָּׁה
16	שִׁשָּׁה-עָשָׂר	6	שִׁשָּׁה
17	שִׁבְעָה-עָשָׂר	7	שִׁבְעָה
18	שְׁמוֹנָה-עָשָׂר	8	שְׁמוֹנָה
19	תִּשְׁעָה-עָשָׂר	9	תִּשְׁעָה
		10	עֲשָׂרָה

Remember: The number 2, שְׁנַיִם, has a **shortened form** שְׁנֵי which is used **when the number modifies a noun.** שְׁנֵי יְלָדִים

Note: Masculine numbers from 3 to 10 and from 13 to 19 end with הָ, which is generally a feminine ending!

See p. 19 for cardinal numbers used with feminine nouns.

Book illustrations were sometimes composed by micrography, minuscule script that spelled out verses from the text. This page is from the Book of Jonah.

Cardinal Numbers, 20 — 1,000

Round numbers — 20, 30 ... 100, 200 — have **only one form** for both masculine and feminine.

20	עֶשְׂרִים	70	שִׁבְעִים
30	שְׁלוֹשִׁים	80	שְׁמוֹנִים
40	אַרְבָּעִים	90	תִּשְׁעִים
50	חֲמִשִּׁים	100	מֵאָה
60	שִׁשִּׁים	200	מָאתַיִם
		1000	אֶלֶף

When the **round numbers combine with numbers from 1 through 9** — 21, 34, 99 — these numbers again have a **masculine** and a **feminine** form, used according to the noun they describe.

	Masculine	Feminine
21	עֶשְׂרִים וְאֶחָד	עֶשְׂרִים וְאַחַת
22	עֶשְׂרִים וּשְׁנַיִם	עֶשְׂרִים וּשְׁתַּיִם
23	עֶשְׂרִים וּשְׁלוֹשָׁה	עֶשְׂרִים וְשָׁלוֹשׁ
24	עֶשְׂרִים וְאַרְבָּעָה	עֶשְׂרִים וְאַרְבַּע
25	עֶשְׂרִים וַחֲמִשָּׁה	עֶשְׂרִים וְחָמֵשׁ
26	עֶשְׂרִים וְשִׁשָּׁה	עֶשְׂרִים וְשֵׁשׁ
27	עֶשְׂרִים וְשִׁבְעָה	עֶשְׂרִים וְשֶׁבַע
28	עֶשְׂרִים וּשְׁמוֹנָה	עֶשְׂרִים וּשְׁמוֹנֶה
29	עֶשְׂרִים וְתִשְׁעָה	עֶשְׂרִים וְתֵשַׁע

Round numbers between 300 and 900 are always feminine, because the numers 3, 4...9 describe the word מֵאָה, which is feminine.

300	שְׁלוֹשׁ מֵאוֹת	700	שְׁבַע מֵאוֹת
400	אַרְבַּע מֵאוֹת	800	שְׁמוֹנֶה מֵאוֹת
500	חֲמֵשׁ מֵאוֹת	900	תְּשַׁע מֵאוֹת
600	שֵׁשׁ מֵאוֹת		

Note: There are some vowel changes.

תַּרְגִּילִים

A. Write the numbers in Hebrew. The gender has been indicated the first time each number appears. Remember to keep the gender appropriate to each noun in all subsequent answers.

1 (m.) ___אֶחָד___ מִי יוֹדֵעַ? 1 ______ אֲנִי יוֹדֵעַ:

1 ______ אֱלֹהֵינוּ שֶׁבַּשָּׁמַיִם וּבָאָרֶץ.

2 (m.) ______ מִי יוֹדֵעַ? 2 ______ אֲנִי יוֹדֵעַ:

2 ______ לוּחוֹת הַבְּרִית, 1 ______ אֱלֹהֵינוּ ...

3 (m.) ______ מִי יוֹדֵעַ? 3 ______ אֲנִי יוֹדֵעַ:

3 ______ אָבוֹת, 2 ______ לוּחוֹת הַבְּרִית, 1 ______ אֱלֹהֵינוּ ...

4 (f.) ______ מִי יוֹדֵעַ? 4 ______ אֲנִי יוֹדֵעַ:

4 ______ אִמָּהוֹת, 3 ______ אָבוֹת, 2 ______ לוּחוֹת הַבְּרִית ...

5 (m.) ______ מִי יוֹדֵעַ? 5 ______ אֲנִי יוֹדֵעַ:

5 ______ חֻמְשֵׁי תוֹרָה, 4 ______ אִמָּהוֹת, 3 ______ אָבוֹת ...

6 (m.) ______ מִי יוֹדֵעַ? 6 ______ אֲנִי יוֹדֵעַ:

6 ______ סִדְרֵי מִשְׁנָה, 5 ______ חֻמְשֵׁי תוֹרָה, 4 ______
אִמָּהוֹת ...

7 (m.) ______ מִי יוֹדֵעַ? 7 ______ אֲנִי יוֹדֵעַ:

7 ______ יְמֵי שַׁבְּתָא, 6 ______ סִדְרֵי מִשְׁנָה, 5 ______ חֻמְשֵׁי
תוֹרָה ...

B. Write the masculine form of the missing number. Try to discover the mathematical pattern in each line.

0 1, 2, 3, אַרְבָּעָה______ 5, 6, שִׁבְעָה______

1 7, 14, 21, ______ 35 ______

2 10, 20, ______, 40, 50, ______,
70, ______

3 4, 8, ______, 16, 20, ______,
28, ______

4 9, ______, 27, 36, ______,
54, ______

5 75, 150, ______, 300, ______, 450

C. Write the answers to these questions in Hebrew words.

0 כַּמָּה יָמִים בְּשָׁבוּעַ? שִׁבְעָה

1 כַּמָּה דִּבְּרוֹת commandments בְּלוּחוֹת הַבְּרִית? ______________

2 כַּמָּה שְׁבָטִים tribes הָיוּ בְּיִשְׂרָאֵל? ______________

3 כַּמָּה שָׁנִים הָלְכוּ בְּנֵי יִשְׂרָאֵל בַּמִּדְבָּר? ______________

4 כַּמָּה אָבוֹת הָיוּ לְעַם יִשְׂרָאֵל? ______________

5 כַּמָּה נֵרוֹת מַדְלִיקִים בַּלַּיְלָה הָאַחֲרוֹן שֶׁל חֲנֻכָּה? ______________

6 כַּמָּה מְדִינוֹת states בְּאַרְצוֹת הַבְּרִית U.S.? ______________

7 בַּת כַּמָּה אַרְצוֹת הַבְּרִית? ______________

8 בַּת כַּמָּה מְדִינַת יִשְׂרָאֵל? ______________

9 כַּמָּה יָמִים יֵשׁ בְּחֹדֶשׁ פֶבְּרוּאַר הַקָּצָר? ______________

10 כַּמָּה יָמִים יֵשׁ בְּשָׁנָה? ______________

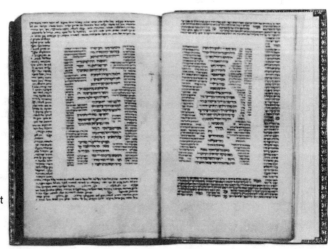

The very arrangement of the text could provide a decorative element to a book. Pages from the Talmud.

D. Write the answers in Hebrew words. Remember that שָׁנָה is feminine.

0 In what year did Columbus discover America?

אֶלֶף אַרְבַּע מֵאוֹת תִּשְׁעִים וּשְׁתַּיִם.

1 In what year were you born?

_____

2 In what year did the American Revolution begin?

_____

3 In what year did World War I end?

_____

4 In what year did World War II begin?

_____

5 In what year was the State of Israel established?

_____

Illustration of the Four Sons of the *Haggadah*.
Drawing and calligraphy by Leonard Baskin, U.S.A.

הַחְלָטוֹת קָשׁוֹת

‎– שָׁלוֹם חַיִּים. מְדַבֶּרֶת רוּתִי.

‎– שָׁלוֹם רוּתִי, מַה שְּׁלוֹמֵךְ?

‎– שְׁלוֹמִי טוֹב. חַיִּים ...

‎– כֵּן?

‎– אֲנִי רוֹצָה לְבַקֵּשׁ מִמְּךָ טוֹבָה[1].   [1] a favor   5

‎– מָה בַּקָּשָׁתֵךְ?

‎– אֲנִי רוֹצָה שֶׁתִּקְנֶה כַּרְטִיסִים[1] לַקּוֹלְנוֹעַ לְמוֹצָאֵי־שַׁבָּת.   [1] tickets

‎– אֶשְׂמַח מְאֹד. כַּמָּה עוֹלֶה כַּרְטִיס?

‎– אֲנִי חוֹשֶׁבֶת – חֲמִשִּׁים שֶׁקֶל. תְּשַׁלֵּם בְּעַד הַכַּרְטִיס שֶׁלִּי,

וּבְמוֹצָאֵי־שַׁבָּת אֲשַׁלֵּם לְךָ.   10

‎– בְּסֵדֶר. אֵיפֹה אַתְּ רוֹצָה לָשֶׁבֶת?

‎– אֲנִי רוֹצָה לָשֶׁבֶת בְּמָקוֹם טוֹב. אֲנִי אוֹהֶבֶת לָשֶׁבֶת קָרוֹב.

‎– בְּסֵדֶר, אֲנִי אֲטַלְפֵּן אֵלַיִךְ[1] אַחֲרֵי שֶׁאֶקְנֶה אֶת הַכַּרְטִיסִים.   [1] to you

‎– שָׁלוֹם וְתוֹדָה.

*   *   *

‎– רוּתִי, מְדַבֵּר חַיִּים. כְּבָר לֹא הָיוּ כַּרְטִיסִים טוֹבִים.   15
מָה לַעֲשׂוֹת?

‎– לֹא הוֹלְכִים לַקּוֹלְנוֹעַ, אוּלַי נֵלֵךְ לַתֵּאַטְרוֹן[1]?   [1] theatre

‎– טוֹב, יֵשׁ הַצָּגָה[1] טוֹבָה בְּמוֹצָאֵי־שַׁבָּת,   [1] performance
בְּתֵאַטְרוֹן "הַבִּימָה" – "רוֹמֵיאוֹ וְיוּלְיָה" שֶׁל שֶׁקְסְפִּיר.

‎– יוֹפִי, נֵלֵךְ לַהַצָּגָה.   20

‎– אֲבָל רוּתִי, אֲנִי לֹא אוֹהֵב טְרָגֶדְיוֹת[1].   [1] tragedies

‎– הִיא הַצָּגָה יָפָה וְגַם קְלָסִית[1].   [1] classical

‎– יָפָה, אֲבָל עֲצוּבָה. אֲנִי אוֹהֵב דְּבָרִים שְׂמֵחִים.

‎– רֶגַע, שָׁכַחְתִּי! יֵשׁ סֶרֶט[1] שֶׁל הַ"בִּיטְלְס".   [1] film

‎– הַ"בִּיטְלְס"? מַה זֶה?   25

‎– זֶה סֶרֶט מְצֻיָּן, אֲנַחְנוּ הוֹלְכִים לַסֶּרֶט!

מִלּוֹן

a favor	טוֹבָה	
ticket	כַּרְטִיס	
performance	הַצָּגָה	
film	סֶרֶט	

חִידוֹת

[1]more than ...   לְיִצְחָק יֵשׁ שְׁנֵי תַּפּוּזִים יוֹתֵר[1] מִלְאַבְרָהָם.
[1]less than ...   לְשָׂרָה יֵשׁ שְׁלוֹשָׁה תַּפּוּזִים פָּחוֹת[1] מִלְיִצְחָק.
לְשָׂרָה יֵשׁ עֲשָׂרָה תַּפּוּזִים.
כַּמָּה תַּפּוּזִים יֵשׁ לְאַבְרָהָם?

לְמִשְׁפַּחַת כֹּהֵן יֵשׁ חֲמִשָּׁה יְלָדִים יוֹתֵר מִלְמִשְׁפַּחַת לֵוִי.
לְמִשְׁפַּחַת גִּינְזְבּוּרְג יֵשׁ אַרְבָּעָה יְלָדִים פָּחוֹת מִלְמִשְׁפַּחַת לֵוִי.
[1]were married   רוּת וְרוֹן גִּינְזְבּוּרְג הִתְחַתְּנוּ[1] הַשָּׁבוּעַ, וְאֵין לָהֶם יְלָדִים.
כַּמָּה יְלָדִים יֵשׁ לְמִשְׁפַּחַת כֹּהֵן?

תְּשׁוּבוֹת בְּעַמּוּד 234.

תַּרְגִּילִים לַחֲזָרָה

A. Circle the correct form of the adjective.

0 יֶלֶד (גָּדוֹל) הַגָּדוֹל מְשַׂחֵק.
1 בַּחוּרִים חֲכָמִים הַחֲכָמִים לוֹמְדִים בְּבֵית-הַסֵּפֶר.
2 הַבָּחוּר אוֹהֵב אֶת הַצְּעִירָה יָפָה הַיָּפָה .
3 אַתָּה מַכִּיר אֶת הָאֲנָשִׁים אֵלֶּה הָאֵלֶּה ?
4 הַחַיָּל הַזֶּה לוֹבֵשׁ בְּגָדִים כְּחֻלִּים הַכְּחֻלִּים .
5 דָּנִי מְשַׂחֵק עִם הַיֶּלֶד קָטָן זֶה הַקָּטָן הַזֶּה .
6 הַמִּכְתָּב מֵרוּסְיָה מְעַנְיֵן הַמְּעַנְיֵן מְאֹד.
7 רָחֵל הִיא אִשָּׁה נֶחְמָדָה הַנֶּחְמָדָה .
8 הַסּוֹחֵר הַזֶּה זֶה מוֹכֵר סַנְדָּלִים חַמִּים.
9 רָחֵל מְבַקֶּרֶת אֵצֶל הַדּוֹדָה נְעִימָה הַנְּעִימָה שֶׁלָּה.
10 יָשַׁבְתְּ בְּגַן הַיָּפֶה יָפֶה ?

B. In front of each word in column א write the number of the word in column ב that has the opposite meaning.

א		ב
אָסוּר	____	1 בֶּטַח
לִפְנֵי	____	2 עָנָה
שָׁאַל	____	3 מֻתָּר
שָׂמֵחַ	____	4 קָצָר
הוֹצִיא	____	5 אַחֲרֵי
אוּלַי	____	6 שָׁב
עָזַב	____	7 הִכְנִיס
אָרֹךְ	____	8 טִפְּשָׁה
חֲכָמָה	____	9 קָשֶׁה
קַל	____	10 עָצוּב

C. Add an adjective from the list below to each noun. Compose a sentence using the noun-adjective combination. Use each adjective at least once.

חָכָם / כָּחֹל / מְעַנְיֵן / נָעִים / אָרֹךְ

יָקָר / גָּדוֹל / חָשׁוּב / זָקֵן

0 אִשָּׁה ___זְקֵנָה___ ___הָאִשָּׁה הַזְּקֵנָה הֵבִיאָה תֵּה.___

1 מִכְתָּב ________ ____________________

2 חֲבִילוֹת ________ ____________________

3 דִּירָה ________ ____________________

4 סוֹחֵר ________ ____________________

5 סִפּוּרִים ________ ____________________

6 עֲבוֹדָה ________ ____________________

7 חִבּוּר ________ ____________________

8 מְכוֹנִית ________ ____________________

9 תּוֹר ________ ____________________

10 פָּקִיד ________ ____________________

D. Translate the following sentences into Hebrew. Use סְמִיכוּת where you can.

1   My brother's friend gave me a kiss.

_____

2   That man is an important merchant.

_____

3   I can not find Israel on the Egyptian map.

_____

_____

4   She bought the expensive watch.

_____

5   How much does it cost?

_____

6   "Blue and White" is the song of the Russian Jewish activists.

_____

_____

7   David's notebook was in the street.

_____

8   This book is cheap. Great!

_____

9 These students don't speak Hebrew or English.

____

10 I received a present from my mother's aunt.

____

E. Complete the chart. Follow the example.

	פֹּעַל	בִּנְיָן	גּוּף	עָבָר	הֹוֶה	עָתִיד	שֵׁם הַפֹּעַל
0	כתב√	קַל	הֵם	כָּתְבוּ	כּוֹתְבִים	יִכְתְּבוּ	לִכְתֹּב
1	שׁמע√	קַל	הִיא				
2	קנה√	קַל	הִיא				
3	למד√	פִּעֵל	אֲנַחְנוּ				
4	שׁתה√	קַל	אֲנִי				
5	ספר√	פִּעֵל	אַתְּ				

הַקּוֹל קוֹל יַעֲקֹב וְהַיָּדַיִם יְדֵי עֵשָׂו.

The voice is the voice of Jacob, but the hands are the hands of Esau.

(Genesis 27:22 / בְּרֵאשִׁית כז, כב)

F. The following 35 words are hidden in this puzzle. To find them, read across or diagonally from right to left, or from top to bottom. As you find each word, circle it and translate it.

1 חַם ____________

2 אַרְבַּע ____________

3 חֲבִילָה ____________

4 רְשִׁימָה ____________

5 שְׁמוֹנָה ____________

6 כְּנֵסִיָּה ____________

7 כּוֹסוֹת ____________

8 אֲפִילוּ ____________

9 בָּרַח ____________

10 בִּקֵּשׁ ____________

11 בָּשָׂר ____________

12 קָנָה ____________

13 בְּלִי ____________

14 רַב ____________

15 דְּרִישַׁת שָׁלוֹם ____________

16 סוֹף ____________

17 פָּרָה ____________

18 רוּחַ ____________

19 חָשַׁב ____________

20 אַהֲבָה ____________

21 עֹשֶׁר ____________

22 הַפֶּסֶל ____________

23 חֲצִי ____________

24 בַּעַל ____________

25 בְּלִי ____________

26 נֵס ____________

27 סַל ____________

28 טָסוּ ____________

29 פָּחַד ____________

30 רַע ____________

31 עֵץ ____________

32 הָלַךְ ____________

33 נָהָג ____________

34 צָהֹב ____________

35 שָׁפַט ____________

א	ר	ב	ע	ע	ש	ר	ב	ר	ח
ב	ש	ר	ל	מ	ה	ו	ק	ק	ב
ח	י	ד	ק	י	נ	ח	ש	ל	י
ש	מ	ו	נ	ה	ג	ד	צ	נ	ל
ב	ה	ש	ה	ל	כ	נ	ס	י	ה
ש	א	פ	י	ל	ו	ל	ס	ד	ר
צ	ה	ט	ס	ו	ס	ו	פ	ר	ה
פ	ה	ב	ו	ל	ו	ב	ר	ע	א
ח	ש	ב	י	ב	ת	ע	ה	צ	ל
ד	ר	י	ש	ת	ש	ל	ו	מ	ה

Can you find other words in this puzzle? Write them down and translate them.

————	————	9
————	————	10
————	————	11
————	————	12
————	————	13
————	————	14
————	————	15

————	————	1
————	————	2
————	————	3
————	————	4
————	————	5
————	————	6
————	————	7
————	————	8

G. Complete the chart.

פֹּעַל	שֹׁרֶשׁ	גִּזְרָה	בִּנְיָן
0 נִכְנָס	כנס√	שְׁלֵמִים	נִפְעַל
1 מִתְכַּנְסִים			
2 הִכְנִיסוּ			
3 נְדַבֵּר			
4 עוֹשִׂים			
5 קָרָאתִי			
6 נִגְנְבָה			
7 בָּאָה			
8 רָצִיתִי			
9 שָׂמוֹת			
10 לְחַפֵּשׂ			

תְּשׁוּבוֹת לַחִידוֹת בְּעַמּוּד 227.

1 לְאַבְרָהָם יֵשׁ אַחַד-עָשָׂר תַּפּוּזִים.
2 לְמִשְׁפַּחַת כֹּהֵן יֵשׁ תִּשְׁעָה יְלָדִים.

הִלֵּל הַתַּלְמִיד

הִלֵּל הָיָה אִישׁ טוֹב וְחָכָם שֶׁגָּר בְּאֶרֶץ בָּבֶל[1].
הוּא רָצָה לִלְמֹד תּוֹרָה וְלִשְׁמֹעַ לְדִבְרֵי חָכְמָה[1], וְלָכֵן
הוּא וּמִשְׁפַּחְתּוֹ בָּאוּ לִירוּשָׁלַיִם.
בְּכָל בֹּקֶר הָלַךְ הִלֵּל לַעֲבֹד, וְאַחֲרֵי הַצָּהֳרַיִם הָלַךְ
לְבֵית הַמִּדְרָשׁ[1] לִלְמֹד. עַל־יַד הַדֶּלֶת עָמַד
שׁוֹמֵר[1] שֶׁלֹּא נָתַן לְתַלְמִידִים לְהִכָּנֵס בְּלִי לְשַׁלֵּם.

[1] Babylonia
[1] wisdom
[1] house of study
[1] guard

יוֹם אֶחָד לֹא מָצָא הִלֵּל עֲבוֹדָה וְלֹא הָיָה לוֹ כֶּסֶף לְשַׁלֵּם.
הוּא רָצָה לִלְמֹד וְלֹא הָיְתָה לוֹ בְּרֵרָה אֶלָּא[1] לַעֲלוֹת
עַל הַגַּג וְלִשְׁמֹעַ עַל־יַד הַחַלּוֹן.
הָיָה קַר מְאֹד וְיָרַד שֶׁלֶג, אֲבָל הִלֵּל שָׂם לֵב[1] רַק
לַלִּמּוּדִים וְלֹא זָז מֵהַחַלּוֹן. הוּא יָשַׁב וְשָׁמַע לַשִּׁעוּר.

[1] but
[1] paid attention

לְמָחֳרָת[1] בַּבֹּקֶר בָּאוּ שְׁנֵי מוֹרִים לְבֵית הַמִּדְרָשׁ.
אֶחָד הַמּוֹרִים אָמַר: "בְּכָל יוֹם יֵשׁ כָּאן אוֹר[1]
אֲבָל הַיּוֹם — חֹשֶׁךְ[1]."

[1] the next day
[1] light
[1] darkness

^{body} עָנָה הַמּוֹרֶה הַשֵּׁנִי: "אֲנִי רוֹאֶה גוּף¹ אִישׁ עַל הַחַלּוֹן." 15

עָלוּ הַמּוֹרִים עַל הַגַּג וּמָצְאוּ אֶת הִלֵּל תַּחַת הַשֶּׁלֶג.

^{lowered} הֵם הוֹרִידוּ¹ אֶת הִלֵּל מֵהַגַּג וְהֵבִיאוּ אוֹתוֹ לְבֵיתוֹ,

וְשָׂמוּ אוֹתוֹ עַל כִּסֵּא לִפְנֵי הָאֵשׁ.

^{his love} אָמְרוּ הַמּוֹרִים: "מַה גְּדוֹלָה אַהֲבָתוֹ¹ לַתּוֹרָה!"

^{since then} מֵאָז¹ בָּא הִלֵּל לְבֵית הַמִּדְרָשׁ בְּלִי לְשַׁלֵּם.

^{when} הִלֵּל הָיָה אוֹמֵר: אִם לֹא עַכְשָׁו, אֵימָתַי¹?

מִלּוֹן

wisdom	חָכְמָה
house of study	בֵּית הַמִּדְרָשׁ
guard, watchman	שׁוֹמֵר
light	אוֹר
darkness	חֹשֶׁךְ
lowered	הוֹרִידוּ
love	אַהֲבָה

שְׁאֵלוֹת

תַּעֲנוּ עַל כָּל שְׁאֵלָה בְּמִשְׁפָּט שָׁלֵם.

1 לָמָה עָזַב הִלֵּל אֶת בָּבֶל?

2 לְאָן הָלַךְ הִלֵּל עִם מִשְׁפַּחְתּוֹ?

3 מֶה הָיָה עוֹשֶׂה הִלֵּל בַּבֹּקֶר?

4 מֶה עָשָׂה הִלֵּל אַחֲרֵי הַצָּהֳרַיִם?

5 מַה צָּרִיךְ כָּל תַּלְמִיד לָתֵת לַשּׁוֹמֵר כְּדֵי לְהִכָּנֵס לְבֵית הַמִּדְרָשׁ?

6 לָמָה עָלָה הִלֵּל עַל הַגַּג?

7 לָמָה הָיָה חֹשֶׁךְ בְּבֵית הַמִּדְרָשׁ?

8 אֵיךְ אַתָּה יוֹדֵעַ שֶׁהִלֵּל אָהַב לִלְמֹד תּוֹרָה? (תְּנוּ כַּמָּה תְּשׁוּבוֹת.)

מכונת־הכתיבה (מכתב מרוסיה)

שלום גילה,

במכתבי האחרון סיפרתִי לך על יהודי זקן, שפגשתי בבית הכנסת בשבת. ביום ראשון, ביקרנו בבית שלו. כאשר נכנסנו לדירתו בשעה עשר בבקר, הזקן נתן שיעור בעברית לבחור צעיר. התלמיד היה בן שמונה־עשרה, עם שֵׂיעָר שחור ועיניים כחולות. על השולחן ראיתי ספר עברי קטן, ובו סיפורים קלים, שירים, תרגילים, ורשימות מילים. ״מי חיבֵּר את הספר הזה?״ שאלתי.

״אני חיבַּרתי את הספר,״ ענה המורה הזקן, ״ואישתי כתבה אותו במכונת־כתיבה עברית״.

אֵשֶׁת המורה באה מן המטבח, והביאה עוגיות וכוסות תה. שאלתי אותה: ״איך קיבלתם מכונת־כתיבה עברית – כאן ברוסיה?״

האישה הזקנה צחֲקה ואמרה:

״סוחר אמריקני, אדון מֶלְטוֹן, הביא לנו את המכונה. הוא נוסע לרוסיה ארבע פעמים בשנה״.

״ואיך הֵביא אותה?״

״נִשתה תה ואסַפר לכם את הסיפור״. והִנֵה הסיפור שסִיפּרה לנו הזקנה. ...

א׳

הטלפון צלצל במשׂרד של סדני מלטן בשיקגו:

״סִדנִי?״

״מְדַבֵּר.״

״מדַבר שלֹמֹה. כמה פעמִים היִיתָ ברוסיה השנה?״

״השנה שלוש פעמים. מדוע?״

״ואתה נוסע עוד פעם אחת?״

״החודש. שְׁמע, שלמה, אני כבר יודע מה שאתה רוצה ממני. אני לא יכול לעזור לך. הפעם אני באמת לא רוצה להתקשר עם **הפְּעילים** שלך. זה מסוכן מאוד!״

״**לפעילים**, סִדנִי, זה מסוכן. לְךָ זה לֹא מסוכן. אתה סוחר אמריקני. העבודה שלך חשובה מאוד לרוסים. הם תמיד שמחים לראות אותך. ויותר חשוב, הרוסים לא בודקים את המִזְוָדות שלך.״

״לא, שלֹמֹה. כבר עשיתי הרבה. כבר הֵבֵאתי לרוסיה ספרים

עבריים, טליתות, מכתבים, סידורים, מְזוזות, ומי יודע מה עוד. אתה בִּיקשתָ — ואני אמרתי כן. הפעם אני אומר לֹא. לא! לא! לא!״

״אוֹ־קֵי, סְדני. צר לי מאוד, אבל אם אתה אומר לא, אז לא ... אבל סדני, מה אם נחַלק את המכונה לַחֲלָקִים!״

״מכונה? איזו מכונה?״

״מכונת־כתיבה עברית. במכונה הזאת, יכתבו **הפעילים** ספרים לתלמידים שרוצים ללמוד עברית.״

״שלֹמֹה, הִשְתַּגַּעְתָּ! איך אפשר להכניס מכונת־כתיבה עברית לרוסיה? אם ימצאו אפילו חלק קטן, יְגָרְשׁוּ אותי מרוסיה.״

״אתה צודק סְדְנִי. לא נחלק את המכונה.״

״אבל איך אקח אותה?״

״אתה חכם, סדני, תמצא דרך.״

ב׳

סדני מֶלטון הגיע לשְׂדֵה־התעופה במוסקְבָה, ובידָיו שתי מִזוָדות. הנוסעים עמדו בתור ארוך וחיכו לפני פְּקיד המכס. הפקיד הכיר את סדני מלטון.

״שלום, אדון מלטון. ברוך הבא. אני רואה שנעים לך פֹּה ברוסיה.״

״כן, כן, חבר,״ ענה מלטון. ״טוב לי פֹּה, ההורים שלי באו מכאן, והרוסים הם אנשים נעימים ונחמדים.״

— ״מה אתה מַכניס הפעם?״ שאל הפקיד. ״סיגריות? יין?״

— ״אתה כבר יודע שאני לא מביא סיגריות ויין. ברוסיה יש ווֹדקָה טובה מאוד!״ ענה מֶלְטוֹן.

— ״נכון,״ צחק הפקיד, ולא פתח את המִזוָדה הראשונה.

— ״ובמִזוָדה השניה בְּוַדַאי יש מכונת־הכתיבה האנגלית שלך. אני זוכר אותה.״

״לא, לא, אמר סדני בלַחַש. ״הפעם הֵבֵאתי מכונת־כתיבה עברית!״

״עברית!״ צחק הפקיד, ״מכונת־כתיבה עברית! זאת בדיחה טובה! אל תִשתה יותר מדי ווֹדקה, מר מלטון!״

וכך הגיעה מכונת־הכתיבה העברית למוסקבה.

בברכות רבות,
משה

10 יְחִידָה

מַעֲשֵׂה[1] הָעֵז[2]

לְפִי שׁ.י. עַגְנוֹן

מַעֲשֶׂה בְּזָקֵן אֶחָד בְּאֶרֶץ פּוֹלִין[1], שֶׁהָיָה חוֹלֶה מְאֹד.
הָלַךְ הַזָּקֵן אֶל הָרוֹפֵא[1]. צִוָּה עָלָיו[2] הָרוֹפֵא
לִשְׁתּוֹת חֲלֵב עִזִּים. יָצָא הַזָּקֵן וְקָנָה לוֹ עֵז.

לֹא עָבְרוּ יָמִים רַבִּים וְהָעֵז נֶעֶלְמָה[1].
יָצְאוּ לְבַקֵּשׁ[1] אֶת הָעֵז וְלֹא מָצְאוּ אוֹתָהּ,   5
לֹא בַּגַּן, לֹא עַל גַּג בֵּית־הַמִּדְרָשׁ, לֹא בָּהָר וְלֹא בַּשָּׂדֶה.
אַחֲרֵי יָמִים שָׁבָה הָעֵז. חָלָב רַב נָתְנָה. וְטַעַם[1] הֶחָלָב
כְּטַעַם גַּן־עֵדֶן[1]. הָעֵז נֶעֶלְמָה פְּעָמִים רַבּוֹת.
יָצְאוּ לְבַקֵּשׁ אוֹתָהּ וְלֹא מָצְאוּ אֶת הָעֵז. אַחֲרֵי יָמִים,
שָׁבָה הָעֵז וְנָתְנָה חָלָב רַב. וְטַעַם הֶחָלָב כְּטַעַם גַּן־עֵדֶן.   10

פַּעַם אַחַת אָמַר הַזָּקֵן לִבְנוֹ: "בְּנִי, אֲנִי רוֹצֶה לָדַעַת,
לְאָן הוֹלֶכֶת הָעֵז הַזֹּאת, וּמֵאַיִן[1] הִיא מְבִיאָה
חָלָב מָתוֹק[1] וְטוֹב."
אָמַר לוֹ בְּנוֹ: "אַבָּא, אֲנִי יוֹדֵעַ מַה לַעֲשׂוֹת."
הֵבִיא הַבֵּן חֶבֶל[1] אָרֹךְ וְקָשַׁר[2] אוֹתוֹ לַזָּנָב[3] שֶׁל הָעֵז.   15
אָמַר לוֹ הָאָב: "מָה אַתָּה עוֹשֶׂה, בְּנִי?"
אָמַר לוֹ בְּנוֹ: "אֲנִי קוֹשֵׁר חֶבֶל זֶה לַזָּנָב שֶׁל הָעֵז,

239

---

[1] tale   [2] goat

[1] Poland

[1] doctor   [2] ordered him

[1] disappeared

[1] to seek

[1] taste

[1] Garden of Eden

[1] from where

[1] sweet

[1] rope   [2] tied   [3] tail

וְכַאֲשֶׁר אֶרְאֶה שֶׁהִיא הוֹלֶכֶת, אֹחֵז[1] בַּחֶבֶל — [1]I will grasp
וְאֵצֵא[1] אַחֲרֶיהָ[2] לַדֶּרֶךְ." — [1]I will go out [2]after her
נִעְנַע[1] הַזָּקֵן בְּרֹאשׁוֹ וְאָמַר לוֹ: "בְּנִי, חָכָם אַתָּה." — [1]shook

יוֹם אֶחָד רָאָה הַבֵּן שֶׁהָעֵז הוֹלֶכֶת. אָחַז בַּחֶבֶל
וְהָלַךְ אַחֲרֶיהָ. הָלְכָה וְהָלְכָה עַד שֶׁבָּאָה הָעֵז אֶל מְעָרָה[1] אַחַת. — [1]cave
נִכְנְסָה הָעֵז אֶל הַמְּעָרָה וְהַנַּעַר אוֹחֵז בַּחֶבֶל. כָּךְ הָלְכוּ
שָׁעָה אַחַת, שְׁתֵּי שָׁעוֹת, אוּלַי יוֹם אֶחָד, אוֹ שְׁנֵי יָמִים,
עַד שֶׁבָּאוּ אֶל סוֹף[1] הַמְּעָרָה. — [1]end

כַּאֲשֶׁר יָצְאוּ מִן הַמְּעָרָה, רָאָה הַנַּעַר[1] הָרִים גְּבוֹהִים, — [1]lad
עֲצֵי פְּרִי, וּמַיִם יוֹרְדִים מִן הֶהָרִים,
וְרֵיחַ[1] בְּשָׂמִים[2] בָּרוּחַ. — [1]fragrance [2]spices
עָמַד הַנַּעַר וְקָרָא לָעוֹבְרִים[1]: "אֲנָשִׁים טוֹבִים, — [1]passersby
תַּגִּידוּ[1] לִי אֵיפֹה אֲנִי? וּמַה שֵּׁם הַמָּקוֹם הַזֶּה?" — [1]tell
אָמְרוּ לוֹ: "בְּאֶרֶץ יִשְׂרָאֵל אַתָּה, וְקָרוֹב לָעִיר צְפַת אַתָּה."
עָמַד הַנַּעַר וְקָרָא: "בָּרוּךְ הַמָּקוֹם, בָּרוּךְ הוּא,*
שֶׁהֵבִיא אוֹתִי לְאֶרֶץ יִשְׂרָאֵל."

נָשַׁק הַנַּעַר אֶת עֲפַר[1] הָאָרֶץ וְיָשַׁב תַּחַת הָעֵץ. — [1]soil
חָשַׁב הַנַּעַר: "כָּל הַיּוֹם אֵשֵׁב עַל הָהָר תַּחַת הָעֵץ.
אַחֲרֵי־כֵן אֵלֵךְ לְבֵיתִי וְאָבִיא אֶת אָבִי וְאִמִּי לְאֶרֶץ יִשְׂרָאֵל."
אֲבָל הַיּוֹם הַהוּא עֶרֶב שַׁבָּת הָיָה.
וְהַנַּעַר שָׁמַע קוֹל קוֹרֵא:
"בּוֹאוּ וְנֵצֵא לִקְרַאת[1] שַׁבָּת הַמַּלְכָּה." — [1]we will go out to greet
הַנַּעַר רָאָה אֲנָשִׁים בִּבְגָדִים לְבָנִים כְּמוֹ מַלְאָכִים
וּבִידֵיהֶם עֲנָפִים[1] שֶׁל הֲדַסִּים[2]. — [1]branches [2]myrtle
וּבְכָל בַּיִת נֵרוֹת רַבִּים.
הֵבִין הַנַּעַר כִּי לֹא יוּכַל[1] לָשׁוּב הַבַּיְתָה. — [1]will be able
לָקַח נְיָר וְכָתַב מִכְתָּב לְאָב: "אָבִי הַיָּקָר, בָּאתִי בְּשָׁלוֹם
לְאֶרֶץ יִשְׂרָאֵל. יוֹשֵׁב אֲנִי עַל־יַד צְפַת, עִיר הַקֹּדֶשׁ.
אַל תִּשְׁאַל אֵיךְ בָּאתִי לְכָאן.
אַבָּא, אֱחֹז בַּחֶבֶל אֲשֶׁר קָשַׁרְתִּי לַזָּנָב שֶׁל הָעֵז,

---

* Blessed is God, Blessed is He (Passover Haggada)

וְלֵךְ אַחֲרֶיהָ, — אָז תָּבוֹא לְאֶרֶץ יִשְׂרָאֵל."

הַנַּעַר שָׂם אֶת הַמִּכְתָּב בְּאֹזֶן[1] הָעֵז.

חָשַׁב הַנַּעַר: "כַּאֲשֶׁר תָּבוֹא הָעֵז אֶל אַבָּא, הוּא יַחֲלִיק[1]

עַל רֹאשָׁהּ, הִיא תְּנַעֲנֵעַ בָּאָזְנַיִם וְהַמִּכְתָּב יִפֹּל[1] מִן הָאֹזֶן. 50

יִקַּח אַבָּא אֶת הַמִּכְתָּב וְיִקְרָא אוֹתוֹ. אָז הוּא יֹאחֵז בַּחֶבֶל,

יֵלֵךְ אַחֲרֵי הָעֵז וְיַעֲלֶה לְאֶרֶץ יִשְׂרָאֵל."

שָׁבָה הָעֵז לְבֵית הַזָּקֵן. אֲבָל הַזָּקֵן לֹא הֶחֱלִיק עַל רֹאשׁ הָעֵז.

הָעֵז לֹא נִעֲנְעָה בָּאָזְנַיִם שֶׁלָּהּ, וְהַמִּכְתָּב לֹא נָפַל.

רָאָה הָאָב כִּי הָעֵז שָׁבָה וְהַבֵּן אֵינֶנּוּ[1]. 55

הִתְחִיל הָאָב צוֹעֵק וּבוֹכֶה: "בְּנִי, בְּנִי, אֵיפֹה אַתָּה?

בְּנִי, חַיָּה[1] רָעָה אָכְלָה אוֹתוֹ."

בָּכָה הַזָּקֵן עַל הַבֵּן יָמִים רַבִּים.

- [1] ear
- [1] stroke
- [1] will fall
- [1] is not (here)
- [1] animal

כָּעַס הָאָב עַל הָעֵז וְקָרָא לַשּׁוֹחֵט[1]. בָּא הַשּׁוֹחֵט
וְשָׁחַט[1] אֶת הָעֵז.
נָפַל הַמִּכְתָּב מִן הָאֹזֶן.
לָקַח הַזָּקֵן אֶת הַמִּכְתָּב וְאָמַר: "מִכְתָּב מִבְּנִי."
קָרָא הַזָּקֵן אֶת הַמִּכְתָּב וְהִתְחִיל צוֹעֵק וּבוֹכֶה:
"אוֹי לָאִישׁ שֶׁעָשָׂה רָעָה לְמִי שֶׁעָשָׂה לוֹ טוֹבָה."
בָּכָה הַזָּקֵן עַל הָעֵז יָמִים רַבִּים וְאָמַר: "אוֹי לִי,
הָיִיתִי יָכֹל לַעֲלוֹת לְאֶרֶץ יִשְׂרָאֵל בִּקְפִיצָה[1] אַחַת,
וְעַכְשָׁו אֲנִי צָרִיךְ לִחְיוֹת בַּגָּלוּת[1] הַזֹּאת
עַד יוֹם מוֹתִי[1]."

[1] slaughterer
[1] slaughtered
[1] jump
[1] exile
[1] my death

מֵאָז[1], אִי אֶפְשָׁר לִמְצֹא אֶת הַמְּעָרָה,
וּלְאֶרֶץ יִשְׂרָאֵל אֵין עוֹד דֶּרֶךְ קְצָרָה.
וְהַבֵּן יוֹשֵׁב בַּלַּיְלָה וּבַיּוֹם בְּאֶרֶץ יִשְׂרָאֵל בְּשֶׁקֶט וּבְשָׁלוֹם.

[1] since then

Motifs from nature were frequently used for spice-containers, as in this silver container from Poland.

מִלּוֹן

tale, deed	מַעֲשֶׂה
goat(s) (f.)	עֵז, עִזִּים
doctor	רוֹפֵא
he ordered, commanded	צִוָּה — צוה√
taste	טַעַם
Garden of Eden	גַּן־עֵדֶן
sweet	מָתוֹק
bitter	מַר
rope	חֶבֶל
he tied	קָשַׁר — קשר√
tail	זָנָב
cave	מְעָרָה
end	סוֹף
lad	נַעַר
fragrance, odor	רֵיחַ
spices	בְּשָׂמִים
we will go out	נֵצֵא — יצא√
he will be able	יוּכַל — יכל√
ear(s) (f.)	אֹזֶן, אָזְנַיִם
jump	קְפִיצָה
animal	חַיָּה
slaughterer	שׁוֹחֵט
he slaughtered	שָׁחַט — שחט√
exile	גָּלוּת
death	מָוֶת
since then	מֵאָז

תַּרְגִּילִים

A.   Check the *incorrect* answer, based on the story.

1 מְקוֹם הַסִּפּוּר הוּא

א. בְּאֶרֶץ פּוֹלִין.

ב. בִּצְפַת.

ג. בַּמְּעָרָה.

ד. בִּירוּשָׁלַיִם.

2 חֲלֵב הָעֵז הָיָה

א. כְּטַעַם גַּן־עֵדֶן.

ב. טוֹב בִּשְׁבִיל הָאָב הַחוֹלֶה.

ג. יָקָר מְאֹד.

ד. מָתוֹק וָטוֹב.

3 הַבֵּן הָיָה חָכָם כִּי

א. הוּא שָׁתָה מֵחֲלֵב הָעֵז.

ב. הוּא יָדַע מַה לַעֲשׂוֹת.

ג. הוּא קָשַׁר חֶבֶל לִזְנַב הָעֵז.

ד. הוּא אָחַז בַּחֶבֶל וְהָלַךְ אַחֲרֵי הָעֵז.

4 הָעֵז נִכְנְסָה לַמְּעָרָה

א. וְיָצְאָה עַל־יַד צְפַת.

ב. וּמָצְאָה אֶת הַנַּעַר שָׁם.

ג. וְהָלְכָה כַּמָּה יָמִים.

ד. וְהַנַּעַר הָלַךְ אַחֲרֶיהָ.

5 סוֹף הַמְּעָרָה הָיָה

א. בְּאֶרֶץ יִשְׂרָאֵל.

ב. בִּצְפַת.

ג. בְּמָקוֹם שֶׁיֵּשׁ שָׁם הָרִים.

ד. מִתַּחַת לָאֲדָמָה.

6 הָעֵז וְהַנַּעַר הִגִּיעוּ

א. בְּעֶרֶב שַׁבָּת.

ב. לִצְפַת, עִיר הַקֹּדֶשׁ.

ג. בְּמוֹצָאֵי־שַׁבָּת.

ד. לִפְנֵי שַׁבָּת.

7 הַנַּעַר

א. יָשַׁב תַּחַת הָעֵץ.

ב. שָׁר זְמִירוֹת שַׁבָּת.

ג. כָּתַב מִכְתָּב לְאָבִיו.

ד. כָּתַב לְאָבִיו אֵיךְ לְהַגִּיעַ לְאֶרֶץ יִשְׂרָאֵל.

8 הָאָב שָׁחַט אֶת הָעֵז כִּי

א. הֶחָלָב שֶׁלָּהּ הָיָה מַר.

ב. הוּא חָשַׁב שֶׁבְּנוֹ מֵת.

ג. הוּא לֹא מָצָא אֶת הַמִּכְתָּב.

ד. הוּא כָּעַס עַל הָעֵז.

9 אַחֲרֵי שֶׁהַזָּקֵן שָׁחַט אֶת הָעֵז

א. הוּא יָשַׁב בַּגָּלוּת עַד יוֹם מוֹתוֹ.

ב. הוּא לֹא יָכֹל לִמְצֹא אֶת הַמְּעָרָה.

ג. אֵין עוֹד דֶּרֶךְ קְצָרָה לְאֶרֶץ יִשְׂרָאֵל.

ד. הוּא עָלָה לְאֶרֶץ יִשְׂרָאֵל.

Here is a well-known children's song in Israel.

[1] he-goat

[1] beard

יֵשׁ לָנוּ תַּיִשׁ[1]

לַתַּיִשׁ יֵשׁ זָקָן[1]

לוֹ אַרְבַּע רַגְלַיִם

וְגַם זָנָב קָטָן.

B. תַּעֲנוּ עַל הַשְּׁאֵלוֹת הָאֵלֶּה בְּמִשְׁפָּטִים שְׁלֵמִים.

1 מַה מְסַמֵּל symbolizes

א. הָאָב? ____________________

ב. הַבֵּן? ____________________

ג. הָעֵז? ____________________

2 אֵיךְ מְתָאֵר describes עַגְנוֹן עֶרֶב שַׁבָּת בְּאֶרֶץ יִשְׂרָאֵל?

____

3 לָמָּה אֵין עוֹד דֶּרֶךְ קְצָרָה לְאֶרֶץ יִשְׂרָאֵל?

____

____

____

C. Match the words in column א with their opposites in column ב.

א		ב
שַׁבָּת	______	1 גָּלוּת
מָתוֹק	______	2 חֹשֶׁךְ
קָרוֹב	______	3 עָצוּב
אָרֹךְ	______	4 יוֹם חוֹל
אוֹר	______	5 רָחוֹק
שָׂמֵחַ	______	6 מַר
חַיָּה	______	7 קָצָר
צָעִיר	______	8 מָוֶת
חַיִּים	______	9 זָקֵן
אֶרֶץ יִשְׂרָאֵל	______	10 אָדָם

D. Turn back to the story and find 10 forms of סְמִיכוּת.

0 מַעֲשֵׂה הָעֵגֶל ______________________

1	______________________	6	______________________
2	______________________	7	______________________
3	______________________	8	______________________
4	______________________	9	______________________
5	______________________	10	______________________

E. Classify the קַל verbs in the story according to sound-class, גִּזְרָה. Write the verb on the appropriate blank line.

8 שְׁלֵמִים עָבְרוּ ______ ______ ______

______ ______ ______ ______

8 ל״ה ______ ______ ______ ______

______ ______ ______ ______

3 ע״ו – ע״י ______ ______ ______

4 פ״י ______ ______ ______ ______

4 ל״א ______ ______ ______ ______

2 פ״נ ______ ______

2 פ״א ______ ______

F.   Write the translation of the word and fill in the crossword puzzle.

Across	מִימִין לִשְׂמֹאל	**Down**	מִלְמַעְלָה לְמַטָּה
1 noon meal	_____	1 he held (grasped)	_____
7 arrow	חֵץ	2. they wanted	_____
8 move	_____	3 hot	_____
10 what	_____	4 he commanded	_____
11 friend	_____	5 wind	_____
13 the goat	_____	6 cave	_____
16 sheep	שֶׂה	9 this	_____
17 he lives	_____	10 her luck	_____
19 he teaches	_____	12 spices	_____
21 he created	_____	14 with	_____
23 mountain	_____	15 until	_____
24 smell	_____	17 rope	_____
25 she whispered	_____	18 moon	_____
26 the taste	_____	20 bitter (f.)	_____
		22 fire	_____
		24 bad	_____

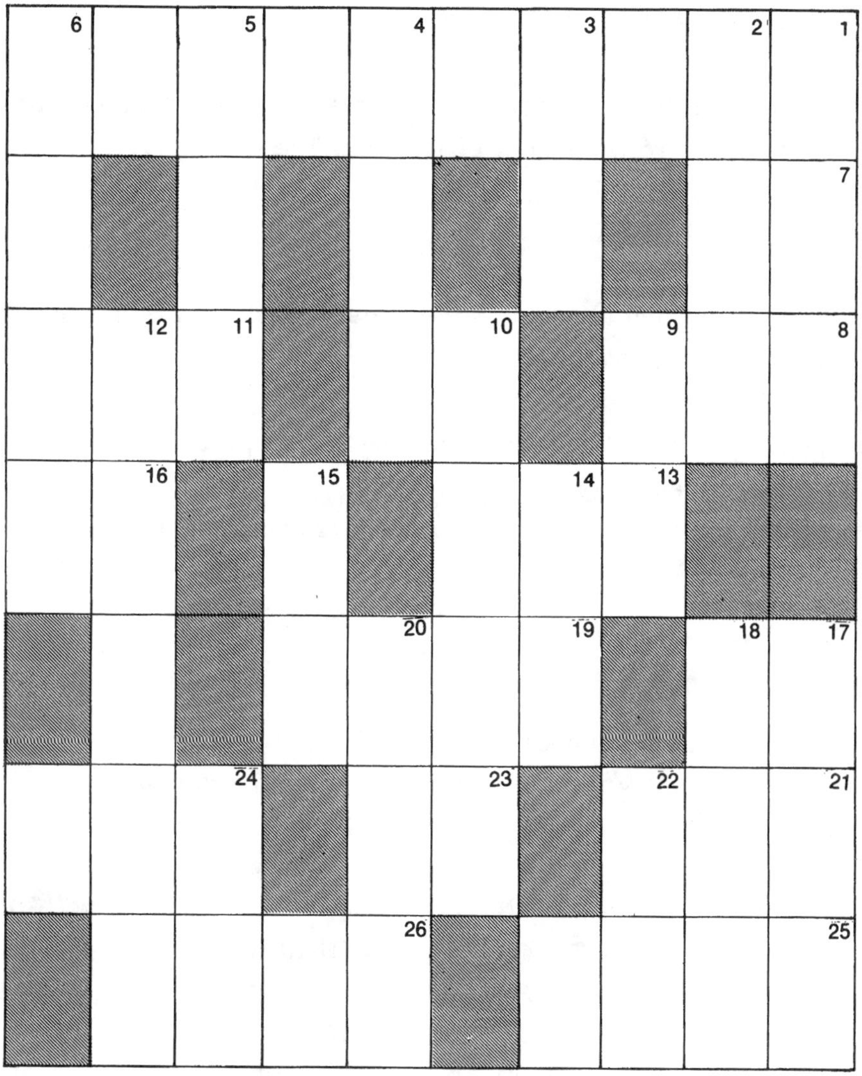

6		5		4		3		2	1
	▨		▨		▨		▨		7
	12	11	▨		10		9		8
	16	▨	15	▨		14	13	▨	▨
▨	▨			20		19	▨	18	17
	24	▨		23	▨		22		21
▨			26	▨					25

Here are the opening lines of a hymn sung to welcome the Sabbath.
It was written by Solomon ha-Levi Alkabez, who lived in Safed in the
early sixteenth century.

Come, my friend, to meet the bride; לְכָה דוֹדִי לִקְרַאת כַּלָּה,

Let us welcome the Sabbath. פְּנֵי שַׁבָּת נְקַבְּלָה.

The פ״י Sound-Class, גִּזְרַת פ״י

We have already learned that there are several letters that often cause changes in the vowel pattern of the verb. These are

א ה ו ח י נ ע ר

In גִּזְרַת פ״י we find **changes in the vowel pattern** only in the **future tense and in the infinitive.**

Since the **י** is a weak consonant or a semi-vowel, it causes a change in the vowel pattern of the future tense.
We will use the 2nd person masculine singular as the example.

פ״י	שְׁלֵמִים
√ישב — תֵּשֵׁב	√שמר — תִּשְׁמֹר

The vowel pattern changes from תִּ□□□ to תֵּ□□.
The **י** of the root √ישב does not appear in the future tense or in the infinitive.

אֲנַחְנוּ נֵשֵׁב	אֲנִי אֵשֵׁב	**עָתִיד** — √ישב
אַתֶּם תֵּשְׁבוּ	אַתָּה תֵּשֵׁב	
אַתֶּן תֵּשְׁבוּ	אַתְּ תֵּשְׁבִי	
הֵם יֵשְׁבוּ	הוּא יֵשֵׁב	
הֵן יֵשְׁבוּ	הִיא תֵּשֵׁב	

שֵׁם הַפֹּעַל לָשֶׁבֶת to sit

In the 3rd person masculine, both singular and plural, the **י** is the personal prefix indicating the future tense, and not the root letter.

Note: When a text has no vowels, the **י** will be retained in the future tense, as a help to the reader. See pp. 263, lines 39, 40.

Here are some common פ״י verbs.

to sit	לָשֶׁבֶת	תֵּשֵׁב	√ישב
to go down	לָרֶדֶת	תֵּרֵד	√ירד
to go out	לָצֵאת	תֵּצֵא	√יצא
to go	לָלֶכֶת	תֵּלֵךְ	√הלך

Although the verb הלך has a ה and not a י for the first root letter, it follows the pattern of the פ״י in the future tense and in the infinitive. Some dictionaries list this root as √הלך or √ילך.

Note: √יצא is both a ל״א and a פ״י verb.
The infinitive, שֵׁם הַפֹּעַל, is לָצֵאת.

Silver wine cup for the Sabbath. The Hebrew inscription reads זָכוֹר אֶת יוֹם הַשַּׁבָּת לְקַדְּשׁוֹ. "Remember the Sabbath to keep it holy."

Command Form, צִוּוּי, for ע״י — פ״י, ע״ו and פ״נ Verbs

The **command** form, צִוּוּי, for ע״י — פ״י, ע״ו and פ״נ verbs is always formed from the **2nd person future** tense **without the prefix תּ.**

	לֵךְ	שֵׁב
	לְכִי	שְׁבִי
See Unit 2, p. 43.	לְכוּ	שְׁבוּ

לֵךְ לְךָ מֵאַרְצְךָ (בְּרֵאשִׁית יב, א/Genesis 12:1)

Who says this to whom? ______________________________

Remember: When you give a **negative command,** you must *always* use the **2nd person future with the negative אַל.**

Don't sit! (m.)	אַל תֵּשֵׁב!
Don't go! (f.)	אַל תֵּלְכִי!
Don't get up! (pl.)	אַל תָּקוּמוּ!

תַּרְגִּילִים

A. Turn back to the story on p. 239 and write 5 פ״י verb forms that appear either in the future tense or in the infinitive. (Include הלך.)

1 ______________

2 ______________

3 ______________

4 ______________

5 ______________

B. Translate these sentences.

1 Shalom, don't go out of the house!

____

2 I will not go down from the roof.

____

3 We will go to his party at nine.

____

4 She will sit alone in the house.

____

5 He cannot go down from the tree.

____

6 Children, sit there!

____

7 They wanted to go out of the city at three.

____

8 She likes to sit with him.

____

אַל תָּדִין אֶת חֲבֵרְךָ עַד שֶׁתַּגִּיעַ לִמְקוֹמוֹ.

Do not judge your friend until you find yourself in his place.

(Avot 2:4 / אָבוֹת ב, ד)

הָעַכָּבִישׁ[1]

[1] spider

פַּעַם אַחַת יָשַׁב דָּוִד הַמֶּלֶךְ בַּגַּן שֶׁלּוֹ וְרָאָה עַכָּבִישׁ.
שָׁאַל דָּוִד אֶת הַקָּדוֹשׁ־בָּרוּךְ־הוּא: "מָה עוֹשֶׂה עַכָּבִישׁ
בְּעוֹלָמְךָ? הוּא אוֹרֵג[1] כָּל הַשָּׁנָה וְאֵין לוֹ בֶּגֶד."
עָנָה הַקָּדוֹשׁ־בָּרוּךְ־הוּא:[1]
"דָּוִד, אַתָּה לוֹעֵג[1] לַבְּרִיּוֹת[2] שֶׁלִּי?
תָּבוֹא שָׁעָה[1] שֶׁאַתָּה תִּהְיֶה צָרִיךְ לָהֶן (לַבְּרִיּוֹת)."

[1] weaves
[1] the Holy One blessed be He
[1] mock [2] creatures
[1] a time will come

כַּאֲשֶׁר שָׁאוּל הַמֶּלֶךְ רָצָה לַהֲרֹג[1] אֶת דָּוִד, בָּרַח דָּוִד
לֶהָרִים וְהִתְחַבֵּא[1] בִּמְעָרָה. שָׁלַח הַקָּבָּ"ה עַכָּבִישׁ
וְאָרַג עַל פִּי[1] הַמְּעָרָה וְסָגַר אוֹתָהּ.
בָּא שָׁאוּל הַמֶּלֶךְ, רָאָה אֶת הָאֶרֶג[1] שֶׁל הָעַכָּבִישׁ וְאָמַר:
"בְּוַדַּאי לֹא נִכְנַס דָּוִד לְכָאן. אִם הָיָה נִכְנַס,
הָיָה קוֹרֵעַ[1] אֶת הָאֶרֶג."
הָלַךְ שָׁאוּל וְלֹא נִכְנַס לַמְּעָרָה.

[1] to kill
[1] hid himself
[1] mouth (פֶּה)
[1] web
[1] tear

שָׁמַע דָּוִד אֶת דִּבְרֵי שָׁאוּל. כַּאֲשֶׁר יָצָא דָּוִד
מִן הַמְּעָרָה וְרָאָה אֶת הָעַכָּבִישׁ, אָמַר: 15
"בָּרוּךְ מִי שֶׁבָּרָא אוֹתְךָ, וּבָרוּךְ אַתָּה!"

מִלּוֹן

spider	עַכָּבִישׁ	
to kill	לַהֲרֹג — הרג√	
he tears	קוֹרֵעַ — קרע√	

שְׁאֵלוֹת

תַּעֲנוּ עַל כָּל שְׁאֵלָה בְּמִשְׁפָּט שָׁלֵם.

1 מִי הִצִּיל אֶת דָּוִד?

2 אֵיךְ הוּא הִצִּיל אֶת דָּוִד?

3 מַה לָּמַד דָּוִד מֵהַמִּקְרֶה event הַזֶּה?

Woven and embroidered curtain
for the Holy Ark. Germany, 1772.

תַּרְגִּילִים לַחֲזָרָה

A. Write the following in סְמִיכוּת. Place the first letter of the phrase in the marked column.

בֵּית הַסֵּפֶר	0 הַבַּיִת שֶׁל הַסֵּפֶר.
	1 הַמְּנוֹרָה שֶׁל חֲנֻכָּה.
	2 הַדֶּלֶת שֶׁל הַבַּיִת.
	3 הַיְּהוּדִים שֶׁל אֲמֶרִיקָה.
	4 הַנְּשִׁיקָה שֶׁל הַבָּחוּר.
	5 הַתְּשׁוּבוֹת שֶׁל הַתַּלְמִידִים.
	6 הַיּוֹם שֶׁל הָעַצְמָאוּת.
	7 הַשֵּׁם שֶׁל הַחַיָּל.
	8 הָרוּחַ שֶׁל הַמִּדְבָּר.
	9 הָאוֹר שֶׁל הַשֶּׁמֶשׁ.
	10 הַלְּשׁוֹנוֹת שֶׁל הָעַמִּים.

Read the letters in the marked column מִלְמַעְלָה לְמַטָּה, beginning with line 1.

What country do they spell? _____

B. Choose one word from column א and one word from column ב. Use them together in a sentence, adding a word or two of your own. See how many correct sentences you can compose.

א	ב
אָסוּר	לְדַבֵּר
נָעִים	לִרְאוֹת
קָשֶׁה	לְלַמֵּד
טוֹב	לִלְמֹד
	לְקַבֵּל
	לְטַלְפֵּן

אָסוּר לְלַמֵּד עִבְרִית בְּרוּסְיָה. ______ 0

______ 1

______ 2

______ 3

______ 4

______ 5

______ 6

______ 7

______ 8

______ 9

______ 10

C. Write the masculine form of the missing numbers. Look for the mathematical pattern.

0   2, 4 ____ שִׁשָּׁה ____ 8 ____ עֲשָׂרָה.

1   3 _____ _____ 12, 15 _____.

2   20 _____ 60 _____ _____.

3   3, 9 _____ 81, 243 _____.

4   4 _____ 64 _____ 1,024.

5   15, 30 _____ 60 _____ _____.

D. Write the following dates (years) in Hebrew words. Remember that the word *year* is feminine.

0   1941   אֶלֶף תְּשַׁע מֵאוֹת אַרְבָּעִים וְאַחַת. _____

1   1882 _____

2   1914 _____

3   1948 _____

4   1492 _____

E. Circle the number that does not belong in each line. Be prepared to explain your answer.

0 שִׁבְעָה שִׁבְעָה-עָשָׂר (שֵׁשׁ-עֶשְׂרֵה) שִׁשָּׁה

1 שְׁתַּיִם אַחַת עֲשָׂרָה שֵׁשׁ

2 שְׁלוֹשָׁה שְׁנֵים-עָשָׂר אֶחָד חָמֵשׁ

3 שְׁמוֹנֶה-עֶשְׂרֵה תִּשְׁעָה חֲמִשָּׁה אַרְבָּעָה-עָשָׂר

4 עֶשְׂרִים וְאֶחָד שְׁלוֹשִׁים וּשְׁנַיִם אַרְבָּעִים וְחָמֵשׁ חֲמִשִּׁים וְשִׁשָּׁה

5 אֶחָד אַחַת שָׁלוֹשׁ עֶשֶׂר

A variety of spice-containers used in the *Havdala* service at the end of the Sabbath.

F. Translate these words.

1 קוֹל ________ כֹּל ________

2 אִמִּי ________ עַמִּי ________

3 אֶל ________ אַל ________ עַל ________

4 אֲנִי ________ עָנִי ________

5 אֶת ________ עֵט ________

6 מָצָא ________ מַצָּה ________

7 קָרָה ________ קָרָא ________

8 עִם ________ אִם ________

Kindling the Sabbath lights. Woodcut from a book of Jewish customs. Amsterdam, 1723.

G. Complete the chart. Follow the example.

	פֹּעַל	בִּנְיָן	גוּף	עָבָר	הֹוֶה	עָתִיד	שֵׁם הַפֹּעַל
0	√כתב	קַל	הֵם	כָּתְבוּ	כּוֹתְבִים	יִכְתְּבוּ	לִכְתֹּב
1	√שׁמע	קַל	הִיא				
2	√קנה	קַל	אֲנַחְנוּ				
3	√למד	פִּעֵל	אֲנִי				
4	√פגשׁ	קַל	אַתָּה				
5	√ספר	פִּעֵל	הוּא				
6	√בכה	קַל	הִיא				
7	√ירד	קַל	אַתְּ				
8	√שׁיר	קַל	הֵם				
9	√צעק	קַל	אַתָּה				
10	√שׁוב	קַל	אַתְּ				

מַה שֶּׁהָיָה הוּא שֶׁיִּהְיֶה, וּמַה שֶּׁנַּעֲשָׂה הוּא שֶׁיֵּעָשֶׂה...

That which was, is that which will be; and that which was done, is that which will be done. (Ecclesiastes 1:9 / קֹהֶלֶת א, ט)

מעשֶׂה העֵז

לפי ש.י. עגנון

מעשה בזקן אחד בארץ פולין, שהיה חולה מאוד. הלך הזקן אל הרופא. צִוָּה עליו הרופא לשתות חלב עִיזים. יצא הזקן וקנה לו עז.

לא עברו ימים רבים והעז נֶעֶלמה. יצאו לבקש את העז ולא מצאו אותה. לא בגן, לא על גג בית־המדרש, לא בהר ולא בשׂדה. אחרי ימים שָׁבָה העז. חלב רב נתנה. וטעם החלב כטעם גן־עדן. העז נֶעלמה פעמים רבות. יצאו לבקש אותה ולא מצאו את העז. אחרי ימים, שבה העז ונתנה חלב רב. וטעם החלב כטעם גן־עדן.

פעם אחת אמר הזקן לבנו: "בני, אני רוצה לדעת, לאן הולכת העז הזאת, ומאַין היא מביאה חלב מתוק וָטוב."
אמר לו בנו: "אבא, אני יודע מה לעשות."
הביא הבן חֶבֶל ארוך וקשר אותו לזָנָב של העז.
אמר לו האב: "מה אתה עושה, בני?"
אמר לו בנו: "אני קושר חבל זה לזנב של העז, וכאשר אֶראֶה שהיא הולכת, אֹחַז בחבל ואֵצֵא אחריה לדרך."
נִעְנַע הזקן בראשו ואמר לו: "בני, חכם אתה."

יום אחד ראה הבן שהעז הולכת. אָחַז בחבל והלך אחריה. הלכה והלכה עד שבאה העז אל מְעָרָה אחת. נכנסה העז אל המערה והנער אוחז בחבל. כך הלכו שעה אחת, שתי שעות, אולי יום אחד, או שני ימים, עד שבאו אל סוף המערה.

כאשר יצאו מן המערה, ראה הנער הרים גבוהים, עצי פרי, ומים יורדים מן ההרים, וריח בְּשָׂמִים ברוח.

עמד הנער וקרא לעוברים: "אנשים טובים, תגידו לי איפה אני? ומה שם המקום הזה?"
אמרו לו: "בארץ ישראל אתה, וקרוב לעיר צְפַת אתה."
עמד הנער וקרא: "ברוך המקום, ברוך הוא, שהביא אותי לארץ ישראל."

נשק הנער את עֲפַר הארץ וישב תחת העץ.
חשב הנער: ״כל היום אֵשֵׁב על ההר תחת העץ.
אחרי־כֵן אלך לביתי ואביא את אבי ואמי לארץ ישראל.״

אבל היום ההוא ערב שבת היה.
והנער שמע קול קורא: ״בואו ונֵצֵא לקראת שבת המלכה.״ הנער ראה אנשים בבגדים לבנים כמו מלאכים ובידיהם עֲנָפִים של הֲדַסִּים. ובכל בית נרות רבים.

הֵבִין הנער כי לא יוכל לשוב הביתה. לקח נְיָר וכתב מכתב לאב:
״אבי היקר, באתי בשלום לארץ ישראל. יושב אני על־יד צפת, עיר הקודש. אל תשאל איך באתי לכאן. אבא, אֱחֹז בחבל אשר קשרתי לזנב של העז, ולך אחריה, – אז תבוא לארץ ישראל.״
הנער שׂם את המכתב באוזן העז. חשב הנער: ״כאשר תבוא העז אל אבא, הוא יַחליק על רֹאשָׁהּ, היא תְּנַעְנַע באוזנים והמכתב ייפול מן האוזן. ייקח אבא את המכתב ויקרא אותו. אז הוא יֹאחַז בחבל, יילך אחרי העז ויעלה לארץ ישראל.״

שבה העז לבית הזקן. אבל הזקן לא הֶחליק על ראש העז. העז לא נִעְנְעָה באוזנים שלה, והמכתב לא נפל.
ראה האב כי העז שבה והבן איננו. התחיל האב צועק ובוכה: ״בני, בני, איפה אתה? בני, חייה רעה אכלה אותו.״ בכה הזקן על הבן ימים רבים.

כעס האב על העז וקרא לשוֹחֵט. בא השוחט ושחט את העז.
נפל המכתב מן האוזן. לקח הזקן את המכתב ואמר: ״מכתב מבני.״
קרא הזקן את המכתב והתחיל צועק ובוכה: ״אוי לאיש שעשׂה רעה למי שעשׂה לו טובה.״
בכה הזקן על העז ימים רבים ואמר: ״אוי לי, הייתי יכול לעלות לארץ ישראל בקפיצה אחת, ועכשיו אני צריך לחיות בגלות הזאת עד יום מותי.״

מאז, אי אפשר למצוא את המערה, ולארץ ישראל אין עוד דרך קצרה.
והבן יושב בלילה וביום בארץ ישראל בשקט ובשלום.

A Jewish folk-art decoration created by cutting designs out of colored paper and adding painted elements. The "Mizraḥ" was hung on the eastern wall of the home or synagogue to indicate the direction to be faced when praying. Germany, 1818.

חֲזָרָה

Review of Grammatical Principles

Direct Object Pronouns

The direct object pronoun is formed by adding personal endings to the base letters אוֹת. me = אוֹתִי

Singular

me	אוֹתִי
you (m.)	אוֹתְךָ
you (f.)	אוֹתָךְ
he, it	אוֹתוֹ
she, it	אוֹתָהּ

Plural

we	אוֹתָנוּ
you (m.)	אֶתְכֶם*
you (f.)	אֶתְכֶן*
them (m.)	אוֹתָם
them (f.)	אוֹתָן

* Note the vowel change from וֹ to אֶ.

Prepositions with Pronominal (Personal) Endings

In Hebrew, we can add personal endings to many prepositions. The endings tell us *who* or *what* is affected by the preposition.

Here are some frequently used prepositions with pronominal endings.

to לְ	of שֶׁל
לִי	שֶׁלִּי
לְךָ	שֶׁלְּךָ
לָךְ	שֶׁלָּךְ
לוֹ	שֶׁלּוֹ
לָהּ	שֶׁלָּהּ
לָנוּ	שֶׁלָּנוּ
לָכֶם	שֶׁלָּכֶם
לָכֶן	שֶׁלָּכֶן
לָהֶם	שֶׁלָּהֶם
לָהֶן	שֶׁלָּהֶן

with עִם	in בְּ
עִמִּי	בִּי
עִמְּךָ	בְּךָ
עִמָּךְ	בָּךְ
עִמּוֹ	בּוֹ
עִמָּהּ	בָּהּ
עִמָּנוּ	בָּנוּ
עִמָּכֶם	בָּכֶם
עִמָּכֶן	בָּכֶן
עִמָּהֶם	בָּהֶם
עִמָּהֶן	בָּהֶן

Expressing Possession

	Plural		Singular
we have	יֵשׁ לָנוּ	I have	יֵשׁ לִי
you (m.pl.) have	יֵשׁ לָכֶם	you (m.s.) have	יֵשׁ לְךָ
you (f.pl.) have	יֵשׁ לָכֶן	you (f.s.) have	יֵשׁ לָךְ
they (m.) have	יֵשׁ לָהֶם	he has	יֵשׁ לוֹ
they (f.) have	יֵשׁ לָהֶן	she has	יֵשׁ לָהּ

In order to negate possession, we use the expression אֵין לְ...

Nouns Derived from Verbs, שֵׁם הַפְּעוּלָּה

Nouns derived from בִּנְיַן פִּעֵל verbs follow the pattern □ִ□וּ□

בִּקֵּר	בִּקּוּר, בִּקּוּרִים
base form	noun

See page 153 for a list of such nouns.

Construct State of the Noun, סְמִיכוּת

In Hebrew the construct state is used to form compound words.

הַתַּלְמִיד שֶׁל הַמּוֹרֶה	תַּלְמִיד הַמּוֹרֶה
הַתַּלְמִידָה שֶׁל הַמּוֹרֶה	תַּלְמִידַת הַמּוֹרֶה
הַתַּלְמִידִים שֶׁל הַמּוֹרֶה	תַּלְמִידֵי הַמּוֹרֶה
הַתַּלְמִידוֹת שֶׁל הַמּוֹרֶה	תַּלְמִידוֹת הַמּוֹרֶה

Cardinal Numbers, Masculine

		אֶפֶס *	0
11	אַחַד-עָשָׂר	אֶחָד	1
12	שְׁנֵים-עָשָׂר	שְׁנַיִם (שְׁנֵי)	2
13	שְׁלוֹשָׁה-עָשָׂר	שְׁלוֹשָׁה	3
14	אַרְבָּעָה-עָשָׂר	אַרְבָּעָה	4
15	חֲמִשָּׁה-עָשָׂר	חֲמִשָּׁה	5
16	שִׁשָּׁה-עָשָׂר	שִׁשָּׁה	6
17	שִׁבְעָה-עָשָׂר	שִׁבְעָה	7
18	שְׁמוֹנָה-עָשָׂר	שְׁמוֹנָה	8
19	תִּשְׁעָה-עָשָׂר	תִּשְׁעָה	9
		עֲשָׂרָה	10

Cardinal Numbers, Feminine

		אֶפֶס *	0
11	אַחַת עֶשְׂרֵה	אַחַת	1
12	שְׁתֵּים עֶשְׂרֵה	שְׁתַּיִם (שְׁתֵּי)	2
13	שְׁלוֹשׁ עֶשְׂרֵה	שָׁלוֹשׁ	3
14	אַרְבַּע עֶשְׂרֵה	אַרְבַּע	4
15	חֲמֵשׁ עֶשְׂרֵה	חָמֵשׁ	5
16	שֵׁשׁ עֶשְׂרֵה	שֵׁשׁ	6
17	שְׁבַע עֶשְׂרֵה	שֶׁבַע	7
18	שְׁמוֹנֶה עֶשְׂרֵה	שְׁמוֹנֶה	8
19	תְּשַׁע עֶשְׂרֵה	תֵּשַׁע	9
		עֶשֶׂר	10

* אֶפֶס is both masculine *and* feminine.

Cardinal Numbers, 20 — 1,000

Round numbers — 20, 30 ... 100, 200 — have **only one form** for both masculine and feminine.

שִׁבְעִים	70		עֶשְׂרִים	20
שְׁמוֹנִים	80		שְׁלוֹשִׁים	30
תִּשְׁעִים	90		אַרְבָּעִים	40
מֵאָה	100		חֲמִשִּׁים	50
מָאתַיִם	200		שִׁשִּׁים	60
אֶלֶף	1000			

When the **round numbers combine with numbers from 1 through 9**, these numbers again have a **masculine** and a **feminine** form.

Feminine	Masculine	
עֶשְׂרִים וְאַחַת	עֶשְׂרִים וְאֶחָד	21
עֶשְׂרִים וּשְׁתַּיִם	עֶשְׂרִים וּשְׁנַיִם	22
עֶשְׂרִים וְשָׁלוֹשׁ	עֶשְׂרִים וּשְׁלוֹשָׁה	23
עֶשְׂרִים וְאַרְבַּע	עֶשְׂרִים וְאַרְבָּעָה	24
עֶשְׂרִים וְחָמֵשׁ	עֶשְׂרִים וַחֲמִשָּׁה	25
עֶשְׂרִים וְשֵׁשׁ	עֶשְׂרִים וְשִׁשָּׁה	26
עֶשְׂרִים וְשֶׁבַע	עֶשְׂרִים וְשִׁבְעָה	27
עֶשְׂרִים וּשְׁמוֹנֶה	עֶשְׂרִים וּשְׁמוֹנָה	28
עֶשְׂרִים וְתֵשַׁע	עֶשְׂרִים וְתִשְׁעָה	29

Round numbers between 300 and 900 are always feminine, because the numbers 3, 4 ... 9 describe the word מֵאָה, which is feminine.

שְׁבַע מֵאוֹת	700		שְׁלוֹשׁ מֵאוֹת	300
שְׁמוֹנֶה מֵאוֹת	800		אַרְבַּע מֵאוֹת	400
תְּשַׁע מֵאוֹת	900		חֲמֵשׁ מֵאוֹת	500
			שֵׁשׁ מֵאוֹת	600

פָּעַל – קַל

	שְׁלֵמִים		ע׳ גְּרוֹנִית *	ל׳ גְּרוֹנִית *	פ״י
הֹוֶה	שׁוֹמֵר	כּוֹתֵב	כּוֹעֵס	שׁוֹמֵעַ	יוֹשֵׁב
	שׁוֹמֶרֶת	כּוֹתֶבֶת	כּוֹעֶסֶת	שׁוֹמַעַת	יוֹשֶׁבֶת
	שׁוֹמְרִים	כּוֹתְבִים	כּוֹעֲסִים	שׁוֹמְעִים	יוֹשְׁבִים
	שׁוֹמְרוֹת	כּוֹתְבוֹת	כּוֹעֲסוֹת	שׁוֹמְעוֹת	יוֹשְׁבוֹת
עָבָר	שָׁמַרְתִּי	כָּתַבְתִּי	כָּעַסְתִּי	שָׁמַעְתִּי	יָשַׁבְתִּי
	שָׁמַרְתָּ	כָּתַבְתָּ	כָּעַסְתָּ	שָׁמַעְתָּ	יָשַׁבְתָּ
	שָׁמַרְתְּ	כָּתַבְתְּ	כָּעַסְתְּ	שָׁמַעַתְּ	יָשַׁבְתְּ
	שָׁמַר	כָּתַב	כָּעַס	שָׁמַע	יָשַׁב
	שָׁמְרָה	כָּתְבָה	כָּעֲסָה	שָׁמְעָה	יָשְׁבָה
	שָׁמַרְנוּ	כָּתַבְנוּ	כָּעַסְנוּ	שָׁמַעְנוּ	יָשַׁבְנוּ
	שְׁמַרְתֶּם	כְּתַבְתֶּם	כְּעַסְתֶּם	שְׁמַעְתֶּם	יְשַׁבְתֶּם
	שְׁמַרְתֶּן	כְּתַבְתֶּן	כְּעַסְתֶּן	שְׁמַעְתֶּן	יְשַׁבְתֶּן
	שָׁמְרוּ	כָּתְבוּ	כָּעֲסוּ	שָׁמְעוּ	יָשְׁבוּ
עָתִיד	אֶשְׁמֹר	אֶכְתֹּב	אֶכְעַס	אֶשְׁמַע	אֵשֵׁב
	תִּשְׁמֹר	תִּכְתֹּב	תִּכְעַס	תִּשְׁמַע	תֵּשֵׁב
	תִּשְׁמְרִי	תִּכְתְּבִי	תִּכְעֲסִי	תִּשְׁמְעִי	תֵּשְׁבִי
	יִשְׁמֹר	יִכְתֹּב	יִכְעַס	יִשְׁמַע	יֵשֵׁב
	תִּשְׁמֹר	תִּכְתֹּב	תִּכְעַס	תִּשְׁמַע	תֵּשֵׁב
	נִשְׁמֹר	נִכְתֹּב	נִכְעַס	נִשְׁמַע	נֵשֵׁב
	תִּשְׁמְרוּ	תִּכְתְּבוּ	תִּכְעֲסוּ	תִּשְׁמְעוּ	תֵּשְׁבוּ
	יִשְׁמְרוּ	יִכְתְּבוּ	יִכְעֲסוּ	יִשְׁמְעוּ	יֵשְׁבוּ
שֵׁם הַפֹּעַל	לִשְׁמֹר	לִכְתֹּב	לִכְעֹס	לִשְׁמֹעַ	לָשֶׁבֶת
שֵׁם הַפְּעוּלָה	שְׁמִירָה	כְּתִיבָה	שְׁמִיעָה		יְשִׁיבָה

---

* גְּרוֹנִית means *gutteral*, i.e. ח, ע.

Verb Paradigms

פִּעֵל

ל"ה	ל"ה	ע"ו	ע"י	ע"ו–ל"א	שְׁלֵמִים
קוֹנֶה	בּוֹכֶה	קָם	שָׁר	בָּא	מְסַפֵּר
קוֹנָה	בּוֹכָה	קָמָה	שָׁרָה	בָּאָה	מְסַפֶּרֶת
קוֹנִים	בּוֹכִים	קָמִים	שָׁרִים	בָּאִים	מְסַפְּרִים
קוֹנוֹת	בּוֹכוֹת	קָמוֹת	שָׁרוֹת	בָּאוֹת	מְסַפְּרוֹת
קָנִיתִי	בָּכִיתִי	קַמְתִּי	שַׁרְתִּי	בָּאתִי	סִפַּרְתִּי
קָנִיתָ	בָּכִיתָ	קַמְתָּ	שַׁרְתָּ	בָּאתָ	סִפַּרְתָּ
קָנִית	בָּכִית	קַמְתְּ	שַׁרְתְּ	בָּאת	סִפַּרְתְּ
קָנָה	בָּכָה	קָם	שָׁר	בָּא	סִפֵּר
קָנְתָה	בָּכְתָה	קָמָה	שָׁרָה	בָּאָה	סִפְּרָה
קָנִינוּ	בָּכִינוּ	קַמְנוּ	שַׁרְנוּ	בָּאנוּ	סִפַּרְנוּ
קְנִיתֶם	בְּכִיתֶם	קַמְתֶּם	שַׁרְתֶּם	בָּאתֶם	סִפַּרְתֶּם
קְנִיתֶן	בְּכִיתֶן	קַמְתֶּן	שַׁרְתֶּן	בָּאתֶן	סִפַּרְתֶּן
קָנוּ	בָּכוּ	קָמוּ	שָׁרוּ	בָּאוּ	סִפְּרוּ
אֶקְנֶה	אֶבְכֶּה	אָקוּם	אָשִׁיר	אָבוֹא	אֲסַפֵּר
תִּקְנֶה	תִּבְכֶּה	תָּקוּם	תָּשִׁיר	תָּבוֹא	תְּסַפֵּר
תִּקְנִי	תִּבְכִּי	תָּקוּמִי	תָּשִׁירִי	תָּבוֹאִי	תְּסַפְּרִי
יִקְנֶה	יִבְכֶּה	יָקוּם	יָשִׁיר	יָבוֹא	יְסַפֵּר
תִּקְנֶה	תִּבְכֶּה	תָּקוּם	תָּשִׁיר	תָּבוֹא	תְּסַפֵּר
נִקְנֶה	נִבְכֶּה	נָקוּם	נָשִׁיר	נָבוֹא	נְסַפֵּר
תִּקְנוּ	תִּבְכּוּ	תָּקוּמוּ	תָּשִׁירוּ	תָּבוֹאוּ	תְּסַפְּרוּ
יִקְנוּ	יִבְכּוּ	יָקוּמוּ	יָשִׁירוּ	יָבוֹאוּ	יְסַפְּרוּ
לִקְנוֹת	לִבְכּוֹת	לָקוּם	לָשִׁיר	לָבוֹא	לְסַפֵּר
קְנִיָּה	בְּכִיָּה		שִׁירָה		סִפּוּר

מִלּוֹן

Basic Vocabulary

It is assumed that the student has already mastered the following Hebrew vocabulary before beginning this text. The following words, therefore, do not appear in the vocabulary lists of each unit, but are used in the reading selections and exercises.

Nouns are listed in their singular form; **adjectives** in their masculine singular form.

Verbs appear in the base form (past tense, third person masculine singular); ל״ה verbs and verbs in בִּנְיַן פִּעֵל appear in the present tense, masculine singular form.

There are a number of verbs that appear in the infinitive form — לִרְאוֹת, לָלֶכֶת.

There are a number of verbs that appear in the command form — שֵׁב, שְׁבִי, שְׁבוּ

א

אָב, אַבָּא	father	אוֹ	or
אָבִיב	spring	אוּלַי	maybe
אֲבָל	but	אוֹתוֹ	him
אָדוֹן	sir, Mr., master	אָח	brother
אֲדוֹנִי	sir	אָחוֹת	sister
אָהַב	liked, loved	אַחֵר	another

אַחֲרֵי	after
אַחַר־כָּךְ	afterwards
אֵיךְ	how
אֵין	there is no, none
אֵיפֹה	where
אִישׁ	man
אָכַל	ate
אֹכֶל	food
אֶל	to
אֵלֶּה	these
אֱלֹהִים	God
אָלֶף־בֵּית	alphabet
אִם	if
אֵם, אִמָּא	mother
אָמַר	said
אֱמֶת	truth
אֲנַחְנוּ	we
אֲנִי	I
אֲנָשִׁים	people
אֲרוּחַת־צָהֳרַיִם	lunch
אָרוֹן	closet, cabinet
אֶרֶץ	ground, land
אֶרֶץ-יִשְׂרָאֵל	Land of Israel
אֵשׁ	fire
אִשָּׁה	woman
אַתְּ	you (f.s.)
אַתָּה	you (m.s.)
אַתֶּם	you (m.pl.)
אֶתְמוֹל	yesterday
אַתֶּן	you (f.pl.)

ב

בְּ...	in, on, at, by, with
בָּא	came, comes
בֶּאֱמֶת	really, truly
בְּבַקָּשָׁה	please
בֶּגֶד	clothing
בַּדֶּרֶךְ	on the way
בָּהּ	in her
בָּהֶם, בָּהֶן	in them (m., f.)
בּוֹ	in him
בּוֹכֶה	cries
בּוֹנֶה	builds
בַּחוּץ	outside
בִּי	in me
בֵּין	between, among
בֵּיצָה	egg
בַּיִת	house
בֵּית-כְּנֶסֶת	synagogue
בֵּית-סֵפֶר	school
בְּךָ, בָּךְ	in you (m.s., f.s.)
בָּכָה	cried
בְּכָל מָקוֹם	everywhere
בָּכֶם, בָּכֶן	in you (m.pl., f.pl.)
בְּכַעַס	angrily
בֵּן	son
בֶּן־דוֹד	cousin
בָּנָה	built
בָּנוּ	in us
בַּנָּנָה	banana
בְּסֵדֶר	O. K. (in order)
בְּקוֹל	loudly
בֹּקֶר	morning
בִּקֵּשׁ	asked, requested
בָּרֶגֶל	on foot
בְּרָכָה	blessing
בַּר-מִצְוָה	Bar-Mitzvah
בַּת-מִצְוָה	Bat-Mitzvah
בָּשָׂר	meat
בַּת, בָּנוֹת	daughter(s)

ג

גְּבִינָה	cheese
גְּבֶרֶת	Mrs., lady, Ms.
גַּג	roof
גָּדוֹל	big, large
גִּיר	chalk
גְּלִידָה	ice-cream
גַּם	also
גָּמָל	camel
גָּמַר	finished
גַּן	garden
גַּנָּב	thief
גָּנַב	stole

גָּר	lived, lives
גֶּשֶׁם	rain

ד

דָּבָר	thing
דִּבֵּר	spoke
דָּג	fish
דּוֹד, דּוֹדָה	uncle, aunt
דֶּלֶת	door
דֶּרֶךְ	road, way (f.)

ה

הַבַּיְתָה	home, homewards
הוּא	he
הוֹרִים	parents
הִיא	she
הָיָה, הָיְתָה	was (m., f.)
הָיָה לְ... הָיְתָה לְ...	became (m., f.)
הַיּוֹם	today
הַכֹּל	everything
הָלַךְ	went, walked
הֵם, הֵן	they (m.,f.)
הִנֵּה	here
הַר	mountain
הַרְבֵּה	much, many

ו

וְ...	and

ז

זֹאת	this (f.)
זֶה	this (m.)
זָהָב	gold
זָקֵן	old (man)
זָרַק	threw

ח

חָבֵר, חֲבֵרָה	friend (m., f.)
חַג	holiday
חֶדֶר	room
חָדָשׁ	new
חוֹלֶה	sick
חַזָּן	cantor
חָזַר	returned
חָכָם	smart, wise
חָלָב	milk
חַלָּה	challah
חַלּוֹן	window
חַם	warm
חֶמְאָה	butter
חֲנוּת	store
חֲנֻכָּה	Hanukka
חֲצִי	half
חֹרֶף	winter
חָשַׁב	thought
חָשׁוּב	important
חָתוּל	cat

ט

ט"ו בִּשְׁבָט	Tu B'Shvat
טוֹב	good
טַלִּית	prayer shawl

י

יָד	hand
יָדַע	knew
יְהוּדִי	Jew, Jewish
יוֹם	day
יוֹם כִּפּוּר	Yom Kippur
יַיִן	wine
יָכוֹל	able, can
יֶלֶד, יַלְדָּה	boy, girl
יְלָדִים	children
יָם	sea
יָפֶה	nice, pretty
יָצָא	went out
יָרַד	came down
יְרוּשָׁלַיִם	Jerusalem
יָרֵחַ	moon

יֵשׁ	there is
יֵשׁ לִי	I have
יָשַׁב	sat
יָשֵׁן	asleep, sleeps
יִשְׂרָאֵל	Israel

כ

כְּ...	like, as
כָּאן	here
כַּאֲשֶׁר	when
כַּדּוּר	ball
כּוֹכָב	star
כִּי	because
כָּל, כֹּל	all
כָּל אֶחָד	everyone
כֶּלֶב	dog
כַּמָּה	how much, how many
כֵּן	yes
כִּסֵּא	chair
כֶּסֶף	money
כָּעַס	was angry
כַּעַס	anger
כִּפָּה	skullcap
כָּתַב	wrote
כִּתָּה	classroom

ל

לְ...	to
לֹא	no
לֶאֱכֹל	to eat
לֵב	heart
לְדַבֵּר	to speak
לָהּ	to her
לְהָבִיא	to bring
לִהְיוֹת	to be
לָהֶם, לָהֶן	to them (m., f.)
לְהִתְרָאוֹת	I'll be seeing you
לוֹ	to him
לוּחַ	blackboard
לֶחֶם	bread
לִי	to me
לַיְלָה	night
לֵךְ, לְכִי, לְכוּ	go!
לְךָ, לָךְ	to you (m.s., f.s.)
לָכֶם, לָכֶן	:o you (m.pl., f.pl.)
לָלֶכֶת	o go
לָמַד	earned, studied
לִמְכֹּר	o sell
לָנוּ	o us
לִנְסֹעַ	o travel
לַעֲשׂוֹת	o do
לִפְנֵי	efore
לָקַח	ook
לִקְנוֹת	o buy
לִרְאוֹת	o see
לְשַׂחֵק	o play (a game)
לָשִׂים	o put
לִשְׁלֹחַ	o send

מ

מִ...	from
מְאֹד	very
מֵאָה	hundred
מַבִּיט בְּ...	looks at
מֵבִין	understands
מְדַבֵּר	talks
מַדּוּעַ	why
מָה	what
מַה קָּרָה?	what happened?
מַה שְּׁלוֹמְךָ?	how are you (m.)?
מַה שְּׁלוֹמֵךְ?	how are you (f.)?
מַהֵר	quickly
מוֹרֶה	teacher
מְזוּזָה	mezuzah
מַזָּל	luck
מַזָּל־טוֹב	congratulations
מַחְבֶּרֶת	notebook
מָחָר	tomorrow
מִטָּה	bed
מִי	who
מִיָּד	immediately
מַיִם	water
מִיץ	juice

מְכוֹנִית	car
מָכַר	sold
מִכְתָּב	letter
מִלָּה	word
מֶלֶךְ	king
מַלְכָּה	queen
מִן	from
מְנוֹרָה	menorah, lamp
מִסְפָּר	number
מְסַפֵּר	tells
מְעַט	a little
מָצָא	found
מַצָּה	matzah
מִצְוָה	commandment
מִצְרַיִם	Egypt
מָקוֹם	place
מְשַׂחֵק	plays (a game)
מִשְׁפָּחָה	family
מִשְׁפָּט	judgment, trial
מֵת	dead, dies
מָתַי	when
מַתָּנָה	gift

נ

נָכוֹן	correct
נָסַע	travelled
נָעִים	pleasant
נָפַל	fell
נֵר, נֵרוֹת	candle (m.)
נָשִׁים	women
נָתַן	gave

ס

סַבָּא	grandfather
סַבְתָּא	grandmother
סָגַר	closed
סִדּוּר	prayerbook
סֻכָּה	sukkah
סֻכּוֹת	Sukkot
סָלַח	forgave
סְלִיחָה	excuse me
סִפּוּר	story
סִפֵּר	told
סֵפֶר	book
סִפְרִיָּה	library
סְתָו	autumn, fall

ע

עָבַד	worked
עֶבֶד	slave
עִבְרִית	Hebrew
עוֹלָם	world
עוֹנֶה	answers
עוֹנָה	season
עוֹנוֹת הַשָּׁנָה	seasons of the year
עוֹף	chicken
עֵט	pen
עִיר	city
עַכְשָׁו	now
עַל	on, about
עָלָה	went up
עַל־יַד	next to, near
עִם	with
עָמַד	stood
עִמָּהּ	with her
עִמָּהֶם, עִמָּהֶן	with them (m., f.)
עִמּוֹ	with him
עִמִּי	with me
עִמְּךָ, עִמָּךְ	with you (m.s., f.s.)
עִמָּכֶם, עִמָּכֶן	with you (m.pl., f.pl.)
עִמָּנוּ	with us
עֲנָבִים	grapes
עָנָה	answered
עָנִי	poor
עָנָן	cloud
עִפָּרוֹן	pencil
עֵץ	tree
עֶרֶב	evening
עָשָׂה	did
עָשִׁיר	rich
עֶשֶׂר, עֲשָׂרָה	ten (f.,m.)
עֶשְׂרִים	twenty

פ

פָּגַשׁ	met
פֹּה	here
פּוּרִים	Purim
פֶּסַח	Passover
פַּעַם, פַּעַם אַחַת	once
פְּרִי, פֵּרוֹת	fruit
פִּתְאֹם	suddenly
פָּתַח	opened

צ

צַדִּיק	righteous
צְדָקָה	charity
צָחַק	laughed
צָעַק	shouted
צָרִיךְ	must

ק

קִדּוּשׁ	Kiddush
קוֹל	voice
קוּם, קוּמִי, קוּמוּ	stand up! get up!
קוֹנֶה	buys
קָטָן	small
קַיִץ	summer
קִיר	wall
קָם	stood up, stands up
קָנָה	bought
קָפֶה	coffee
קָפַץ	jumped
קַר	cold
קָרָא	read
קָרָה	happened
קָרִיר	chilly

ר

רָאָה	saw
רֹאשׁ	head
רֹאשׁ הַשָּׁנָה	Rosh Hashanah
רִאשׁוֹן	first
רַב, רַבִּי	Rabbi
רֶגֶל, רַגְלַיִם	foot, feet (f.)
רֶגַע	moment
רוֹאֶה	sees
רוּחַ	wind
רוֹצֶה	wants
רְחוֹב	street
רָכַב	rode
רַע	bad
רַעַשׁ	noise
רָצָה	wanted
רַק	only
רָשָׁע	evil, wicked

ש

שֶׁ...	that
שָׁאַל	asked
שְׁאֵלָה	question
שֵׁב, שְׁבִי, שְׁבוּ	sit!
שָׁבוּעַ	week
שָׁבוּעוֹת	Shavuot
שִׁבְעָה־עָשָׂר	seventeen (m.)
שָׁבַר	broke
שַׁבָּת	Sabbath
שַׁבָּת שָׁלוֹם	a good Sabbath!
שׁוֹטֵר	policeman
שׁוֹפֵט	judge
שׁוֹפָר	shofar
שׁוּק	market
שׁוֹתֶה	drinks
שָׁחוֹר	black
שִׁיר	song
שֶׁל	belonging to, of
שֶׁלֶג	snow
שֶׁלָּהּ	hers
שֶׁלּוֹ	his
שָׁלוֹם	hello, goodbye, peace
שָׁלַח	sent
שֻׁלְחָן, שֻׁלְחָנוֹת	table(s) (m.)
שֶׁלִּי	mine
שֶׁלְּךָ, שֶׁלָּךְ	yours (m.s., f.s.)
שֶׁלָּכֶם, שֶׁלָּכֶן	yours (m.pl., f.pl.)

שֶׁלָּנוּ	ours
שֵׁם, שְׁמִי	name, my name
שְׁמוֹנָה־עָשָׂר	eighteen (m.)
שָׁמַיִם	sky
שֶׁמֶן	oil
שָׁמַע	heard
שֶׁמֶשׁ	sun
שָׁנָה, שָׁנִים	year(s) (f.)
שָׁנָה טוֹבָה	happy New Year!
שֵׁנִי, שְׁנִיָּה	second
שִׁעוּר	lesson
שֶׁקֶט	quiet
שָׁתָה	drank

שׂ

שִׂחֵק	played
שָׂם	put
שָׂמֵחַ	happy
שִׂמְחָה	happiness, joy

ת

תֵּה	tea
תּוֹדָה	thank you
תּוֹרָה	Torah
תַּחַת	under
תַּלְמִיד	student
תֵּן, תְּנִי, תְּנוּ	give!
תַּפּוּז	orange
תַּפּוּחַ	apple
תַּפּוּחַ־אֲדָמָה	potato
תְּפִלָּה	prayer
תִּקְוָה	hope

מִלּוֹן

Here is a list of all the words learned in Units 1–10. Most of the words are from the מִלּוֹן section that follows each reading selection. Others have been introduced in the grammar explanations or in the exercises.

The number alongside the word indicates the unit where it first appears.

Nouns are listed in their singular form; **adjectives** in their masculine, singular form.

Verbs appear in the present tense, masculine singular form, and in the base form (past tense, third person masculine singular).

If a verb appears in a reading selection or elsewhere in the infinitive form (לְהַכְנִיס, לְהִתְקַשֵּׁר), it will appear here in that form.

א

אֶבֶן, אֲבָנִים	2	stone, stones
אָדָם	4	Adam, man
אָדֹם	3	red
אַהֲבָה	9	love (noun)
אֹהֶל	8	tent
אוֹר	9	light
אֹזֶן, אָזְנַיִם	9	ear (f.)
אֶחָד	9	one (m.)
אַחַד-עָשָׂר	2	eleven (m.)
אָחַז בְּ...	5	held
אַחַת-עֶשְׂרֵה	1	eleven (f.)
אֵין דָּבָר	6	it's nothing
אַל	1	do not
אֵלֵינוּ	5	to us
אֵלֵךְ	2	I will go
אֶלֶף	9	thousand
אָסוּר	4	forbidden
אֲפִילוּ	9	even

אֶפֶס	zero	1
אַרְבָּעָה	four (m.)	9
אַרְבַּע-עֶשְׂרֵה	fourteen (f.)	1
אַרְבָּעָה-עָשָׂר	fourteen (m.)	9
אָרֹךְ	long	8

ב

בְּדִיחָה	joke	9
בְּוַדַּאי	certainly	9
בְּזוֹל	cheaply	1
בָּחוּר, בַּחוּרָה	teenager	1
בְּחִינָה	test (noun)	2
בֶּטַח	certainly	8
בְּיָדָיו	in his hands	9
בֵּינֵיהֶם	between them (among)	1
בֵּית-הַמִּדְרָשׁ	house of study	9
בֵּית-הַמִּקְדָּשׁ	the Temple (biblical)	1
בְּלַחַשׁ	in a whisper	9
בְּלִי	without	1
בְּעוֹד חֹדֶשׁ	in a month	3
בַּעַל-הַבַּיִת	host	4
בָּעַר	burned (intransitive)	8
בִּקּוּר	visit (noun)	6
בִּקֵּר	visited	5
בַּקָּשָׁה	request (noun)	7
בָּרָא	created	7
בָּרוּךְ הַבָּא	welcome	9
בָּרוּךְ הַשֵּׁם	thank God!	6
בָּרַח מ...	fled	3
בֵּרֵךְ	blessed	5
בְּרֵרָה	choice	6
בִּשֵּׁל	cooked	5
בְּשָׂמִים	spices	10

ג

גַּבַּאי	gabbai	5
גָּבֹהַּ	high, tall	7
גָּדַל	grew	3
גִּדֵּל	brought up, raised	8
גּוֹרָל	fate	7
גָּלוּת	diaspora, exile	10
גַּן-עֵדֶן	Garden of Eden	10
גָּר	lived, resided	7

ד

דָּאַג ל...	worried	8
דִּבּוּר	speech, act of speaking	6
דָּחַף	pushed	6
דִּירָה	apartment	6
דָּן	judged	7
דַּקָּה	minute	1
דְּרִישַׁת-שָׁלוֹם	regards, greetings	8

ה

הֵבִיא	brought	3
הֵבִין	understood	2
הִגִּיעַ	arrived	4
הָלַךְ בָּרֶגֶל	walked, went on foot	1
הוֹצִיא	took out	5
הוֹרִיד	lowered	9
הִזְמִין	invited	4
הַזְמָנָה	invitation	4
הַחוּצָה	outside	4
הֶחֱזִיק	held	4
הֶחֱזִיר	returned, gave back	4
הַחְלָטָה	decision	7
הֶחְלִיט	decided	7
הַכֹּל בְּסֵדֶר	everything's fine!	6
הִכְנִיס	brought in	9
הִכְתִּיב	dictated	5
הַלְוַאי	I only wish that	4
הָמוֹן	many, multitude	5
הַצָּגָה	performance	9
הִצִּיל	saved	7
הַצָּלָה	saving	7
הַצְלָחָה	success	3
הִצְלִיחַ	succeeded	3
הִסְתַּכֵּל בּ...	looked at	7
הָרַג	killed	2
הִשְׁאִיר	left (something)	4
הִשְׁתַּגֵּעַ	became crazy	9
הִתְחִיל	began	7

הִתְכַּתֵּב	5	corresponded
הִתְעַטֵּף בְּ...	5	wrapped himself

ו

וָרֹד	3	pink

ז

זוֹל	1	cheap
זָז	7	moved
זָכַר	2	remembered
זְמַן	1	time
זָנָב	10	tail

ח

חִבּוּר	6	composition
חֲבִילָה	8	package, bundle
חֶבֶל	10	rope
חִבֵּר	5	composed
חֹדֶשׁ, חֳדָשִׁים	3	month(s)
חַוָּה	4	Eve
חוּם	3	brown
חָזָק	2	strong
חִטָּה	1	wheat
חַי	8	alive, living
חַיָּה	10	animal
חַיָּל	7	soldier
חַיִּים	8	life
חִכָּה	8	waited
חָכְמָה	9	wisdom
חֲלוֹם, חֲלוֹמוֹת	2	dream (m.)
חָלַם	2	dreamt
חִלֵּק	1	divided
חֵלֶק	1	portion
חֻלְצָה	5	shirt, blouse
חַם לִי	8	I'm hot
חֲמוֹר	6	donkey
חֲמִשָּׁה	9	five (m.)
חֲמִשָּׁה-עָשָׂר	9	fifteen (m.)
חֲמִשִּׁים	9	fifty
חֲמֵשׁ-עֶשְׂרֵה	1	fifteen (f.)
חִפּוּשׂ	6	search (noun)
חִפֵּשׂ	5	searched
חֹשֶׁךְ	9	darkness

ט

טוֹבָה	9	favor
טִיּוּל	6	hike, trip
טִיֵּל	5	went for a walk, hiked
טִלְפֵּן	8	telephoned
טָס	7	flew (airplane)
טַעַם	10	taste
טִפֵּשׁ	6	stupid

י

יוּכַל	10	he will be able
יוֹתֵר	2	more
יְחִידִי	7	singular
יִחְיֶה	8	he will live
יַלְדוּת	7	childhood
יֵלֵךְ	2	will go, walk
יַעֲזוֹב	6	will leave
יִקַּח	8	will take
יָקָר	6	expensive, dear
יֵרֵד	1	will go down
יָרֹק	3	green
יָשֵׁן	4	slept, sleeps

כ

כָּאֵלֶּה	4	such, like these
כְּמוֹ	8	like, as
כְּבִישׁ	5	road
כְּבָר	6	already
כּוֹמֶר	7	priest
כּוֹס, כּוֹסוֹת	8	glass, cup (f.)
כָּחֹל	3	blue
כָּל כָּךְ	5	so much
כָּל מִינֵי	5	all kinds of ...
כְּנֵסִיָּה	7	church
כַּרְטִיס	9	ticket
כֻּתֹּנֶת	2	shirt, robe
כֶּתֶר	8	crown

ל

#	English	Hebrew
1	where (question)	לְאָן
8	unpleasant	לֹא נָעִים
1	alone	לְבַד
3	white	לָבָן
3	wore	לָבַשׁ
6	to expel, chase away	לְגָרֵשׁ
7	to know	לָדַעַת
9	to bring in	לְהַכְנִיס
10	to kill	לַהֲרֹג
6	to contact	לְהִתְקַשֵּׁר
9	whispered	לָחַשׁ
3	therefore	לָכֵן
6	study, lesson	לִמּוּד
7	to fulfill a request	לְמַלֵּא בַּקָּשָׁה
6	according to	לְפִי
3	a month ago	לִפְנֵי חֹדֶשׁ
5	to sit	לָשֶׁבֶת
7	to return	לָשׁוּב
8	tongue, language	לָשׁוֹן
2	to obey	לִשְׁמֹעַ בְּקוֹל
4	to keep	לִשְׁמֹר
5	to give, permit	לָתֵת

מ

#	English	Hebrew
10	since then	מֵאָז
6	by	מֵאֵת
8	desert	מִדְבָּר
6	State of Israel	מְדִינַת יִשְׂרָאֵל
6	what's the matter?	מַה יֵּשׁ
8	how come?	מַה פִּתְאוֹם
5	hurried	מִהֵר
3	thanks, acknowledges	מוֹדֶה
6	opposite	מוּל
4	Saturday night	מוֹצָאֵי־שַׁבָּת
10	death	מָוֶת
5	secretary	מַזְכִּיר
7	thought (noun)	מַחְשָׁבָה
9	kitchen	מִטְבָּח
9	machine	מְכוֹנָה
9	typewriter	מְכוֹנַת־כְּתִיבָה
5	pants	מִכְנָסַיִם
5	full	מָלֵא
8	angel	מַלְאָךְ
8	kingdom	מְלוּכָה
1	war	מִלְחָמָה
7	from me	מִמֶּנִּי
5	government	מֶמְשָׁלָה
4	custom	מִנְהָג
2	party	מְסִבָּה
9	dangerous	מְסֻכָּן
8	enough	מַסְפִּיק
8	I've had enough	מַסְפִּיק לִי
6	coat	מְעִיל
5	interesting	מְעַנְיֵן
10	cave	מְעָרָה
10	tale, fable, event	מַעֲשֶׂה
6	map, tablecloth	מַפָּה
7	fulfill(s), keep(s) alive	מְקַיֵּם
8	connect(s)	מְקַשֵּׁר
10	bitter	מַר
9	crazy	מְשֻׁגָּע
10	sweet	מָתוֹק
5	worshippers, praying	מִתְפַּלְּלִים
6	allowed, permitted	מֻתָּר

נ

#	English	Hebrew
3	faithful, loyal	נֶאֱמָן
6	melody	נִגּוּן
3	drove	נָהַג
1	driver	נֶהָג
2	was born	נוֹלַד
7	rested	נָח
9	delightful, charming	נֶחְמָד
7	paper	נְיָר
6	entered	נִכְנַס ל...
5	was written	נִכְתַּב
4	miracle	נֵס
8	I'm pleased, comfortable	נָעִים לִי
5	shoes (f.)	נַעֲלַיִם
10	lad	נַעַר
7	wonderful	נִפְלָא

נֶפֶשׁ, נְפָשׁוֹת	soul(s)	7
נֵצֵא	we will go out	10
נְקוּדָה	dot, point	6
נִשֵּׁק	kissed	7
נְשִׁיקָה	kiss	6

ס

סִדֵּר	arranged	5
סוֹחֵר	merchant	2
סוֹף	end	10
סִימָן	sign	8
סַכָּנָה	danger	7
סַנְדָּלִים	sandals	1
סֶרֶט	film	9

ע

עָבַר	passed, crossed	2
עִבְרִי, עִבְרִיָּה	Hebrew (adj.)	3
עֵד	witness	4
עַד שֶׁ...	until	8
עוֹד לֹא	not yet	4
עוֹלֶה, עוֹלָה	costs, goes up	1
עֵז, עִזִּים	goat (f.)	10
עָזַב	left	6
עָזַר לְ...	helped	1
עֲיָרָה	town	7
עַכָּבִישׁ	spider	10
עָפָר	soil, dust	10
עֵץ	tree	2
עָצוּב	sad	6
עָצַר	stopped	5
עִתּוֹן	newspaper	6

פ

פֶּה	mouth	8
פָּחַד מִ...	was afraid	3
פַּחַד	fear	7
פָּנָה לְ...	faced, turned to	4
פֶּסֶל	idol, statue	2
פָּקִיד	official, clerk	9
פָּרָה	cow	3
פָּתוּחַ	is open	1

צ

צֹאן	flocks, sheep	2
צָבָא	army	8
צֶבַע, צְבָעִים	color(s)	3
צָדַק	was right, correct	9
צָהֹב	yellow	3
צִוָּה	commanded	10
צְלָב	cross	7
צָעִיר	young	7
צַר לִי	I'm sorry	9

ק

קְבוּצָה	group	1
קִבֵּל	received	5
קָבַר	buried	3
קִדֵּשׁ	sanctified	5
קוֹלְנוֹעַ	movie house	1
קַל	light (weight), easy	8
קַל לִי	it's easy for me	8
קָם	got up, rose	7
קְפִיצָה	jump (noun)	10
קָצָר	short	8
קְצָת	a little (bit)	6
קַר לִי	I'm cold	8
קָרוֹב	close	6
קָרַע	tore	10
קָשֶׁה	difficult, hard	3
קָשֶׁה לִי	it's hard for me	8
קֶשֶׁר	contact, connection, knot	6
קָשַׁר	tied	10

ר

רַב	many, multitude	9
רָב	quarreled	7
רוּחַ	spirit, wind	3
רוּסְיָה	Russia	5
רוֹפֵא	doctor	10

רָחוֹק	far	5
רֵיחַ	smell, odor	10
רָעָב	hunger	3
רָץ	ran	6
רָקַד	danced	6
רִקּוּד	dance (noun)	3
רְשִׁימָה	list	8

שׁ

שָׁב	.returned	7
שֶׁבַע	seven (f.)	1
שִׁבְעָה	seven (m.)	9
שִׁבְעִים	seventy	9
שְׁבַע-עֶשְׂרֵה	seventeen (f.)	1
שׁוֹחֵט	slaughterer	10
שׁוֹמֵר	guard, watchman	9
שׁוֹפֵט	judge	4
שׁוּרָה	line	8
שָׁחַט	slaughtered	10
שָׁכַב	lay down	3
שָׁכַח	forgot	2
שְׁלוֹשָׁה	three (m.)	9
שְׁלוֹשָׁה-עָשָׂר	thirteen (m.)	9
שְׁלוֹשִׁים	thirty	9
שְׁלוֹשׁ-עֶשְׂרֵה	thirteen (f.)	1
שָׁם	there	3
שְׁמוֹנָה	eight (m.)	9
שְׁמוֹנֶה	eight (f.)	1
שְׁמוֹנָה-עָשָׂר	eighteen (m.)	9
שְׁמוֹנֶה-עֶשְׂרֵה	eighteen (f.)	1
שְׁמוֹנִים	eighty	9
שְׁנַיִם (שְׁנֵי)	two (m.)	9
שְׁנֵים עָשָׂר	twelve (m.)	2
שָׁפַט	judged	4
שָׁר	sang	7
שֵׁשׁ	six (f.)	1
שִׁשָּׁה	six (m.)	9
שִׁשָּׁה-עָשָׂר	sixteen (m.)	9
שִׁשִּׁים	sixty	9
שֵׁשׁ-עֶשְׂרֵה	sixteen (f.)	1
שְׁתֵּים-עֶשְׂרֵה	twelve	1
שָׁתַק	was silent	3

שׂ

שָׂדֶה, שָׂדוֹת	field(s) (f.)	2
שִׂיחָה	conversation	1
שִׂמְלָה	dress (noun)	1
שָׂנֵא	hated	2
שֵׂעָר, שְׂעָרוֹת	hair	9
שַׂר	officer, minister	3
שָׂרַף	burned	8

ת

תּוֹר	line, turn	8
תִּינוֹק	baby	5
תַּיָּר	tourist	5
תֵּכֶף	immediately	5
תָּפַס	caught, grabbed	5
תִּקּוּן	repair, correction	6
תִּקֵּן	fixed	5
תֵּשַׁע	nine (f.)	1
תִּשְׁעָה	nine (m.)	9
תִּשְׁעָה עָשָׂר	nineteen (m.)	9
תִּשְׁעִים	ninety	9
תְּשַׁע עֶשְׂרֵה	nineteen (f.)	1

Index

Age 21
Colors 68
Construct state, סְמִיכוּת 194
Gerund, שֵׁם הַפְּעוּלָה 153
Infinitive, שֵׁם הַפֹּעַל 45, 78, 250
Numbers, 1–20 feminine 19
1–20 masculine 220
10–1000 221
Pronouns, direct object 65
Telling time 24

Verbs

בִּנְיָנִים meaning classes 118
גְּזָרוֹת sound classes 95
קַל, שְׁלֵמִים future tense 37
אֶפְעַל future 72
command 43
infinitive 45, 78
ל״ה past, present and future tense 98
infinitive 101
ע״י–ע״ו present and past tense 172
infinitive 172
command 252
פ״י future tense 250
infinitive 250
command 252
פִּעֵל present and past tense 122, 123
future tense 150